侯外庐近代史学批评研究

程鹏宇 ◎ 著

海峡出版发行集团 | 福建教育出版社

图书在版编目（CIP）数据

侯外庐近代史学批评研究/程鹏宇著. —福州：福建教育出版社，2025.6. —ISBN 978-7-5758-0365-6

Ⅰ. K092.6

中国国家版本馆 CIP 数据核字第 2025H9U616 号

侯外庐近代史学批评研究
程鹏宇 著

出版发行	福建教育出版社
	（福州市梦山路 27 号　邮编：350025　网址：www. fep. com. cn
	编辑部电话：0591-83781433
	发行部电话：0591-83721876　87115073　010-62024258）
出 版 人	江金辉
印　　刷	福建新华联合印务集团有限公司
	（福州市晋安区福兴大道 42 号　邮编：350014）
开　　本	890 毫米×1240 毫米　1/32
印　　张	11.5
字　　数	278 千字
插　　页	1
版　　次	2025 年 6 月第 1 版　2025 年 6 月第 1 次印刷
书　　号	ISBN 978-7-5758-0365-6
定　　价	45.00 元

如发现本书印装质量问题，请向本社出版科（电话：0591-83726019）调换。

目 录

绪论：侯外庐史学批评理论概述/1

第一章　侯外庐对康有为史学的批评/10
　第一节　侯外庐对康有为史学的社会背景与思想性质的分析/14
　第二节　侯外庐对康有为"两考"的批评/22
　第三节　侯外庐对康有为史学影响的批评/33

第二章　侯外庐对章太炎史学的批评/38
　第一节　章太炎在侯外庐学术世界中的独特地位/39
　第二节　侯外庐对章太炎哲学理性主义特征的阐释/43
　第三节　侯外庐对章太炎经学的史学化特征的分析/55
　第四节　侯外庐对章太炎史学的成就及其进步意义的总结/62
　第五节　侯外庐对章太炎史学局限性的批评/79

第三章　侯外庐对王国维史学的批评/84
　第一节　王国维在侯外庐史学体系中的角色/84
　第二节　侯外庐对王国维史学精神的理解与定位/91
　第三节　侯外庐对王国维史学成果的继承/100

第四节 侯外庐批评王国维史学的学术意义/120

第四章 侯外庐对梁启超史学和胡适史学的批评/129
第一节 胡适、梁启超"整理国故"的学术史意义/131
第二节 侯外庐对梁启超和胡适学术旨趣及墨学研究的批评/143
第三节 侯外庐对梁启超和胡适清代学术史研究的批评/163
第四节 侯外庐1955年批判胡适的学术意义/176

第五章 侯外庐对钱穆史学的批评/185
第一节 "历史研究"与"文化阐释":钱穆学术的分期与定位/187
第二节 侯外庐《中国古典社会史论》对钱穆史学成果的吸收与批评/195
第三节 侯外庐《中国古代思想学说史》对钱穆史学成果的吸收与批评/198
第四节 侯外庐主编《中国思想通史》(初版)第一卷对钱穆史学成果的吸收/204
第五节 侯外庐《近代中国思想学说史》对钱穆史学成果的吸收与批评/207

第六章 侯外庐对冯友兰史学的批评/225
第一节 冯友兰学术思想的"紧跟"特征/226
第二节 侯外庐对冯友兰先秦思想史研究的批评/234

第三节　侯外庐对冯友兰汉代思想史研究的批评/253
第四节　侯外庐对冯友兰魏晋玄学研究的批评/257
第五节　侯外庐对冯友兰"抽象继承法"的批评/259

第七章　侯外庐对陈寅恪史学的批评/268
　第一节　侯外庐与陈寅恪在历史观上的分歧/269
　第二节　侯外庐对陈寅恪关于魏晋鼎革解释的批评/273
　第三节　侯外庐对陈寅恪"阶级"观的批评/276
　第四节　侯外庐对陈寅恪血统文化论的批评/278
　第五节　侯外庐对陈寅恪门阀士族观的批评/280

第八章　侯外庐对顾颉刚史学的批评/286
　第一节　鲍威尔与顾颉刚："古史辨"在中西学术史上的普遍性/288
　第二节　"破旧"与"立新"：侯外庐对顾颉刚史学的继承与发展/299
　第三节　侯外庐批评顾颉刚体现的中国近代史学史辩证法/304

第九章　侯外庐近代史学批评拾遗/310
　第一节　侯外庐对张荫麟史学的批评/310
　第二节　侯外庐对宗白华史学的批评/313
　第三节　侯外庐对周谷城史学的批评/315
　第四节　侯外庐对中国马克思主义史学中个别错误倾向的批评/318

附录一：侯外庐先生年谱简编/323

附录二：我是怎样通读《资本论》的
　　　　——写在博士论文通过答辩三周年之际/332

参考文献/337

后记/356

绪论：侯外庐史学批评理论概述

白寿彝先生曾指出："马克思主义唯物史观在中国的传播，并不是一帆风顺的。在它面前，存在着形形色色的唯心史观：有封建的，也有资产阶级的；有传统的，也有舶来的。只有对它们进行斗争，马克思主义唯物史观才能占领阵地。"① 用这段话来形容侯外庐的史学是十分恰当的，我们可以说，侯外庐（1903—1987）的史学是在正面贯穿着对唯物史观的应用，而在反面贯穿着对唯心史观的批评，这一点在侯外庐对近代史学家展开的广泛批评中显得尤为突出。

但是，我们还要明确一个事实：马克思主义史学对唯心主义史学的批评态度，绝不是历史虚无主义式地将其价值一概抹杀，因为这种做法事实上就走到了唯物史观的对立面。马克思、恩格斯在对待历史上的唯心主义的文化遗产时，一向是科学地批判其学术价值，吸收其合理内容而摒弃其不合理内容，这是符合基本的辩证法原理的。

---

① 白寿彝主编：《中国史学史》，北京师范大学出版社，2004年，第441页。

马克思曾经指出亚当·斯密对劳动价值论构建的巨大贡献:"这里,从资本主义生产的观点给生产劳动下了定义,亚当·斯密在这里触及了问题的本质,抓住了要领。他的巨大科学功绩之一(如马尔萨斯正确指出的,斯密对生产劳动和非生产劳动的区分,仍然是全部资产阶级政治经济学的基础)就在于,他下了生产劳动是直接同资本交换的劳动这样一个定义,也就是说,他根据这样一种交换来给生产劳动下定义,只有通过这种交换,劳动的生产条件和一般价值即货币或商品,才转化为资本(而劳动则转化为科学意义上的雇佣劳动)。"[①] 但他又指出:"斯密本人非常天真地活动于不断的矛盾之中。一方面,他探索各种经济范畴的内在联系,或者说,资产阶级经济制度的隐蔽结构。另一方面,他同时又按照联系在竞争现象中表面上所表现的那个样子,也就是按照它在非科学的观察者眼中,同样在那些被实际卷入资产阶级生产过程并同这一过程有实际利害关系的人们眼中所表现的那个样子,把联系提出来。这是两种理解方法,一种是深入研究资产阶级制度的内在联系,可以说是深入研究资产阶级制度的生理学,另一种则只是把生活过程中外部表现出来的东西,按照它表现出来的样子加以描写、分类、叙述并归入简单概括的概念规定之中。这两种理解方法在斯密的著作中不仅安然并存,而且相互交错,不断自相矛盾。"[②] 马克思解释了斯密的功绩与局限性,这就科学地评价了其在政治经济学史上

---

① 马克思:《剩余价值理论》,《马克思恩格斯全集》第 26 卷第 1 册,人民出版社,1973 年,第 148 页。
② 马克思:《剩余价值理论》,《马克思恩格斯全集》第 26 卷第 2 册,人民出版社,1973 年,第 182 页。

的地位。

恩格斯在《德国农民战争》中对唯心主义史学家戚美尔曼《伟大的德国农民战争》进行了科学的批评,他说:"这部著作(《德国农民战争》——笔者注)并不奢望提供独立研讨过的材料。相反,关于农民起义和托马斯·闵采尔的全部材料,都是从戚美尔曼那里借用的。他那部书虽然有些缺点,但仍然不失为一部最好的真实的史料汇编。并且,戚美尔曼老人热爱自己所研究的对象。在他的书里到处表现出来的那种为被压迫阶级辩护的革命本能,后来使他成为法兰克福的极左派的最优秀代表之一。如果说,尽管如此,戚美尔曼所作的论述还是缺乏内在联系,如果说他没有能指明那个时代的宗教上政治上的 kontroversen(争论问题)是当时阶级斗争的反映,如果说他在这个阶级斗争中只看出压迫者和被压迫者、善良者和凶恶者以及凶恶者的最后胜利,如果说他对于决定斗争的开端与结局的那些社会关系所持的见解带有很大的缺点,那么,这一切正是这部书问世的那个时代的缺陷。相反,就当时来说,这部书是德国唯心主义历史著作中值得嘉许的一个例外,它还是写得很富于现实主义精神的。"[①] 恩格斯就是在批判戚美尔曼史学的基础上继承了其合理内容,最终运用唯物史观写成了经典的史学著作《德国农民战争》。

恩格斯在给福尔马尔的信中曾说:"最主要的是,认真自学从重农学派和斯密到李嘉图及其学派的古典经济学,还有空想主义者圣西门、傅立叶和欧文的著作,以及马克思的著

[①] 恩格斯:《德国农民战争》,《马克思恩格斯文集》第 2 卷,人民出版社,2009 年,第 203—204 页。

作，同时要不断地努力得出自己的见解。"① 列宁指出："马克思以前的古典政治经济学是在最发达的资本主义国家英国形成的。亚当·斯密和大卫·李嘉图通过对经济制度的研究奠定了劳动价值论的基础。马克思继续了他们的事业。"② 由此可见，马克思主义经典作家对唯心主义传统文化遗产的批评态度，是承认其合理内容并吸收其科学成果部分，并且还对其学术成绩做出历史的、高度的赞扬，这是马克思主义者对待一切文化遗产的正确态度，也是侯外庐批评近代史学时的基本态度。

以侯外庐为代表的中国马克思主义史学家吸收了近代史学优秀的思想与成果，抛弃了其唯心主义的成分，进而推动了中国马克思主义史学成为中国现代史学的"主径"。当然，这种吸收与抛弃的比例由于对象的特殊性是不同的，需要具体问题具体分析，这一点，在本书具体章节中会有清楚的展现，此处笔者仅就侯外庐的史学批评理论依据做一简要说明。

侯外庐早年的学术工作主要是翻译《资本论》和经济学、经济学史研究。1930年，侯外庐从法国回国后留在了哈尔滨法政大学任教，担任经济系教授。此时，侯外庐除了翻译《资本论》之外（他是最早的《资本论》第一卷中文全译本的翻译者之一），还在1930、1931两年间撰写了不少经济学论文。"九一八"事变后，侯外庐辗转到了北京，又因授课和翻译《资本论》的原因，撰写了政治经济学史的著作。可以说，

---

① 恩格斯：《致格·亨·福尔马尔（1884年8月13日）》，《马克思恩格斯全集》第36卷，人民出版社，1974年，第200页。
② 列宁：《马克思主义的三个来源和三个组成部分》，《列宁专题文集·论马克思主义》，人民出版社，2009年，第69页。

在1940年完全转向历史学研究之前，侯外庐主要从事的是经济学研究。在1940年以前，只有"经济学家侯外庐"而没有"历史学家侯外庐"。关于侯外庐早年的经济学和经济学史研究的详细内容，参看笔者所著《侯外庐与中国马克思主义史学》一书的第二章，[①] 本书不再赘述。本书要进一步说明的是，由于这种学术经历的特殊性，侯外庐的史学批评理论是建立在马克思的经济学批评理论之上的。

马克思的经济学批评理论中有两个基本的学术概念："古典经济学"［Klassische Ökonomie］（或称"古典政治经济学"［Klassische politische Ökonomie］）和"庸俗经济学"［Vulgärökonomie］——自重商主义经济学以后，资产阶级政治经济学便经历了这两个历史阶段。这两个概念，在马克思的经济学批评理论中有着划分某一学说历史地位的作用，从这两个概念出发便可以提纲挈领地理解侯外庐的史学批评标准。

古典经济学是资本主义上升时期的产物，是代表新兴资产阶级利益和要求的政治经济学，代表人物有威廉·配第（William Petty，1623—1687）、亚当·斯密（Adam Smith，1723—1790）、大卫·李嘉图（David Ricardo，1772—1823）等，他们的学说具有很多科学因素的萌芽，是马克思主义政治经济学所继承的主要遗产。古典经济学家们大多具有一定的诚实性，他们努力想发现经济规律。正如马克思所说："古典政治经济学力求通过分析，把各种固定的和彼此异化的财富形式还原为它们的内在的统一性，并从它们身上剥去那种

---

① 程鹏宇：《侯外庐与中国马克思主义史学》，福建教育出版社，2022年，第17—28页。

使它们漠不相关地相互并存的形式；它想了解与表现形式的多样性不同的内在联系。"①

庸俗经济学是资本主义社会矛盾暴露以及阶级斗争尖锐化时期的产物，是一种为了维护资本主义生产方式和资产阶级利益的理论说教，代表人物有托马斯·罗伯特·马尔萨斯（Thomas Robert Malthus，1766—1834）、让·巴蒂斯特·萨伊（Jean-Baptiste Say，1767—1832）、詹姆斯·穆勒（James Mill，1773—1836）等，马克思指出："随着政治经济学的深入发展，它不仅自己表现出矛盾和对立，而且它自身的对立面，也随着社会经济生活中的现实矛盾的发展而出现在它的面前。与这种情况相适应，庸俗政治经济学也就有意识地越来越成为辩护论的经济学，并且千方百计力图通过空谈来摆脱反映矛盾的思想。"② 又说："庸俗经济学家实际上只不过把陷入竞争中的资本家们的奇怪想法翻译成一种表面上比较理论化的语言，并企图借此来说明这些想法正确而已。"③ 可见，庸俗经济学是一种维护落后的资本主义生产方式的学理形式，庸俗经济学家们经常是捉襟见肘地修补着漏洞百出的资本主义生产方式，用激情澎湃的赞歌为行将就木的资本主义制度献上一曲挽歌。

从本质上来说，历史学和经济学一样，都是特定社会形态基础上的意识形态的组成部分，而且都产生于阶级时代，

---

① 马克思：《剩余价值理论》，《马克思恩格斯全集》第26卷第3册，人民出版社，1974年，第555页。
② 马克思：《剩余价值理论》，《马克思恩格斯全集》第26卷第3册，人民出版社，1974年，第557页。
③ 马克思：《剩余价值理论》，《马克思恩格斯全集》第26卷第2册，人民出版社，1973年，第297页。

正如白寿彝先生指出的："迄今的一切的历史观都有其时代性和阶级性。"① 因此，马克思主义关于经济学批判的一般理论同样适用于对历史学的批判。

由于社会性质与阶级关系的巨大变革，鸦片战争以后逐渐形成的中国近代史学，呈现出尤其纷繁复杂的局面。对近代史学的批评，是中国马克思主义史学诞生后的一个重要的学术任务，是继承近代优秀史学遗产的必然要求——继承的前提是批判，就像吃榴莲的前提是剥壳一样。

我们可以借鉴马克思主义古典经济学的概念，认为侯外庐有一个重要的史学批评理论术语——"古典史学"，这个术语是笔者总结的，侯外庐本人没有直接用"古典史学"这四个字，但是，其学术内涵是存在的。这个概念对中国史学史尤其是中国近代史学史的研究有着重要的启发意义，有利于我们在宏观研究史学史时，对中国近代史学发展线索的梳理与把握。

侯外庐虽然没有直接用"古典史学"这个术语，但他对"古典派学者"有一个比较精辟的论述，他说："忠实于研究态度的人，他们对于周代社会的现象方面，无力透视，可能轻下规定结论，然而因了忠实于材料，则敢于接近真实的东西，亦就可能获得部分的真理。这是向上阶段的古典派学者所具有的通例，比之著于背诵教条而敢于否认材料的学人，特高一筹。我以为王国维是前项学者的代表，顾颉刚冯友兰（见其著《中国哲学史》言周代社会一节）以至张荫麟亦具雅

---

① 白寿彝主编：《史学概论》，宁夏人民出版社，1983年，第38页。

度。"① "古典派学者"实际上就可以理解为"古典史学"的代表人物,可见,侯外庐对待"古典史学"的态度,和马克思对待古典经济学的态度是一致的。

中国近代史学史的发展是以中国近代史的发展为背景的。一方面,在半殖民地半封建社会的社会性质下,反帝反封建成为中国近代史的主要课题,资产阶级革命是中国近代革命的性质。因此,资产阶级文化在旧民主主义革命时期以及新民主主义革命初期都占据着重要的地位。相较于传统的封建主义史学,资产阶级史学最大的特点就是提出了科学化的要求。在这种条件下,近代杰出的资产阶级史学家突破了传统的封建史学,对历史进行了在当时条件下的科学研究,取得了一些显著的学术成果。尽管这种科学不是马克思主义意义上的,但是,由于他们主观上追求真理的诚实态度,或多或少地、不自觉地发现了许多历史学上的真相,为马克思主义史学的发展奠定了基础,这部分历史学家创造了中国近代史学史中的"古典史学","他们的研究成果成为从传统史学向马克思主义史学发展的桥梁"②。

另一方面,在近代史发展中,尤其是进入新民主主义革命阶段以后,一批历史学家抱着落后的意识形态不放,有意识地对中国历史按照其意识形态进行歪曲,参照马克思主义"庸俗经济学"的概念,我们可以将这种形态的史学命名为"中国近代庸俗史学"。庸俗史学的范围是比较大的,有自由

---

① 侯外庐:《中国古典社会史论》,五十年代出版社,1943年,第21页。
② 张岂之:《王国维、陈寅恪的学术研究与马克思主义史学》,《清华大学学报(哲学社会科学版)》,1995年第1期,第12页。

主义的庸俗史学，有封建主义的庸俗史学，还有打着唯物史观旗号的庸俗史学。在中国近代史学史的研究当中，清楚地辨认古典史学、庸俗史学以及科学史学（马克思主义史学），是我们的一个重要的理论工作，是梳理中国近代史学史线索的必要前提。

以侯外庐为代表的中国马克思主义史学家，从进入历史学领域起，就担任了批评近代史学的学术任务，他们在此基础上，继承和发扬了中国近代史学的优秀史学遗产，摒弃了其不科学的成分，"海纳百川、去粗取精"，从而使得马克思主义史学成为中国近代一切优秀史学传统的当然继承者，这就是为什么马克思主义史学最终能够成为中国现代史学"主径"的重要原因，也是本书写作的旨意所在。

第一章　侯外庐对康有为史学的批评

侯外庐对康有为（1858—1927）的印象，首先源自其父亲侯福昌①。侯外庐晚年回忆父亲时说："我的父亲侯福昌是

---

①　侯福昌（1873？—1946），字子寿，山西省平遥县西王智村人，清末拔贡、书法家、山西地方维新派人士。关于侯福昌的生年，据侯外庐哲孙侯且岸老师转述侯家长辈回忆，侯福昌的妻弟生于1892年，而侯福昌年长其妻弟十多岁，但具体生年不详，也就是说，侯福昌大致生于1873—1882年间。而我们现有的关于侯福昌最早事迹的资料是据侯外庐本人回忆，侯福昌是清末乙未科的拔贡，而这一年就是康有为领导公车上书的那一年，也就是1895年（光绪二十一年），若以侯福昌生于1873年计算，这一年他22岁，若以1882年计算，这一年他13岁。学问积累需要较长的时间，太年轻不可能中拔贡，如清末经学家皮锡瑞中拔贡时，便是24岁（皮名振：《清皮鹿门先生锡瑞年谱》，台湾商务印书馆股份有限公司，1981年，第10页），因此，我们认为侯福昌的生年应该更加靠近1873年，我们保守估计其生于1873年。若以侯福昌生于1873年计算，侯外庐1903年出生时，他30岁，据侯外庐回忆："我是母亲所生的第四个孩子，……前面三个连连夭折。"（《韧的追求》，张岂之主编：《侯外庐著作与思想研究》第1卷，长春出版社，2016年，第4页），晚清时代的人30岁生第四个孩子，年龄也比较适当。侯福昌的卒年，大致在1946年初，侯外庐在（接下页）

《中国古代社会史》（新知书店，1948年）的自序中说："斯书集成，先父子寿公弃我逝世，悲痛欲绝。"落款是"民国三十五年二月十五日"。因此侯福昌大约逝世于1946年初，具体月日不详。由此推断，我们暂定侯福昌的生卒年是1873—1946。侯福昌曾参加1895年康有为发起的公车上书运动，终清未仕，民国初年，先后出任山西永济、河南新蔡、固始等县知事，又兼任平遥县水利局名誉局长。1940年，侯福昌被日伪分子胁迫担任平遥县伪县长，但他利用这个有利机会使其家成为中共地下交通站，保护了许多中共党员和抗日人士。侯福昌是平遥著名的书法家，《平遥县志》将之列为清代至民国初16位著名书法家之一（平遥县地方志编纂委员会编：《平遥县志》，中华书局，1999年，第727页）。侯外庐曾在《近代中国思想学说史》中回忆其父对山西明末清初学者、书法家傅山的评论，他说："犹忆著者幼年时代，家父课字，极道青主字法，惟家父说：'莫以其字为佳，青主之字，不如其画，画不如其学，学不如其人。'这几句话是晋人在青主身上的最好评语。"（《近代中国思想学说史》上册，生活书店，1947年，第302页）侯福昌作为书法家对傅青主的字评价反而不高，而是推崇其人格魅力，这种观点与梁启超对傅山的"古之振奇人"的评价如出一辙，说明其思想受梁启超等维新派人士影响较大。另，侯福昌长子即侯外庐，次子为侯俊岩（1910—1981），抗战期间曾任山西工人武装自卫队政治部主任、晋绥边区第七专署专员、晋西北军区第八军分区司令员等职，新中国成立后，任北京市教育局副局长、国家教育部中学教育司司长、山西省教育厅副厅长、高等教育局副局长等职。侯福昌另有一女，名侯顺卿，为侯外庐之妹、侯俊岩之姐。2019年4月6日，笔者在侯外庐家乡平遥县西王智村调研时拜访过侯顺卿之子赵庚的遗孀高美英女士。

清末乙未科拔贡,考得法官资格。这一年正值康有为公车上书,父亲成了变法的热烈信徒。从乙未年到辛亥年,他十几年未被起用,直到民国初年,才先后出任山西永济、河南新蔡、固始三县知事,以及平遥县水利局局长。在我的印象中,民国时代父亲的思想也还只够得上维新水平。我这样评价他,并不意味他一生都是康梁的信徒。相反,早在辛亥前,他就已经对康梁失望了。但是,应该说,他没有超越那个时代大多数知识分子的水平。他虽然拥护民国,虽然有革除弊制、拯救民族于陆沉危境的爱国心,然而就政治倾向而言,至多只有改良的愿望,而没有革命的动机。当辛亥革命来到时,他和同时代大多数知识分子一样,都没有受到过像样的民主思想启蒙。所以,我尝认为,对于辛亥革命,即使像我父亲那样颇表现出热情的知识分子,无论主观上还是客观上,大抵也只具备'咸与维新'的认识水平。"① 侯外庐的父亲曾经是一位康有为思想的追随者,虽然他并不对康有为个人进行崇拜,但是康有为的维新思想却影响其终生。以父亲为代表的晚清维新知识分子的影响,可以说是侯外庐接受的第一堂"思想史"课,因此,对康有为的批评与理解,某种程度上来说也是侯外庐理解其父亲思想及其诞生的社会史背景的途径。侯外庐在回忆《近代中国思想学说史》的写作时说:"康有为思想和章太炎思想,我下力较大。"② 可见,康有为是侯外庐比较重视的一位思想家。

---

① 侯外庐:《韧的追求》,张岂之主编:《侯外庐著作与思想研究》第1卷,长春出版社,2016年,第3页。
② 侯外庐:《韧的追求》,张岂之主编:《侯外庐著作与思想研究》第1卷,长春出版社,2016年,第230页。

作为思想家、经学家、改革家的康有为，在中国史学史上的影响却是不可忽视的。在史学思想史上，康有为是近代资产阶级新史学运动的先驱，他曾说："吾中国谈史裁最尊，而号称正史、编年史者，皆为一君之史，一国之史，而千万民风化俗尚不详焉。而谈风俗者则鄙之，与小说等。岂知谱写民俗，惟纤琐乃详尽，而后知其教化之盛衰，且令天下述而鉴观焉。史乎，史乎！岂为一人及一人所私之一国计哉！"[①] 这在史学思想史上是具有进步意义的，是近代资产阶级史学反对传统封建史学的表现。

康有为在史学史上的主要影响，除了在史学思想史方面，便是在经学史方面。作为今文经学的代表人物，康有为的经学史研究有着鲜明的特色，劳榦在谈到以康有为为代表的今文经学在中国近代史学史上的影响时说："这一般做今文经学的人（尤其是康有为），其造诣是相当深厚的。如其他想做一点英雄欺人的事，实际上也不难办到。所以到了《孔子改制考》《新学伪经考》出书的时期，虽然不是没有反对他们的人，但他们的影响还是十分的巨大。……民国初年在史学方面的大事，要算古史辨运动，这是一个波澜壮阔的运动，在形式上是一个古史的争论，在精神上却是五四运动的伸长。并且遥接戊戌政变，以及经今文学运动。"[②] 可见，康有为的《新学伪经考》和《孔子改制考》不仅在思想史、经学史上有着重要的地位，在史学史上也有相当的影响。因此，侯外庐

---

① 康有为：《日本书目志》，姜义华、张荣华编：《康有为全集》第3集，中国人民大学出版社，2007年，第337页。
② 劳榦：《近代中国史学述评》，《劳榦先生著作集》（上），福建教育出版社，2022年，第46页。

在批评近代史家时，对康有为的史学思想和史学地位都有所批评。

第一节　侯外庐对康有为史学的社会背景与思想性质的分析

侯外庐认为，要想理解康有为史学的本质，就必须从19世纪中国社会的历史巨变中寻求答案——这不仅仅是思想史研究的原则，也是史学史研究的原则。

康有为生于咸丰八年（1858），这时的中国，已经经历了两次鸦片战争，同时，南方的太平天国运动对清廷也造成了严重的打击，相较于道光二十年（1840）的国门初开，此时清廷的危机更加严重，可谓外忧内患。对此，侯外庐指出："鸦片战争使中国士大夫自觉于商业资本的'洋务'，太平天国的叛乱使中国善于哭诉的农民自觉地独立活动于近代历史舞台，不论由上而下的洋务运动，或由下而上的农民战争，十九世纪中叶的中国，是真正把近代的课题从内患外忧中历史地提出来了。所谓课题，是近代的民主潮流在中国的现实解决。"[①] 侯外庐所说的"近代的民主潮流"也就是民主革命，或者直接说就是"资产阶级革命"的意思。从马克思主义的社会发展史理论来看，封建社会发展到末期，就会迎来资产阶级民主革命，这个历史发展规律，并不因为中国的特殊情况而改变。这就是说，即使中国近代没有外部的列强侵

---

①　侯外庐：《近代中国思想学说史》下册，生活书店，1947年，第643页。

略这一特殊历史条件，也不能改变中国社会已经发展到了封建社会末期、已经将要走向资产阶级民主革命的历史命运。中国近代史的主题，只是如何进行资产阶级民主革命的问题，而不是要不要进行资产阶级民主革命的问题，正如毛泽东所言："中国资产阶级民主革命的过程，如果要从它的准备时期说起的话，那它就已经过了鸦片战争、太平天国战争、甲午中日战争、戊戌维新、义和团运动、辛亥革命、五四运动、北伐战争、土地革命战争等好几个发展阶段。今天的抗日战争是其发展的又一个新的阶段，也是最伟大、最生动、最活跃的一个阶段。直至国外帝国主义势力和国内封建势力基本上被推翻而建立独立的民主国家之时，才算资产阶级民主革命的成功。"[1] 侯外庐与毛泽东的认识是完全一致的，也就是说，中国自1840年鸦片战争以后，就进入了资产阶级民主革命的历史阶段，而这就是康有为史学诞生的历史背景。

但是，中国的资产阶级民主革命，由于与西方主流资产阶级民主革命的历史错位，产生了一定的特殊性，笔者曾经这样描述过中国近代社会与资产阶级自由主义的关系："自由主义在近代中国的悲剧命运是源于其不幸的历史错位，用一句古代的情诗来形容就是'君生我未生，我生君已老'。'君'指的就是自由主义，'我'指的就是中国社会。当17世纪自由主义诞生之时，中国还没有达到发生资产阶级革命的条件，这就是'君生我未生'；而当19世纪末，中国的资产阶级革命提上了日程之后，自由主义在这时却由于资本主义社会危机的不断爆发失去了生命力，新生的马克思主义才是代表历

---

[1] 毛泽东：《五四运动》，《毛泽东选集》第2卷，人民出版社，1991年，第558页。

史方向的时代思潮,这就是'我生君已老'。因此,中国近代的自由主义思潮与当时的中国现实形成了一个历史的错位——这就是中国近代自由主义思潮悲剧命运的秘密所在。"① 笔者此文中的观点,实际上就来源于侯外庐对康有为思想史背景的分析。侯外庐指出:"然而问题最棘手的,是一方面中国半殖民化已经和世界资本主义的体系结成纽带,他方面十九世纪以来的世界自由主义运动,从东欧经过俄国以至日本,复把资本主义的向上期结束而转入向下危机的发展之时,中国再没有可仿效的路径。甲午战争,便明白说明了中国落到日本维新之后,不可能跟着前进资本主义国家的改良路线去追踪,而问题是反过来讲的,或者是前进的欧洲与落后的中国,或者是落后的欧洲与前进的中国。这是多么深刻的历史,惟其如此,在十九世纪中叶以后的中国政治社会运动,在短期的数十年间,阶段甚多,随着新的现实发展而有新的深刻课题,更有新的人类创作活动,民主主义者不断地适应新环境而贯彻民主方针,而改良自由主义者亦不断地在新环境急速的进展中而改变自己的主张,前者是正途,后者是歧路。"②

侯外庐对以康有为、梁启超、谭嗣同为代表的戊戌变法派思想家的定位是"改良自由主义者",由于他们的思想与时代发生了"君生我未生,我生君已老"式的历史错位,因此

---

① 程鹏宇:《近代中国自由主义历史错位与悲剧命运的解读——评兰梁斌〈近代中国"自由"主义思潮研究〉》,《理论与史学》第8辑,中国社会科学出版社,2022年,第272页。

② 侯外庐:《近代中国思想学说史》下册,生活书店,1947年,第643页。

他们的思想在主观上是进步的，但在客观上却已无法适应中国社会历史的巨变，因而走上了歧路。侯外庐评价戊戌变法派道："他们有昙花一现的鼓动中国复生的功绩，他们有前后矛盾而以矛盾自执的逆转，他们有'以今日之我不惜与昨日之我挑战'的善变。他们所以如此，因为他们在剧巨的历史变革中，常把自己应合潮流的暂时政策，绝对化而为先天的范畴。"[1] 也就是说，戊戌变法派思想家们为了改革，为了"变"，而把因"变"而生的思想观念当成了不变的"常"，但这种"常"又无法适应新的"变"。最终，在时代的激剧变革中，曾经的维新派大多退化而为保守派。从这个角度出发，侯外庐在批评康有为的思想和史学时，便不再纠结于其实际的学术价值，更在于探索其背后的思想史意义。因此，侯外庐指出："维新运动者大声疾呼变革以求活路的宣传，在当时是一把号筒，启发思想之功甚大，他们的自由平等思想虽然在保皇立宪的歧途中散布着，但进步的成分在朝气中，在浪漫主义的气氛中，是具有所谓'过渡时代'的价值，这个时代极其短促，所以他们之受批判而为时代所吞灭亦极其迅速，他们'变'之信条，就在现实的百日维新变法中，已经因为没有'质变'观念，而自己动摇，不能贯彻。"[2] 而他们"公羊学派"的学说在侯外庐看来，更重要的就是其政治学上的目的："变法论当做绝对的改制主义去看待，必然要演出机会主义的政治色彩，公羊学派把孔子学说所以归纳而为托古改

---

[1] 侯外庐：《近代中国思想学说史》下册，生活书店，1947年，第644页。
[2] 侯外庐：《近代中国思想学说史》下册，生活书店，1947年，第648页。

制的相对主义，把孔子所以尊崇为教主，都有其政治学上的目的。"① 当代学者傅正也指出："如何把西方文化纳入古老经学当中，成了康氏今文学的着力点，而康氏的思想缺陷亦在于此。在学术上，康氏虽然看似信仰古老的经今文学，却以其改造的经学为依据，号召国人从速学习西方。在政治上，康氏虽然一心弘扬光绪皇帝'仁德'，绝然拒斥共和革命，却试图让清王朝迅速移植日本或德国的议会体制，而不顾及现实条件是否具备。这导致康有为一方面在思想上尖锐凌厉、石破天惊，另一方面却在实践上凌空蹈虚、空乏无着。"② 也就是说，康有为等人所推崇的孔子并不是史学意义上的孔子，而是政治学意义上的孔子，他研究孔子学说不是追求历史上孔子学说的历史意义，而是为现实的政治运动服务，这是把握康有为史学的一个核心理念。

侯外庐对康有为"孔教论"的社会史背景做了进一步的解释，他指出这是"商业资本主义的世界观"。这里要说明的是，侯外庐说的"商业资本主义"与社会史论战时期的"商业资本主义社会"不是一个概念。在社会史论战中，曾经有一个广为人知的概念"商业资本主义"，这个概念是苏联哲学家波格达诺夫（Bogdanov，1873—1928）在其名著《经济科学大纲》中提出的，指代人类社会发展史中的一种社会形态。这个概念是不符合马克思主义基本原理的，当代学者朱慈恩指出："波格达诺夫是从交换消费的形式而不是生产方式的形式来观察社会发展史，并且将'商业资本主义'独立出去作

---

① 侯外庐：《近代中国思想学说史》下册，生活书店，1947 年，第 649 页。

② 傅正：《康有为早年经学思想演变》，《历史研究》，2023 年第 3 期。

为了社会发展阶段中的一个独特阶段。"① 这是一种违背马克思主义原理的错误思潮,马克思曾指出:"最荒唐的看法莫过于把商人资本——不管它以商品经营资本的形式或货币经营资本的形式出现——看做是产业资本的一个特殊种类,就像采矿业、农业、畜牧业、制造业、运输业等等是由社会分工造成的产业资本的分支部门,从而是产业资本的特殊投资领域一样。只要简单地看一看这样一个事实,即每个产业资本,当它处在自己的再生产过程的流通阶段时,作为商品资本和货币资本所执行的职能,恰好就表现为商人资本在它的两个形式上的专门职能,——只要看一看这个事实,就必然会使这种粗陋的见解站不住脚。"② 在社会史论战中,这种观点也被吕振羽、翦伯赞等马克思主义史学家予以了明确的批判。

侯外庐所说的"商业资本主义"并不是一种社会形态,而是资本主义社会早期发展的一种特征,其在经济学上的表现便是"重商主义",马克思曾指出:"对现代生产方式的最初的理论探讨——重商主义——必然从流通过程独立化为商业资本运动时呈现出的表面现象出发,因此只是抓住了假象。这部分地是因为商业资本是资本本身的最初的自由存在方式,部分地是因为它在封建生产的最初的变革时期,即现代生产的发生时期,产生过压倒一切的影响。真正的现代经济科学,

---

① 朱慈恩:《接受视域下的马克思主义史学研究》,光明日报出版社,2021年,第75页。
② 马克思:《资本论》第3卷,《马克思恩格斯文集》第7卷,人民出版社,2009年,第306页。

只是当理论研究从流通过程转向生产过程的时候才开始。"①商业资本主义（重商主义）的特征就是只从交换、流通领域追求货币为形式的"财富"的积累，但是忽略以生产劳动为基础的产业的发展，忽略价值之所以产生的原因，这是因为其诞生于资本主义早期，还处于资本原始积累阶段，资产阶级的力量还相当薄弱，在政治上还没有直接与封建主义对抗的力量，还提不出民主革命的政治纲领。因此，商业资本主义的主张只是皮相而浅薄的，没有深入到生产领域。

侯外庐认为中国在19世纪有上下两条运动路线，即洋务运动和太平天国为代表的农民运动，而康有为的变法思想是洋务运动的流变，是中国的重商主义，他说："康梁变法以前的思想，在士大夫上层为'洋务'运动，在下流社会则为农民战争。后者的传统是被革命民主主义者所继承，即中山先生所领导的辛亥革命；前者的传统是被戊戌政变所继承。何谓'洋务'，即仿效西欧的交通邮电坚甲利兵等改革政策，在学术意义可谓之中国的重商主义。"②侯外庐批判了一般学界把洋务运动和维新变法分离开来看的观点，他认为二者在本质上是一致的，都是重商主义的表现，只不过在形式上有所不同罢了："到了甲午之战以后，士大夫又惊赏日本明治维新的道路，在于立宪的政治制度改革，于是复倡变法运动。过去学者以为洋务与变法是两种不同的运动，洋务为仿效西法之富强，变法为仿效西法之制度，这是皮相的分析。著者认

---

① 马克思：《资本论》第3卷，《马克思恩格斯文集》第7卷，人民出版社，2009年，第375—376页。
② 侯外庐：《近代中国思想学说史》下册，生活书店，1947年，第649页。

为变法与洋务是一贯的重商主义之内容，二者不可分离，唯变法则企图以制度的动力而推行洋务罢了。研究思想史，不能不寻研本质上的分水岭，中国当时的民主派所以有其民主派的精神者，一在于民众性，二在于土地政纲，没有土地政纲的消灭封建独占之进步性，便要和自由主义者合流的。反之，维新派在言论上并没有一字提高土地政策，改良主义所以区别于革命，就在这里，而当时维新派所争的变法名词而反对革命的理由，都是策略的性质。"[1] 也就是说，维新派和洋务派一样，并没有反封建的政治纲领，因此其本质上是一致的。从《官制考》《物质救国论》《理财救国论》等论著看，康有为的核心主张是物质与理财加上官制改革，这种思想完全符合重商主义的特征。侯外庐进一步从思想史的角度指出重商主义与泛神论是相适应的："西洋重商主义是和宗教改革以后基督教的泛神论相适应，因为世界市场使上帝亦下凡周游于新大陆与东印度，殖民地与基督教便相为结合表示出一种至尊的权力。"[2] 这一点和康有为的孔教论也是相符合的。

总之，侯外庐认为："维新运动，是以官制的改革为手段，而达成'专务商业'的目的，……这比洋务运动之'中学为体，西学为用'，仅增加了立宪法改官制的推动力，丝毫没有民主派的土地政纲内容。"[3] 康有为在政治上是软弱的，在思想上没有与传统封建主义完全划清界线，因此他"企图

---

[1] 侯外庐：《近代中国思想学说史》下册，生活书店，1947年，第649页。

[2] 侯外庐：《近代中国思想学说史》下册，生活书店，1947年，第650页。

[3] 侯外庐：《近代中国思想学说史》下册，生活书店，1947年，第653页。

在宫廷维新的基地上做近代的历史变革"。① 但是，这并不表示侯外庐对维新派彻底否定，他指出维新派在思想启蒙方面作了独到的贡献："维新运动者是着重于启蒙的唤醒愚昧工作，在逻辑上的道理且不管它，而他们的振聋发聩言论，实在是有时代意义的。"② "康有为的运动，是一个以'耸听'为主的启蒙号召，在戊戌百日的宫廷维新中，确实有着历史的朝气。"③ 这一批评是符合历史的。

第二节　侯外庐对康有为"两考"的批评

侯外庐认为康有为的思想体系是新旧矛盾杂糅的混合体，他说："南海的思想有两个来历，一在源头方面为宋明理学，一在影响方面为万国新学，这两个东西本来是难以结合的，而且在本质上是矛盾的，然而南海则'荟东西诸哲之心肝精英而酣饫之'。"④ 康有为自身思想体系的矛盾，导致其在史学上也成为"新"与"旧"的杂糅体，即表现出来的史学思想是新派的，而在表述形式和逻辑上却是"旧"式的儒家经学，这就显示出一种马丁·路德宗教改革式的新旧矛盾杂糅

---

① 侯外庐：《近代中国思想学说史》下册，生活书店，1947年，第658页。
② 侯外庐：《近代中国思想学说史》下册，生活书店，1947年，第666页。
③ 侯外庐：《近代中国思想学说史》下册，生活书店，1947年，第683页。
④ 侯外庐：《近代中国思想学说史》下册，生活书店，1947年，第687页。

现象。

1891年，讲学于长兴学舍的康有为，在弟子梁启超、陈千秋等人的协助下完成了其经学史研究上的第一部代表作《新学伪经考》。所谓"新学"指的是王莽新朝的学问，在康有为看来，王莽新朝的经学所依据的经典是伪造的，因此他要把这些伪造的经典都考证出来，从而找到儒家的"真经"，康有为自述道："提圣法于既坠，明'六经'于暗昌，刘歆之伪不黜，孔子之道不著，吾虽孤微，乌可以已！窃怪二千年来，通人大儒，肩背相望，而咸为瞽惑，无一人焉，发奸露覆，雪先圣之沉冤，出诸儒于云雾者，岂圣制赫暗有所待邪？不量绵薄，摧廓伪说，犁庭扫穴，魑魅奔逸，雾散阴豁，日戠星呀，冀以起亡经，翼圣制，其于孔氏之道，庶几御侮云尔。"[①] 梁启超在《清代学术概论》中对《新学伪经考》的学术思想有如下总结："有为最初所著书曰《新学伪经考》。'伪经'者，谓《周礼》、《逸礼》、《左传》及《诗》之毛传，凡西汉末刘歆所力争立博士者。'新学'者，谓新莽之学。时清儒诵法许、郑者，自号曰'汉学'。有为以为此新代之学，非汉代之学，故更其名焉。《新学伪经考》之要点：一、西汉经学，并无所谓古文者，凡古文皆刘歆伪作。二、秦焚书，并未厄及六经，汉十四博士所传，皆孔门足本，并无残缺。三、孔子时所用字，即秦汉间篆书，即以'文'论，亦绝无今古之目。四、刘歆欲弥缝其作伪之迹，故校中秘书时，于一切古书多所羼乱。五、刘歆所以作伪经之故，因欲佐莽篡汉，先谋湮乱孔子之微言大义。诸所主张，是否悉当，且勿论，

---

① 康有为：《新学伪经考》，姜义华、张荣华编：《康有为全集》第1集，中国人民大学出版社，2007年，第355页。

要之此说一出,而所生影响有二:第一,清学正统派之立脚点,根本摇动。第二,一切古书,皆须从新检查估价,此实思想界之一大飓风也。有为弟子有陈千秋、梁启超者,并夙治考证学,陈尤精洽,闻有为说,则尽弃其学而学焉。"①总之,康有为的《新学伪经考》力图从经学史的角度证明传统封建经学依据的都是"伪经",进而为他自己所述的"真经"张本,而他所说的这个"真经"实际上才是"真的伪经",这是早期资产阶级思想家借助古旧思想的形式外衣表达新式思想的通用方式。

1892年,在《新学伪经考》出版后,康有为便开始了他的另一部史学著作《孔子改制考》的编纂,并于1897年刊刻。康有为在《孔子改制考》中以"托古改制"为核心理论,认为上古的历史茫昧无稽,无法考证,因此,包括孔子在内的诸子在阐释自己学说时大多采取了"托古改制"的方法,尤其是孔子,他为了"改制"创作了六经。这样,康有为就把一个"述而不作"的孔子描绘成一位和他这位康圣人一样为了维新变法不惜伪造经典、伪造历史的改革家。当然,这种说法在当时有思想解放的作用,梁启超评价说:"若以《新学伪经考》比飓风,则此二书(《孔子改制考》与《大同书》)者,其火山大喷火也,其大地震也。有为之治《公羊》也,不斷斷于其书法义例之小节,专求其微言大义,即何休所谓非常异义可怪之论者。定《春秋》为孔子改制创作之书,谓文字不过其符号,如电报之密码,如乐谱之音符,非口授不能明。又不惟《春秋》而已,凡六经皆孔子所作,昔人言

---

① 梁启超:《清代学术概论》,上海古籍出版社,1998年,第77—78页。

孔子删述者误也。孔子盖自立一宗旨而凭之以进退古人去取古籍。孔子改制，恒托于古。尧舜者，孔子所托也。其人有无不可知，即有，亦至寻常；经典中尧舜之盛德大业，皆孔子理想上所构成也。又不惟孔子而已，周秦诸子罔不改制，罔不托古。老子之托黄帝，墨子之托大禹，许行之托神农，是也。近人祖述何休以治《公羊》者，若刘逢禄、龚自珍、陈立辈，皆言改制，而有为之说，实与彼异。有为所谓改制者，则一种政治革命、社会改造的意味也，故喜言'通三统'。'三统'者，谓夏、商、周三代不同，当随时因革也。喜言'张三世'。'三世'者，谓据乱世、升平世、太平世，愈改而愈进也。有为政治上'变法维新'之主张，实本于此。有为谓孔子之改制，上掩百世，下掩百世，故尊之为教主；误认欧洲之尊景教为治强之本，故恒欲侪孔子于基督，乃杂引谶纬之言以实之；于是有为心目中之孔子，又带有'神秘性'矣。"[1]

从内容上看，《孔子改制考》相较于《新学伪经考》有了较大的突破，即不仅仅局限于经学史的形式，而是将问题拓展到了诸子学史的领域，提出了孔子与其他诸子"托古改制"的学术问题，为近代中国思想史研究中一个重要议题的开展奠定了基础，在史学史上有特殊的意义。此外，康有为在《孔子改制考》中进一步发挥了《新学伪经考》中的怀疑精神，成为近代疑古思潮的滥觞，对五四运动以后逐渐兴起的古史辨运动产生了重要的影响。例如，胡适在1919年的《中国哲学史大纲》中提出了"东周以前古史存疑论"："以现在

---

[1] 梁启超：《清代学术概论》，上海古籍出版社，1998年，第79页。

中国考古学的程度看来,我们对于东周以前的中国古史,只可存一个怀疑的态度。"① 顾颉刚也说:"照我们现在的观察,东周以上只好说无史。现在所谓很灿烂的古史,所谓很有荣誉的四千年的历史,自三皇以至夏、商,整整齐齐的统系和年岁,精密的考来,都是伪书的结晶。"② 这些观点,无疑都受到了康有为《孔子改制考》和《新学伪经考》的影响。

对于康有为《新学伪经考》和《孔子改制考》的写作意图,侯外庐有明确的认识,他说:"(康有为)的第一条路径,是由宋儒道统心传之学发展的,把心传之学改变为'义'传之学,由此,他把玄学的孔子从宋儒手里转化而为宗教的孔子。凡解决不了的世界难题,一到宗教观念之下便没有什么不统一的了。他的第二条路径,是由历史沿革以至变革的制度方面推想的,把一切制度的变迁还元于泛神论的'不忍之心'。他以为各个时代的客观存在是有假的与真的分别,孔子以后的二千年历史因为没有真传使人过渡于乱世,今后真传发现,神即寄托于世界,便成了治世,这个治世(升平、太平)早已有一定的先验范畴,当今之世即可把这个范畴降至于现实世界(或已经降至现实世界如西洋各国)。他在这里改变了宋儒所谓三代以下是牵度过日的说法,认为三代是没有的'茫昧',一切都是孔子的理想,二千年真传失掉,到今日由他发现了。"③ 因此,康有为眼中的孔子是一个教主,康有

---

① 胡适:《中国哲学史大纲》,江西教育出版社,2019年,第14页。
② 顾颉刚:《自述整理中国历史意见书》,《古史辨》第1册,上海古籍出版社,1982年,第35页。
③ 侯外庐:《近代中国思想学说史》下册,生活书店,1947年,第692页。

为的史学便是在这种宗教观念下产生的。诚然，把史学与宗教相联系，在当代学者看来是不可思议的，但是，史学本身有其历史发展的阶段，在不同历史环境的特殊历史条件下，有其独特的表现形式。史学皆以"求真"为目的，但是，所谓"真"在不同历史条件下的内涵却有所不同，如侯外庐批评康有为历史真实论时所说："你说这种托古改制，进退三代，归于一心的自由法制是假的么？在南海则以为惟此乃'真'之至，因为宗教圣人是在现存世界中理想一个'别有天地'，从此以后都是信仰了。"[①] 因此，史学史研究者在研究历史学家的"历史真实论"时，对于不同时代史学家观念中"真实"的标准应该着力予以把握。

关于《新学伪经考》，侯外庐认为康有为是要通过经学史的研究去塑造一种道统。因为按照康有为的经学史历史叙事话语体系，二千年来的经学都是新莽时代刘歆假造的"伪经"之学。至于其考据学上的意义，侯外庐认为反而不必言："此书诡辩多端，任公亦谓'好博好异，往往不惜抹杀证据或曲解证据，以犯科学家之大忌'，在考据学上而言，可谓之狐狸精。"[②] 乾嘉传统经学在学术史上的重要成就，是运用小学（音韵学、文字学、训诂学）的方法来研究经学，在客观上有其科学的优良传统意义。侯外庐指出，康有为的经学史研究并不重视小学，或者说在曲解小学，凡是在音韵文字方面无法解释的内容便归之于刘歆的伪造，甚至是把古代青铜器上

---

① 侯外庐：《近代中国思想学说史》下册，生活书店，1947年，第716页。

② 侯外庐：《近代中国思想学说史》下册，生活书店，1947年，第693页。

的文字也说成是刘歆的伪造,至于他这样做的目的,侯外庐一针见血地指出:"南海若不推断古器皆刘歆所伪造,则他的《孔子改制考》不能写作的。"① 因此,侯外庐指出《新学伪经考》在指导思想上秉承着一种先验主义:"假定东汉以后的学术皆从刘歆伪造六经而将圣制湮没,他所镕取的材料以佐证这一主义者,确把两汉文献拆散开来做了他的注脚。"②

关于《孔子改制考》,侯外庐指出其与《新学伪经考》之间有密切的配合关系,是姊妹篇。《新学伪经考》在于揭破所谓二千年来伪学支配的云雾,相当于欧洲宗教改革的意义,即为了反对中世纪的宗教烦琐教条,而指认教会所崇拜的上帝为假上帝,只不过在中国,把"上帝"换成了"儒家经典"支配下的"孔子"而已。而《孔子改制考》则相当于宗教改革中创立新教、树立新的上帝的意义,即"发现了新教主的真孔子"。③ 也就是说,《新学伪经考》侧重于"破旧",而《孔子改制考》侧重于"立新"。当然,康有为所立之新在内容上是商业资本主义时代的自由主义思想,而在形式上却披上了两千年前的孔子学说的外衣,这是康有为思想的矛盾之处。因此,侯外庐指出:"康有为《改制考》所成立的体系与方法,发生了极大影响,不仅反映了商业世界的中国重商思想的矛盾,而且更于他的体系与背面学术之相反相离,而影响了中国思想之发展。康有为的思想裂痕所以是时代裂痕的

---

① 侯外庐:《近代中国思想学说史》下册,生活书店,1947年,第696—697页。
② 侯外庐:《近代中国思想学说史》下册,生活书店,1947年,第699页。
③ 侯外庐:《近代中国思想学说史》下册,生活书店,1947年,第701页。

反映者，亦因为他的思想不仅是闭门造车，而且当其在要求出户合辙的时候，逢到了辙轨运行的历史教训而批判了一个自由主义的幻想，并将此幻想的原形暴露，使其跪到宣统皇帝的殿下而自供罪案。这亦说明中国在日本维新以后的前途，要有不断的革命民主的奋斗始可解除封建的痛苦，而公羊学派的'非常异义'所幻想'三年'完成变法的大义，以及其神秘唯心的方法论所设置的一个取巧机会办法，是不成近代的东西。"① 这就把康有为的史学与近代历史发展联系起来了，指出了以康有为为代表的自由主义思潮在中国近代悲剧命运的根源。

侯外庐在批评康有为的《新学伪经考》和《孔子改制考》时，指出了其在哲学基础上是唯心主义的先验主义，因而其历史观是"导源于目的论的唯心史观"，② 进一步讲，"历史方法论完全是观念的"。③ 侯外庐着重批评了康有为史学中所体现的历史虚无主义，在他看来，如果按照康有为的说法，六经都是刘歆所伪造的，那么东汉以后的中国学术史便是伪中之伪；同样，如果说孔子以前没有六经，六经是孔子创作的，那么这样的经典也是伪经，因此，整个中国学术史便成了人类虚假观念的斗争，当然，其中也包括康有为自己的虚假观念："南海的理想中心便基于这种虚假的基础之上，他破坏了刘歆的虚假，建立了孔子的虚假，把历史便还元于人类

---

① 侯外庐：《近代中国思想学说史》下册，生活书店，1947年，第720页。

② 侯外庐：《近代中国思想学说史》下册，生活书店，1947年，第700页。

③ 侯外庐：《近代中国思想学说史》下册，生活书店，1947年，第720页。

虚假斗争的观念演变之上，第一个虚假的观念，被第二个虚假的观念所代替，如今由他自己复把第二个虚假的观念所代替，又复元为第一个虚假的观念。于是历史，没有他的客观存在，仅是虚假观念的沿革，到了他自己，更是集了虚假观念的大成，这样一来，'别有天地'者亦不过虚假观念的人类造设而已，空虚到世界没有真理，因而他的宗教观亦建立在假设之上，学术价值不是发生了一种危机么？"[1] 侯外庐这里用富有思辨意味的绝妙文章生动地描绘了康有为自相矛盾的虚无主义的历史叙事话语体系，这样就证明康有为只不过是以一种虚假的观念代替另一种虚假的观念，因此，康有为本人维新变法的观念也必然是一种虚假的观念。可以说，侯外庐指出了康有为史学的致命弱点，即用虚无主义看待历史，最终自食其果。

侯外庐批评了康有为"托古改制"思想的庸俗性，他特别强调："要分辨南海与清初巨子之价值。"[2] 因为从形式上看，康有为和清初大儒一样，"皆有托古倾向，没有分别"，[3]但是，他们之间有本质上的区别，这种区别，就是马克思所说的"古典经济学"和"庸俗经济学"的区别。因为在17世纪，早期启蒙思想家并没有能够真正认识到历史的发展，他们只是感性地、天才地觉察到历史的发展趋势，由于时代的限制，"他们托古代的言语，传道近代的精神，是因为他们只

---

[1] 侯外庐：《近代中国思想学说史》下册，生活书店，1947年，第703页。

[2] 侯外庐：《近代中国思想学说史》下册，生活书店，1947年，第724页。

[3] 侯外庐：《近代中国思想学说史》下册，生活书店，1947年，第724页。

有做古人的学生这唯一的方法"。① 但是，到了康有为时代，即19世纪末，世界资本主义的发展早已出现了多种模式，甚至马克思主义的诞生也已经有了半个世纪的历史，这个时候，"不必一定做古人的学生"，②而康有为顽固地保留着古代的语言，显然是把清初启蒙思想家的思想庸俗化了，在其史学中，也造成了形式大于内容、主观高于客观的现象。

侯外庐对康有为史学方法在史料运用和逻辑推理中的错误予以了批判，他指出："《改制考》关于诸子百家几卷，取材大都尚在诸子学术中（并未考证时代），然而在他以为中心问题的几卷中，取材主要依据纬书及公羊口说，以谶纬迷信之学倒证孔子托古改制的心肝，在方法上已经是严重的致命伤。"③ 这实际上就是从史料批判的角度指出康有为所用的史料在时代考证上有严重的问题。康有为依据《孝经纬》《春秋纬演孔图》《尚书纬考灵曜》等纬书中的说法认为孔子是素王改制，依据《春秋繁露》来证明孔子获麟受命，又以墨家对儒家的攻击之词断定孔子作六经等。因为康有为在史料批判上并无措意，他对史料的运用就犯了许多逻辑上的错误，侯外庐指出："这种所谓推证，所谓明据，至多是逻辑学上的'概然'之言。推断若外于理由而入于意想，东原所谓宋儒以

---

① 侯外庐：《近代中国思想学说史》下册，生活书店，1947年，第724页。

② 侯外庐：《近代中国思想学说史》下册，生活书店，1947年，第724页。

③ 侯外庐：《近代中国思想学说史》下册，生活书店，1947年，第708页。

意见为理，因在逻辑上而言，南海有得于宋儒者至深。"[1] 这段话是侯外庐对康有为史学和宋明理学的绝妙讽刺，这种梁启超所谓"万事纯任主观"[2]的学术风格确实是康有为和宋明理学的共同点，因为他们都有在学术外衣掩盖下的真面目，为了表达自己的"臆见"而假借了学术的形式。此外，侯外庐还指出康有为在论证"孔子为圣王"和"孔子作六经"两个命题时用了循环论证的方式："用孔子制作六经证明孔子为圣王，又用圣王宗教主证明孔子改制立法，再用改制立法复证明为万世所尊崇，更用万世尊崇的理由证明孔子制作六经。"[3] 因此，侯外庐总结康有为的史料运用与逻辑推理道："纬书之荒唐不经，已经不足为据，而他的推演更类于推背图了。"[4]

不过，侯外庐认为康有为的学术在主观上的目的与客观上的价值并不完全一致，需要具体问题具体分析："在南海的学术中，由客观的分析而言不一定全为有价值的部分，而有价值的部分，则亦在其中。著者认为在他的学术中是有两部分，一部分所谓经世之学，西洋制度与中国历代沿革与学术变迁属之，其他一部分所谓义理之学，则为由宋明理学与公羊学所结合的义理。他是以后者为其学术的中心，或是说体用之学的'体'，以前者为其'用'，这样地荟合了东西哲人

---

[1] 侯外庐：《近代中国思想学说史》下册，生活书店，1947年，第711页。
[2] 梁启超：《清代学术概论》，上海古籍出版社，1998年，第78页。
[3] 侯外庐：《近代中国思想学说史》下册，生活书店，1947年，第712页。
[4] 侯外庐：《近代中国思想学说史》下册，生活书店，1947年，第713页。

的心肝精英，统一了东西文化于宗教的中国化之中。"① 在此基础上，侯外庐评价了《新学伪经考》和《孔子改制考》在客观上的史学价值，即《新学伪经考》在客观上"做了一番秦汉学术史的检讨"，② 而《孔子改制考》则在客观上"做了一番诸子学术的检讨"，③ 这是其客观的史学意义，是需要肯定的。侯外庐明确指出："我们不赞成研究南海者，因了他的学术思想的矛盾以及其后复辟的历史便一笔抹杀，这不是好的治学态度。"④ 可见，侯外庐的史学批评并非历史虚无主义的，而是主张科学地批评史家学术的成就与局限。

第三节　侯外庐对康有为史学影响的批评

侯外庐认为，康有为虽然在本质上是一个唯心主义的观念论者，但由于他把现实的历史看成是观念的反映，也就在无意中重视了历史，从而提倡了史学研究。侯外庐指出："南海在朝气焕发时期，确实把西洋制度与中国历史附属在他的虚假观念之中大倡特倡。在他以为这不过是虚假本体的外在物，但他既然把本体认为虚假观念而非实在，则剩下的外在

---

①　侯外庐：《近代中国思想学说史》下册，生活书店，1947年，第703页。

②　侯外庐：《近代中国思想学说史》下册，生活书店，1947年，第699页。

③　侯外庐：《近代中国思想学说史》下册，生活书店，1947年，第699—700页。

④　侯外庐：《近代中国思想学说史》下册，生活书店，1947年，第705页。

物反而成为实在物而非虚假的。由这里，我们就透过了他的正面思想的顽固主张，达到他的反作用的背面影响了。"① 侯外庐主张透过康有为的"正面思想的顽固主张"，从而达到其"反作用的背面影响"，也就是说，在评价康有为史学的具体影响时，不能被康有为主观上的顽固思想所局限，而是要评价其史学在近代史上的客观影响。因此，侯外庐指出："这影响即后来任公认为平生学问所得力者，上至学术思想史的背面检讨（如任公言孔子与诸子平列研究），下至制度沿革的背面寻求，在当时确实无意之中成了一种飓风与火山，在中国学说史的研究上影响了近代的学人。"②

侯外庐还具体指出，对康有为史学中古典方面的具体继承，主要体现在梁启超、胡适、钱玄同和顾颉刚等史学家身上，这就是指其史学中被后来史学家继承了的古典的一面。当然，康有为本人发展了其史学庸俗的一面："南海之为历史的自由主义人物就在这里，当辛亥革命，中国的变法具有了人民性之时，自由思想家南海便被历史吓退，赶快自己宣布国魂，削取活的，依附于死的。"③

首先是梁启超的学术史研究。侯外庐指出，"任公认为平生学问所得力者，上至学术思想史的背面检讨（如任公言孔

---

① 侯外庐：《近代中国思想学说史》下册，生活书店，1947年，第703页。
② 侯外庐：《近代中国思想学说史》下册，生活书店，1947年，第703页。
③ 侯外庐：《近代中国思想学说史》下册，生活书店，1947年，第705页。

子与诸子平列研究），下至制度沿革的背面寻求"，① 都受到了康有为史学的影响。侯外庐认为康有为的学术有两面性：一方面是客观上进步的史学价值，一方面是主观上庸俗的自由主义理想。康有为后期的思想，守住了自己学术中庸俗的一部分内容，而放弃了科学的一部分内容："南海在矛盾扩大的时候，把守住虚假的观念，遗弃了真实的历史，而他的朝气时代的业绩，则客观上已经包含了构成分子的对抗，真的（然而在其主观上为附带的）东西攻破了假的（然而在其主观上为先天的）东西。到了他的暮气时代，客观上真的东西否定了假的东西。他只要有些进步的成分，在他的学术体系中必有他的地位，可是价值却有复杂的内容，'死的拖住活的'。"② 相反，梁启超却继承了他科学的内容而部分地放弃了其庸俗的内容。因此，侯外庐认为梁启超在学术上比康有为要进步："任公的历史在这里不同了，他不像南海在活的历史面前死依靠保皇古朽，宗教灵魂，而是如他自己说，仍在保守与进取的交战中。"③ 也就是说，梁启超不像康有为那样，用庸俗的一面战胜了进步的一面，而是还处在矛盾的状态，这种状态，至少有走向科学的可能性。

其次是胡适、顾颉刚等人的"古史辨运动"。侯外庐指出胡适《哲学史大纲》把西周以前的东西一笔勾去，与《孔子

---

① 侯外庐：《近代中国思想学说史》下册，生活书店，1947年，第703页。

② 侯外庐：《近代中国思想学说史》下册，生活书店，1947年，第705页。

③ 侯外庐：《近代中国思想学说史》下册，生活书店，1947年，第705—706页。

改制考》第一卷相似，又指出顾颉刚《古史辨》论西周以前的历史为层累地造成的古史受到了康有为的影响。① 侯外庐肯定了康有为对"层累说"产生的学术贡献，认为康有为在"孔子改制法尧舜文王考"中确实发现了尧舜是层累地造成的这一历史事实，他说："南海把孔子以前的真实文物皆予否定，文明仅自孔子说起。他援引东西古代文明无可稽考之说都是题外之冗文，唯他确从一个中国古史的弱处单刀直入，他在书中所举的一例，并不可过于抹杀，……尧舜的名字出现，确在可靠古文献中始于《论语》，《周书》不及唐虞，西周吉金只及于文王。在春秋战国之交，诸子始称道先王由尧舜，经过黄帝而至于伏羲、神农，而大批三代古经才累层地造成，荀子法后王之旨，实为造书风气的一个反动。"② 进而说："在中国古史上，诸子称先王以至荀子的法后王与韩非法家的反先王，是有一种特别的历史性，即氏族制度存在于古代社会之中，当其转移向地域为单位的时代（战国），便产生诸子托古先王的一套改制理论（参看拙著《古代先王观的发现考》一文）。南海的书中，《诸子改制托古考》一卷以及卷十四至十八诸卷《诸子交攻考》等篇，是全书中最有意义的议论。虽然他没有科学的说明，而却隐约间含有不少的内容。"③ 康有为史学中的这些有价值的部分，经过顾颉刚等学者的剥离，演变成为在中国近代史学史上影响深远的"古史

---

① 侯外庐：《近代中国思想学说史》下册，生活书店，1947年，第704页。

② 侯外庐：《近代中国思想学说史》下册，生活书店，1947年，第707页。

③ 侯外庐：《近代中国思想学说史》下册，生活书店，1947年，第707—708页。

辨运动"。对于这一问题，当代学者李长银同样指出："'古史辨运动'的兴起与发展，可以说若干观点直接承接康有为的今文经学体系而来。在运动兴起之际，胡适、顾颉刚等之所以能够相继提出'东周以前存疑论'、'层累说'及'打破民族出于一元的观念'无疑是受到了康有为'上古茫昧无稽'等观点的启发。此后，运动转向经学研究与诸子丛考，顾颉刚、钱玄同、张西堂、罗根泽等则在康有为'二考'中若干观点的基础上打破了'汉人的经说'，并进行了诸子学探索。最后，运动转回古史考辨，顾颉刚等之所以能够先后发表《五德终始说下的政治和历史》与《三皇考》，无疑又是受到了康有为《新学伪经考》中相关论述的启发。因此，康有为的今文家言可以说是'古史辨运动'得以兴起与发展的主要本土资源之一。"[①] 这一论述与侯外庐对康有为史学的批评可以相互印证。

总之，侯外庐指出了康有为在近代史学史上，其史学的古典的、有价值的成分有着不可忽视的影响，其在史学近代化的过程中起了特定的作用，是中国近代史学史中相当重要的一部分。当然，这是其客观影响而非主观目的，是"南海圣人"所不能预料到的。

[①] 李长银：《中外交汇："古史辨运动"的学术因缘研究》，人民出版社，2023年，第135—136页。

第二章　侯外庐对章太炎史学的批评

章太炎（1869—1936）是中国近代史上罕见的大学者，他有着坚实的传统学术基础，在经学、小学、史学、子学、文学等方面有着深厚的学术造诣。章太炎弟子众多，如黄侃、朱希祖、鲁迅、吴承仕、诸祖耿、王仲荦、李源澄、汤炳正等，都在近代学术文化史上有其一席之地。更加值得注意的是，在近代世变中，章太炎还积极参加旧民主主义革命，追求古老中国的近代民主转型，被学者称为"革命儒生"。[1] 因此，章太炎是一位在中国学术史上和革命史上都值得大书特书的历史人物。具体到史学上，章太炎也取得了丰富的成果，是近代新史学运动的先驱。[2] 侯外庐在批评章太炎史学的过程中，客观上也成为章太炎史学优良传统的继承者，这体现出中国马克思主义史学是中国史学优良传统继承者的事实。

---

[1]　王锐：《革命儒生：章太炎传》，广西师范大学出版社，2022年。
[2]　姜义华：《章太炎与近代中国新史学的开拓》，《三馆论坛》，1993年第1期。

第一节　章太炎在侯外庐学术世界中的独特地位

　　章太炎是侯外庐最敬重的一位近代古典学者，侯外庐曾评价自己的学术风格时说："就思想、学术、风格而言，梁启超著作给我的影响远不及章太炎著作来得深刻、持久。"① 侯外庐在《近代中国思想学说史》中，对章太炎的研究也是最为丰富的。在谈到这个问题时，侯外庐说："《近代中国思想学说史》第三编余下康有为、谭嗣同、章太炎、王国维思想共五章。其中，康有为思想和章太炎思想，我下力较大。特别是章太炎思想，我分两章论述，旨在把太炎具有科学性的学术成就、重大思想变迁以及复杂的哲学面貌尽可能作全面的分析。前章从太炎对公羊学的批判出发，评价其经学、史学、法学、语言文字学、逻辑学、宗教批判、学术史及政治思想各方面的研究成就和特点，后章分析太炎矛盾的哲学形象与他所处时代的相互关系。"② 可以说，在整个近代思想家群体中，侯外庐着力最深的就是章太炎，因为章太炎是中国近代社会转型期的典型思想家，他的身上包含着中国近代社会特殊性的秘密。正如当代学者王锐所述："章太炎身处近代变局之下，面对汹涌而来的时代巨流，为了回应世变，他对中国传统学术诸多领域进行了全面的阐释与表彰。他并非基

---

　　① 侯外庐：《韧的追求》，张岂之主编：《侯外庐著作与思想研究》第1卷，长春出版社，2016年，第6页。
　　② 侯外庐：《韧的追求》，张岂之主编：《侯外庐著作与思想研究》第1卷，长春出版社，2016年，第230页。

于门户之见而将自己局限在某一家或某一派，也非出于怀思古之幽情，而是在中国传统遭遇危机的背景下展开学理思考，希望能让中国传统成为人们应变图强的重要思想资源。正是因为章太炎为世人留下了大量研究中国传统学术的论著，他被人们视为近代中国首屈一指的大学问家。"[1] 我们可以认为，章太炎是中国近代社会转型的"时代精神"的化身，这就是侯外庐之所以如此重视章太炎学术的秘密所在。

除了重视章太炎本身，侯外庐对吴承仕、鲁迅等太炎弟子们也是极其尊敬和重视的，他曾说："吴承仕先生是章太炎的弟子。我常拿他与鲁迅先生比较，在太炎门下，有两位弟子通过全然不同的路径，殊途同归，都走向信仰马克思主义，这是一个非常值得注意的问题。一九四四年，我在写《中国近世思想学说史》一书时，于章太炎思想的总结中，曾略抒这一感想。"[2] 侯外庐在谈到对鲁迅思想的研究时也说："我在研究章太炎思想的过程中，进一步探得鲁迅思想与中国学术传统的关系。于是，一九四八年在香港，又写下《鲁迅与中国思想传统》，继续关于鲁迅早期思想的论题。……我在《鲁迅与中国思想传统》中提出，鲁迅直接继承并发展了章太炎思想的传统，更以章太炎为桥梁，把诸子异端思想以至魏晋'非汤武而薄周孔'的嵇康、鲍敬言思想，融会在他前期的文学作品中。"[3] 又说："当时，我对鲁迅思想的注意，侧

---

[1] 王锐：《革命儒生：章太炎传》，广西师范大学出版社，2022年，第327页。

[2] 侯外庐：《韧的追求》，张岂之主编：《侯外庐著作与思想研究》第1卷，长春出版社，2016年，第31页。

[3] 侯外庐：《韧的追求》，张岂之主编：《侯外庐著作与思想研究》第1卷，长春出版社，2016年，第167页。

重在四个方面,其一,'鲁迅'笔名的索隐;其二,从阿Q看鲁迅前期思想发展的内在因素;其三,鲁迅的思想与中国思想传统,特别是与章太炎思想的承启批判关系;其四,鲁迅所处的时代和鲁迅思想发展阶段的关系。"① 侯外庐在这里也特别强调了章太炎与鲁迅思想的继承性,因此,侯外庐对鲁迅思想的研究一定程度上来说也是对章太炎思想研究的继续。侯外庐在《近代中国思想学说史》中,也曾比较过章太炎和鲁迅,并指出:"太炎弟子鲁迅,是和太炎有脉络可寻之处,鲁迅在民初,据其《彷徨》自述,深感到锁在一个铁屋里面,漆黑不见光明,他说自信看不见光明,仅挣扎着姑且假定有光明,亦在历史的安排上彷徨起来,故阿Q的Q(Question)是以一个解决不了的问题提出来的,一直到北伐前后,他才对于世界有了答案——参看拙作《鲁迅阿Q的年代问题》一文。太炎和鲁迅的同点,在于对于拆散时代的怀疑,而异点是太炎走入悲观以至于离开问题,鲁迅由彷徨以至于提出问题。我们在鲁迅言论里只见有崇敬太炎的话,而没有批评的话,知道颇有时代痛苦的一致感慨,不仅师弟关系罢了。此处尚有一言,即真能继承太炎传统者,就是那位记述《菿汉微言》一书的玄言者,与鲁迅殊途同归。"② 侯外庐晚年概括章太炎和鲁迅的关系时也特别提到了这一点,具体来说,侯外庐认为辛亥革命以前,鲁迅主要受章太炎的影响,"在反对传统、提倡个性方面,正体现了'拆散'旧社会

---

① 侯外庐:《韧的追求》,张岂之主编:《侯外庐著作与思想研究》第1卷,长春出版社,2016年,第161页。
② 侯外庐:《近代中国思想学说史》下册,生活书店,1947年,第788页。

的、反封建的战斗姿态",[①] 因此,鲁迅早期的思想充满了个性主义的精神,这与其老师章太炎一生的倾向是一致的。但是,侯外庐认为鲁迅并没有局限于章太炎,而是在后期超越了其老师,"当无产阶级登上中国民主革命领导地位时,鲁迅在新的阶级身上看到了革命的新前景和新希望,他与时俱进,抛弃了个性主义,接受了马克思主义,转变成无产阶级的战士"。[②] 相反,老师章太炎则在袁世凯称帝后不久就逐渐消沉了、退匿了,放弃了改造现实社会的理想,陷入了唯心主义的世界观。因此,章太炎由于无法跟上时代的发展而结束了其思想的生命力,退出了思想史的舞台。

章太炎的史学观点也对侯外庐个人的学术研究产生了重要的影响,对此,侯外庐本人也有明确的认识,他曾说:"对董仲舒的研究,我个人受到章太炎学说的影响。《中国思想通史》对于董仲舒的评价是极严厉的,这一点,殊异于六十年代编写的高等学校统一教材称董仲舒为'伟大的政治家'的评价。我至今还认为,三十多年前《中国思想通史》的这个观点是应该坚持的。"[③] 因此,从某种程度上说,侯外庐与鲁迅一样,都是章太炎学术优良传统的继承者。

此外,关于章太炎思想的研究,还有一个小插曲。侯外庐在写作章太炎部分的时候,由于资金不足而买不到相关资

[①] 侯外庐:《韧的追求》,张岂之主编:《侯外庐著作与思想研究》第1卷,长春出版社,2016年,第168页。

[②] 侯外庐:《韧的追求》,张岂之主编:《侯外庐著作与思想研究》第1卷,长春出版社,2016年,第168页。

[③] 侯外庐:《韧的追求》,张岂之主编:《侯外庐著作与思想研究》第1卷,长春出版社,2016年,第222页。

料，后来在董必武的支持下才买到《章太炎遗书》，他晚年回忆这段经历时说："我研究到章太炎思想的时候，非常需要看他的遗书，图书馆里借不到，街市上虽有，我也买不起。这个情况不知怎么叫董必武同志知道了，他让徐冰送钱来，说明是让我买书的。我总算买下了一部《章太炎遗书》。这部书，很久很久地，都让我感到鼓舞和力量，我一直把它作为纪念品珍藏着。"[①] 侯外庐此处的回忆虽然着重于对董必武的感激之情，但也反映了他对章太炎思想的重视。

综上所述，章太炎在侯外庐的学术世界中的地位是比较特殊的，从某种程度上说，相较于康有为，侯外庐认为章太炎才是第一位近代思想家、史学家。章太炎的学术精神开启了中国古典学术向近代学术转型的大门。

第二节　侯外庐对章太炎哲学理性主义特征的阐释

历史学中最关键的部分就是历史观，白寿彝先生曾说："历史观是史学的灵魂，在史学工作中占有头等的重要地位。如以一部历史著作而论，尽管功力厚、资料富，但见识浅，在历史观点上无所建树，就不能成为上品。"[②] 而历史观又以哲学观念为基础，因此，历史学家哲学观念的进步与否直接决定其历史观的性质，因而也决定其史学的性质。侯外庐在

[①] 侯外庐：《韧的追求》，张岂之主编：《侯外庐著作与思想研究》第1卷，长春出版社，2016年，第95页。
[②] 白寿彝：《〈史学概论〉的任务和基本内容》，《白寿彝文集》（历史教育·序跋·评论），河南大学出版社，2008年，第411页。

谈到章太炎的哲学时说:"经学上的家法,小学上的论断,文章上的作风与气派,政论及革命上的主张与斗争,分析到最后,都有哲学观点作最高的原理,作立论的根据和判断的基准。在一般原则上看来是如此,不应章氏独为例外。"① 事实上,不独经学、小学、文章、政论、革命,本书所论之史学,亦应该且必然包含在内。因此,从历史学家的哲学观念入手,就能提纲挈领地抓住其史学背后的精神即历史观,这是研究史学史的要点。

章太炎早年也是康有为维新思想的信徒,1895年曾经加入过上海强学会,1897年在汪康年、梁启超的邀请下赴《时务报》馆任职,"颇为积极地参与变法运动,鼓吹改革思想",② 但仅仅几个月后就因为学术思想的分歧而离开了《时务报》。当时《时务报》主要由梁启超等康有为弟子执掌,他们信奉所谓的"今文经学",而章太炎的学术根基却是所谓的"古文经学"。章太炎自述其时与梁启超、麦孟华等康门弟子"论及学派,辄如冰炭",③ 甚至发生斗殴事件。此后,章太炎虽然与康有为学派渐行渐远,但在思想上仍然没有跳出维新变法的窠臼。直到1898年百日维新运动失败后,章太炎被迫流亡台湾,仍然与康有为有书信来往。1899年初,章太炎甚至还说:"子不见夫水心、晦庵之事乎?彼其陈说经义,判若冰炭,及人以伪学朋党攻晦庵时,水心在朝,乃痛言小人

---

① 侯外庐:《近代中国思想学说史》下册,生活书店,1947年,第860页。

② 王锐:《革命儒生:章太炎传》,广西师范大学出版社,2022年,第38页。

③ 章太炎:《与谭献(第三通)》,《章太炎全集》第12卷《书信集》上,上海人民出版社,2022年,第13页。

诬罔，以斥其谬。何者？论学虽殊，而行谊政术自合也。余与工部，亦若是已矣。"① 章太炎把他和康有为的关系比作叶适（水心）和朱熹（晦庵）的关系，强调他们的分歧仅仅是学术意见的不同，但在政见方面是一致的，这说明在戊戌变法失败后的一段时间内，章太炎仍然是一位改良派人士。1899年6月，章太炎前往日本并结识了孙中山，受到了孙中山革命思想的一定影响，而在次年爆发的八国联军侵华战争后，章太炎彻底认清了清廷的反动本质，逐渐转向了革命派阵营，他曾在《客帝匡谬》一文中批判了自己以往以《客帝》篇为代表的君主立宪改良思想，并指出只有通过暴力革命推翻满清政府才能救中国："余自戊、己违难，与尊清者游，而作《客帝》。饰苟且之心，弃本崇教，其违于形势远矣！且汉帝虽屡弱，赖其同胤，臣民犹或死之。满洲贱族，民轻之，根于骨髓，其外视亡异欧美。故联军之陷宛平，民称'顺民'，朝士以分主五城，食其禄，伏节而死义者，亡一于汉种，非人人阘茸佣态。同异无所择，孰甘其死？由是言之，满洲弗逐，欲士之爱国，民之敌忾，不可得也。浸微浸削，亦终为欧美之陪隶已矣。"② 章太炎这段论述虽然有其不尽科学之处，但是"其外视亡异欧美"，"浸微浸削，亦终为欧美之陪隶已矣"的观点已经指出了帝国主义与封建主义相互勾结的反动本质，因此也就实际上触碰到了中国近代半殖民地半封建社会的社会性质，客观上提出了反帝反封建的革命任

---

① 章太炎：《识康有为复书》，《章太炎全集》第10卷《太炎文录补编》上，上海人民出版社，2022年，第104页。
② 章太炎：《客帝匡谬》，《章太炎全集》第3卷《訄书（重订本）》，上海人民出版社，2022年，第120页。

务。也就是从这个时候，作为思想家的章太炎独立地登上了中国近代思想史的舞台。

章太炎的思想经历了一个从康有为改良主义信徒再到革命者的变迁，因此，在哲学上也有明确的鸿沟。侯外庐在论述章太炎哲学之时，首先就是从其与康有为的对立之处入手的。侯外庐说："从公羊学派兴起以后，康氏之学，复以公羊学建立政派，经过百日维新运动，至于民国初年，确实对于中国的士大夫发生了很大的影响。清末《民报》发行，但被清廷严禁，难以广泛地起着作用。在这时，古文家的一位最后重镇章太炎氏挺身而出，上下古今和康氏学派短兵相接，文锋对立，可谓古文家的光辉。他虽然有门户之见甚深，而他与公羊学派论难的方针，大体上是沿着理性主义，在时代意义上更为进步的思想。"[1] 侯外庐认为章太炎的哲学属于"附保留的观念论"，[2] "因为他把宇宙分成真俗二界，在俗界是从物质经验出发，到了真界则要从心识出发了。然而俗界讽刺了真界"。[3] 也就是说，章太炎的哲学虽然本质上是唯心主义（观念论），但是，这种唯心主义（观念论）却蕴含了唯物主义的因素，不是彻底的极端的唯心主义，这在思想史上，类似于费尔巴哈。正如恩格斯指出的那样："费尔巴哈的发展进程是一个黑格尔主义者（诚然，他从来不是完全正统的黑格尔主义者）走向唯物主义的发展进程，这一发展使他在一

---

[1] 侯外庐：《近代中国思想学说史》下册，生活书店，1947年，第784页。

[2] 侯外庐：《近代中国思想学说史》下册，生活书店，1947年，第784页。

[3] 侯外庐：《近代中国思想学说史》下册，生活书店，1947年，第865页。

定阶段上同自己的这位先驱者的唯心主义体系完全决裂了。他势所必然地终于认识到，黑格尔的'绝对观念'之先于世界的存在，在世界之前就有的'逻辑范畴的预先存在'，不外是对世界之外的造物主的信仰的虚幻残余；我们自己所属的物质的、可以感知的世界，是唯一现实的；而我们的意识和思维，不论它看起来是多么超感觉的，总是物质的、肉体的器官即人脑的产物。物质不是精神的产物，而精神本身只是物质的最高产物。这自然是纯粹的唯物主义。但是费尔巴哈到这里就突然停止不前了。"① 费尔巴哈的唯物主义是不彻底的，本质上也是和章太炎一样，是"附保留的观念论者"，但是，相比于同时代的彻底退回唯心主义范畴的哲学家，被马克思称为妄自尊大的唯灵论者的布鲁诺·鲍威尔等人来说，②他又是进步的。尽管费尔巴哈在实践中并没有与工人运动相结合，成为真正的共产主义者和科学的唯物主义者。

因此，从这个角度，我们就理解了侯外庐对章太炎哲学的批评，即侯外庐认为章太炎虽然不是彻底的、科学的唯物主义者，本质上是唯心主义者，但是，他比康有为那种庸俗的唯心主义者还是要进步许多，"凡所保留下的非观念论部分，都可适用于批判公羊学派以及百日维新派的理论"。③ 章太炎的经学本身蕴含着实证主义的实事求是的精神，侯外庐说："凡稍知哲学者，都可以从章氏的经学家法中，看出他是

---

① 恩格斯：《路德维希·费尔巴哈和德国古典哲学的终结》，《马克思恩格斯文集》第4卷，人民出版社，2009年，第281页。
② 马克思：《马克思致路德维希·费尔巴哈（1844年8月11日）》，《马克思恩格斯文集》第10卷，人民出版社，2009年，第15页。
③ 侯外庐：《近代中国思想学说史》下册，生活书店，1947年，第784页。

导源于实证主义的客观方法论,在这里,并且也显示着'对象决定方法'以及素朴的'求是'精神。"① 可以说,侯外庐认为章太炎是中国近代历史发展"正方向"上的思想家,章太炎不但在经学理念上与康有为为代表的公羊家相对立,同时在历史人物评判上也与之异趣。

侯外庐认为章太炎这种理性主义特征的哲学,代表了封建社会末期反抗地主阶级封建专制的农民阶级的利益,因此,侯外庐对章太炎的评价是:"他不是一个书生,而是清末民初的一位农民民主主义思想家。"② 侯外庐对章太炎的这个定位颇具特色,关于农民问题,恩格斯曾指出:"农业无产阶级,即农业短工,是为各邦君主军队提供新兵最多的阶级。这是目前由于实行普选权而把许多封建主和容克选入国会的阶级。但同时这又是最靠近城市工业工人,与他们生活条件相同,甚至比他们更加贫困的阶级。这个阶级因零星分散而软弱无力;政府和贵族十分清楚地知道它的潜在力量,因而故意使教育事业凋敝,好让这个阶级继续处于愚昧无知的状态。唤起这个阶级并吸引它参加运动,是德国工人运动首要的最迫切的任务。一旦农业短工群众学会理解自己的切身利益,在德国就不可能再有任何封建的、官僚的或资产阶级的反动政府存在了。"③ 列宁也指出:"在马克思主义者看来,农民运动恰恰不是社会主义运动,而是民主主义运动。农民运动在

---

① 侯外庐:《近代中国思想学说史》下册,生活书店,1947年,第861页。

② 侯外庐:《近代中国思想学说史》下册,生活书店,1947年,第857页。

③ 恩格斯:《德国农民战争》,《马克思恩格斯文集》第2卷,人民出版社,2009年,第211—212页。

俄国也像过去在其他国家一样,是民主革命的必然伴侣,而民主革命就其社会经济内容来说是资产阶级革命。农民运动绝不反对资产阶级制度的基础,不反对商品经济,不反对资本。正好相反,它反对农村中的各种旧的、农奴制的、前资本主义的关系,反对农奴制一切残余的主要支柱——地主土地所有制。因此,这种农民运动的完全胜利不会铲除资本主义,恰恰相反,它将给资本主义的发展造成更广泛的基础,加速和加强纯粹资本主义的发展。农民起义的完全胜利,只能造成资产阶级民主共和国的支柱,在这个共和国内,无产阶级将第一次开展纯粹反对资产阶级的斗争。"[1] 也就是说,农民阶级是受封建地主阶级压迫最深的一个阶级,因而具有巨大的反封建的革命潜力,其革命性质是资产阶级革命。而在无产阶级领导的资产阶级革命中,农民阶级仍然是无产阶级革命的同盟军,唤醒农民阶级参加民主革命是无产阶级领导的资产阶级革命中的重要任务。毛泽东曾指出:"中国无产阶级应该懂得:他们自己虽然是一个最有觉悟性和最有组织性的阶级,但是如果单凭自己一个阶级的力量,是不能胜利的。而要胜利,他们就必须在各种不同的情形下团结一切可能的革命的阶级和阶层,组织革命的统一战线。在中国社会的各阶级中,农民是工人阶级的坚固的同盟军,城市小资产阶级也是可靠的同盟军,民族资产阶级则是在一定时期中和一定程度上的同盟军,这是现代中国革命的历史所已经证明

---

[1] 列宁:《小资产阶级社会主义和无产阶级社会主义》,《列宁选集》第1卷,人民出版社,2012年,第655页。

了的根本规律之一。"① 毛泽东的观点与马克思主义经典作家的观点是完全一致的,都指出了农民阶级在近代无产阶级领导的反封建革命中的重要作用。但是,我们同样要指出,农民阶级虽然在革命中起了很大的作用,但他们不是近代民主革命的领导阶级——无论是旧民主主义革命还是新民主主义革命。由于自身的阶级局限性,农民阶级对未来社会的设想是比较天真的,他们更主要的是作为革命的力量而非领导,他们从自身利益出发可以为革命提供充足的战斗力,但是,他们难以提出新社会的设想。因此,农民革命从本质上来说属于资产阶级民主革命的范畴,他们追求的主要就是"土地和自由"。②

关于侯外庐对章太炎是农民阶级思想家的这个判断,笔者倾向于其受到了列宁对托尔斯泰评价的影响。列宁曾说:"作为俄国千百万农民在俄国资产阶级革命快要到来的时候的思想和情绪的表现者,托尔斯泰是伟大的。托尔斯泰富于独创性,因为他的全部观点,总的说来,恰恰表现了我国革命是农民资产阶级革命的特点。从这个角度来看,托尔斯泰观点中的矛盾,的确是一面反映农民在我国革命中的历史活动所处的矛盾条件的镜子。一方面,几百年来农奴制的压迫和改革以后几十年来的加速破产,积下了无数的仇恨、愤怒和生死搏斗的决心。要求彻底铲除官办的教会,打倒地主和地主政府,消灭一切旧的土地占有形式和占有制度,清扫土地,

---

① 毛泽东:《中国革命和中国共产党》,《毛泽东选集》第 2 卷,人民出版社,1991 年,第 645 页。

② 列宁:《小资产阶级社会主义和无产阶级社会主义》,《列宁选集》第 1 卷,人民出版社,2012 年,第 656 页。

建立一种自由平等的小农的社会生活来代替警察式的阶级国家，——这种愿望像一根红线贯穿着农民在我国革命中的每一个历史步骤，而且毫无疑问，托尔斯泰作品的思想内容，与其说符合于抽象的'基督教无政府主义'（这有时被人们看做是他的观点'体系'），不如说更符合于农民的这种愿望。"①

1941年，侯外庐在《阿Q的年代问题——为鲁迅逝世五周年纪念而作》一文中提出一个"拆散时代"的概念，他首先引用了一段"科学的文献"——这是当时进步学者躲避国民党文化专制的"代数学"，暗指马克思主义经典文献："悲观主义，无抵抗主义，向着'精神'的呼号是东方制度的不可避免的发现的观念形态。这时候整个旧制度'翻了一个身'，而群众是在这制度之中教育出来，他们在吃母亲奶的时候就吸进了这制度的习惯、传统、信条，他们看不见，也不能看见'安排下来的'新制度，是个什么样子，是什么社会力量怎样在'安排着'，有什么社会力量能够免除这'拆散'时代所有的无数特别厉害的灾祸。"② 这段话出自列宁的《列·尼·托尔斯泰和他的时代》一文，在《列宁全集》中如下表述："悲观主义、不抵抗主义、向'精神'呼吁，是这样一个时代必然要出现的思想体系，在这个时代，整个旧制度已经'颠倒过来'，而群众是在这个旧制度下教养出来的，他

---

① 列宁：《列夫·托尔斯泰是俄国革命的镜子》，《列宁选集》第2卷，人民出版社，2012年，第243页。

② 侯外庐：《阿Q的年代问题——为鲁迅逝世五周年纪念而作》，张岂之主编：《侯外庐著作与思想研究》第23卷，长春出版社，2016年，第23页。

们从吃母亲奶的时候起就接受了这个制度的原则、习惯、传统和信仰,他们看不出也不可能看出'开始形成'的新制度是什么样子,是哪些社会力量在'形成'这种新制度以及怎样'形成'这种新制度,哪些社会力量能够消除'变革'时代所特有的无数特别深重的灾难。"[1] 侯外庐引用的译文,可能参考了瞿秋白在1933年翻译的《L. N. 托尔斯泰和他的时代》,文字虽不完全一致,但所用的"拆散"一词则相同。[2]

考本段文字在《列宁全集》俄文版第20卷中的原文为:"Пессимизм, непротивленство, апелляция к 《Духу》есть идеология, неизбежно появляющаяся в такую эпоху, когда весь старый строй 《переворотился》и когда масса, воспитанная в этом старом строе, с молоком матери впитавшая в себя начала, привычки, традиции, верования этого строя, не видит и не может видеть, каков《укладывающийся》новый строй, какие общественные силы и как именно его 《укладывают》, какие общественные силы способны принести избавление от неисчислимых, особенно острыхбедствий, свойственных эпохам《ломки》。"[3] 瞿秋白所翻译的"拆散"所对应的原文为"ломки",是摧毁、破坏的意思,显然比

---

[1] 列宁:《列·尼·托尔斯泰和他的时代》,《列宁全集》第20卷,人民出版社,1989年,第102页。

[2] 瞿秋白译:《L. N. 托尔斯泰和他的时代》,《海上述林》上册"辨林",四川人民出版社,1983年,第231页。

[3] ЛЕНИН: Л. Н. ТОЛСТОЙ И ЕГО ЭПОХА, В. И. ЛЕНИН ПОЛНОЕ СОБРАНИЕ СОЧИНЕНИЙ, ТОМ20, ИЗДАТЕЛЬСТВО ПОЛИТИЧЕСКОЙ ЛИТЕРАТУРЫ МОСКВА, 1973, 102.

《列宁全集》中文版翻译成"变革"要准确。因为"变革"是"破旧立新"的意思,而"拆散"是"只破旧不立新"。把"ломки"翻译成"拆散"更符合列宁对农民运动特点的描述。①

侯外庐晚年撰写回忆录时仍然对"拆散时代"这个概念情有独钟,他解释道:"我把阿Q的时代,名为'拆散时代'。'拆散'一词,我最初是在学习列宁著作时接触到的。列宁评价农民战争是拆散有余而建设不足,我当时真为'拆散'这一概念的运用而兴奋。'拆散',只包含摧毁的意思,并不包括建设的含义。这是对农民战争非常准确的理解。我实在找不到能概括只包含摧毁,不包括建设的两方面含义的字眼,足以代替'拆散'一词。因此,明知别人都不爱用,我还是长期地沿用了下来。辛亥革命是资产阶级革命,农民阶级应是资产阶级革命的主力,因而,从农民的角度理解这个时代,可以名之为'拆散时代'。"②尽管侯外庐是在讨论鲁迅思想时提出"拆散时代"概念,但这也是章太炎所面对的时代特征。因此,侯外庐指出:"他(章太炎——笔者注)的哲学剪影,是有晚清时代的'拆散社会'来说明的,当时中华老太婆一方面贫弱的摇摇欲坠,另一面又新生着伟大农民力量跃跃欲试。而农民独立地走上了历史舞台,英勇地群起拆散封建的神秘存在。这和十七世纪不同的地方,是在于十七世纪在梦中设计安排自己的未来社会的图案;而十九世

---

① 此处《列宁全集》俄文版的查阅和翻译均由黑龙江大学历史旅游学院高龙彬先生提供,特此致谢。

② 侯外庐:《韧的追求》,张岂之主编:《侯外庐著作与思想研究》第1卷,长春出版社,2016年,第163—164页。

纪末叶则是以群体的力量走上现实变革的舞台。中国农民在这时是真正担负起了近代民主的任务，但他们走进历史的舞台却是一个'拆散时代'，他们不知道亦不可能自己安排自己的社会，因而他们提出的问题并不是在他们身上能够解答的问题。"[1] 而章太炎的强烈的反封建的民主思想，正是农民阶级意识形态的精华，因为农民运动的本质是"资产阶级民主主义的运动"，[2] 农民运动的目的是消灭封建的官吏和地主阶级的政权，从而为建立民主的社会制度奠定基础，但他们并不要求改变资本主义的生产关系和政治制度，甚至他们对新的民主制度的设计也无能为力，因为这在历史规律上首先是资产阶级的任务。

章太炎的整个学术就是在这种背景下诞生的，侯外庐说他像一个思想文化领域的拿锄头的农民："太炎就在这里开始他的学术活动，他对于极大极微的宇宙，人生，社会问题，表现出自我横冲的独行孤见，在中国思想史上这样有人格性的创造，实在数不上几人。他的笔锋扫荡古今的气魄正套于他的古色古香的文字形式中，好像一个拿锄头的农民朴素地反抗满清封建的淫威，不分彼此，不讲策略，硬转历史的车轮一般。农民在反满清战争中，直感着反抗暴政，同时亦幻想着自己古来祖宗宝贵的自给自足的乐园，他们如果逢见铁路和电杆则一样地群起抗争，企图破坏。太炎一方面'累于国仇'，他方面'天以国粹付余'的精神，正是在思想上的农

---

[1] 侯外庐：《近代中国思想学说史》下册，生活书店，1947年，第864页。

[2] 列宁：《小资产阶级社会主义和无产阶级社会主义》，《列宁选集》第1卷，人民出版社，2012年，第657页。

民气派。"① 列宁把托尔斯泰称作是"俄国革命的镜子",那么,章太炎又何尝不是中国近代民主革命的一面镜子呢?因此,侯外庐指出:"太炎的哲学方法最为敏利,批判的方法尤其刻辣,这正是一种'拆散'的固有精神,他在'以分析名相始'的时候,放出了光芒确可迫人,然而他同时'以排遣名相终'的时候,则皈依我佛,放弃新的一切'安排'之远计,而似于托尔斯泰式的慰藉,把历史的前景放任,这岂不是太炎成为十九世纪末叶中国社会的一面镜子了么?"② 我们进一步讲,侯外庐对章太炎思想的批评,又何尝不是以之为一面镜子来映照中国近代革命发展史呢?从这个角度出发,我们就能比较准确地理解侯外庐对章太炎哲学思想的定位,从而也能更加深入地理解其史学的特征。

第三节 侯外庐对章太炎经学的史学化特征的分析

在章太炎的经学研究方面,侯外庐特别强调其"发展了汉学而为史学"③的学术特征,即章太炎的经学实际上更加倾向于史学,实质上继承了章学诚"六经皆史论"的优良精

---

① 侯外庐:《近代中国思想学说史》下册,生活书店,1947年,第865页。
② 侯外庐:《近代中国思想学说史》下册,生活书店,1947年,第865页。
③ 侯外庐:《近代中国思想学说史》下册,生活书店,1947年,第787页。

神,[1] 创立了"六经与史不能分别说",这是其与康有为不同的地方。康有为的经学虽然也有史学的成分,但是始终在其所谓"今文经学"的庸俗观念的附属之下,而最后反被他本人抛弃了。侯外庐认为章太炎的"六经与史不能分别说"虽然主要是在批判公羊家,但在客观上推动了近代史学的发展,他说:"太炎的经史论,名义上虽不赞成实斋'六经皆史'之说,而却称道此说,……所以太炎并不反对六经皆史之命题,而主张六经与史不能分别之说。因为经与史既未可分离,则公羊家所言六经为孔子所托古以自作者,当是妄言。"[2] 又说:"他申论《春秋》之上有《尚书》,《春秋》之下有迁固,孔子是继承前之史学而开启后之史学,经史不能分家……他更以孔子之学为史学,而驳托古改制之说,其言精当。"[3] 章太炎的《征信》《信史》等文章是其经史之学的重要论述,侯外庐盛赞这几篇文章,指出其"表现太炎史学与科学的统一

---

[1] 马一浮在批评章太炎的经学时说:"章太炎之尊经,即以经为史,而其本实出于章实斋'六经皆史'之论,真可谓流毒天下,误尽苍生。此其人未尝知有身心性命之理,故有此说。……章太炎非不尊经,而原本章实斋'六经皆史'之论,实乃尊史。……章太炎提倡读经,而以经为史,意味完全不同。"(马一浮:《马一浮先生语录类编》,四川文艺出版社,2020年,第63—64页)马一浮见解虽然迂腐,但其所述章太炎继承章学诚"六经皆史"之论、尊史过于尊经等观点确为不易之论。

[2] 侯外庐:《近代中国思想学说史》下册,生活书店,1947年,第789页。

[3] 侯外庐:《近代中国思想学说史》下册,生活书店,1947年,第790页。

认识，以之批评公羊学派，乃秋风扫叶之笔"。① 又说："太炎'分析名相'所本的形式逻辑，因有史识为内容，比一般空谈表德者，卓然异趣。"② 这就指出了章太炎的哲学——即使其很多时候表现为经学——因为有史学的支撑而更加实际、更加有学术内涵。同时，章太炎还从历史的角度批判了康有为的今文经学，"谓其所臆度的经典无历史知识"。③ 在这种观点下，侯外庐指出章太炎的经史论是"以逻辑为指路碑，而内容则为史"。④ 因此，章太炎是"发展了古文家而攻击了今文家"，⑤ 侯外庐这里所说的发展了古文家，即指在史学方面。侯外庐认为这一点是章太炎经学的特点："他以史学与逻辑说经典，实在是他的特异经学。故康有为把孔子尊为宗教主，他则尊孔子为良史或历史学家，康氏崇孔子为素王，他则崇孔子为学者。"⑥ 又说："（章太炎——笔者注）又以为孔子是第一任良史，刘歆是第二任良史，而与有为之说正相反（有为以孔子为第一任真的作伪者，刘歆为第二任假的作伪

---

① 侯外庐：《近代中国思想学说史》下册，生活书店，1947年，第791页。

② 侯外庐：《近代中国思想学说史》下册，生活书店，1947年，第794页。

③ 侯外庐：《近代中国思想学说史》下册，生活书店，1947年，第796页。

④ 侯外庐：《近代中国思想学说史》下册，生活书店，1947年，第797页。

⑤ 侯外庐：《近代中国思想学说史》下册，生活书店，1947年，第797页。

⑥ 侯外庐：《近代中国思想学说史》下册，生活书店，1947年，第797页。

者，太炎所谓'等之造事也'）。"① 可见，章太炎把经学史上的关键人物孔子和刘歆都描绘为史学家，这就利用了史学史的形式把传统的儒家经学推向了史学，为史学的近代化奠定了基础。

在此基础上，侯外庐肯定了章太炎以历史和逻辑治经的学术思路，他说："太炎是以历史学与逻辑学而治经学，颇无问题。基于这两条治学方针，他以历史是人类知识的宝库，治经在'存古'，而存古则非谓旧章可永远遵循，乃谓据此文明制度流变之学问而'灌溉'吾民；治经不能以历史为刍狗，而归结于某一人的唯心所造，乃谓六籍与历代史书同时并重，所谓'斟酌古今，未有不资于史'；治经不是一种君学，而是一种匠学，故他以孔子与刘歆皆因雠校之学，使学术下私人，不为帝王所独专，他们做良史之功都甚伟。"② 这里，侯外庐实际上就指出了近代经学史学化的路径，同时也指出了章太炎在近代经学史学化进程中的学术地位。

在治学精神上，侯外庐盛赞了章太炎的怀疑精神，他说："按他的史学，不信史前之说，举凡人类以前的地球生成论，人类以后的工具标志（石器，铜器，铁器）论，以及未有文字以前的蒙昧野蛮说，都以为是推察，不足为信征，故他仅从有文字文明以后的历史作为信史去研究的。这种怀疑态度，在太炎时代不完全是错误的，因为他是一位忠实于其方法论的学者，他的形式逻辑所能理会的东西，才能使他坚信不移，

---

① 侯外庐：《近代中国思想学说史》下册，生活书店，1947年，第798页。

② 侯外庐：《近代中国思想学说史》下册，生活书店，1947年，第800页。

而反之他的逻辑所占据不到的材料（当时文化水平所供给者），只能使他多闻阙疑，学者态度的本色应如此。"① 这种态度，看似与康有为的"上古茫昧无稽论"很相似，但本质上有所不同。康有为的"上古茫昧无稽论"在怀疑古史的同时，是为了说明孔子的创制地位，也就是说，他只承认孔子的"真实"，不承认孔子以前的真实，所以康有为依据的史料仅仅是《论语》《礼记》《孟子》《韩非子》《史记》《论衡》及纬书等，基本上都出自孔子之后，而把孔子以前的历史一概抹杀，这自然是一种历史虚无主义的态度。而章太炎仅仅是从人类进入文明之后开始考察历史，对人类文明早期史根据自己的材料和理论进行了说明，这在精神上与康有为是完全相反的，所以侯外庐指出："这样历史学的'灌溉'，是进步的，革命的，而比之于康有为的托古改制经学，适成反比例。"② 章太炎的史学，最后又通向了法学，这在侯外庐看来更加重要，因为所谓的"法学"从本质上说就是政治制度之学，这就涉及了政治制度的变革。因此，侯外庐特别指出了章太炎"经学—史学—法学"的思维路径，并说："太炎的经学，与史学相契，而又与法学相合，所谓'以法律为诗书者，其治必盛'。统观他的著作中以经通史的部分至多，而以经史通法的部分更多。以经通史，灌溉近代的理性自觉，以经史通法，更指出近代的社会制度。"③ 而这种学术路径又与康有

---

① 侯外庐：《近代中国思想学说史》下册，生活书店，1947年，第801页。
② 侯外庐：《近代中国思想学说史》下册，生活书店，1947年，第805页。
③ 侯外庐：《近代中国思想学说史》下册，生活书店，1947年，第808页。

为为代表的所谓今文经学家相对立，其中又有对于封建君主制的不同态度，因此，侯外庐指出："故他（章太炎——笔者注）主以经史通法，而反对'引经附法'，后者最有便于君主专制。"①

侯外庐对章太炎史学与"语文逻辑学"之间的关系也进行了说明。侯外庐所说的"语文逻辑学"实际上就相当于传统学术中所谓的"小学"。侯外庐说："太炎的文字学，亦与其经史研究相通相关。他把文字学一方面建立在名学上，又一方面建立在史学上，这和他的经史之学相似其研究之法。"② 这与康有为的史学方法也是对立的，康有为解释经典并不重视小学，而章太炎适与之相反："在《新学伪经考》一书中，康氏到文字关头，大倡他的既无逻辑学又无历史学的怪论。太炎适与有为是非分明，所论'文始''语言缘起'诸问题，合逻辑名理与文字孳乳而两明，和有为之两惑者相为对照。"③ 章太炎发展了乾嘉所谓"汉学"中小学的优良传统，但是摒弃了"由辞通道"的封建意识形态，而将之发展为史学的方法论，因此，侯外庐指出："太炎的文字学，和他的经学研究一样，不但批判了今文家说，而且发展了古文家言。古文家仅言'由辞以通道'，而太炎则建立由文字孳乳以明历史发展的根据……，又建立由文字起源以明思维发展的理论……，故他的文字学已经跳出了古文家的范围，在清末

---

① 侯外庐：《近代中国思想学说史》下册，生活书店，1947年，第809页。

② 侯外庐：《近代中国思想学说史》下册，生活书店，1947年，第813页。

③ 侯外庐：《近代中国思想学说史》下册，生活书店，1947年，第813页。

民初期间，据此方法研究古代文明者更有王国维氏。"[1] 而这种以语言文字、古代文献考证为特征的史学优良传统，最终被侯外庐、郭沫若等马克思主义史学家所继承，[2] 成为中国马克思主义史学不可分割的一部分。[3]

总之，侯外庐认为，章太炎的经学在本质上已经史学化了，甚至在某种程度上可以说"接近于理论的史学"，[4] 这实际上就指出了中国近代以来，封建经学衰落与资产阶级史学兴起的一个具体案例。当代学者路新生在谈到近代经史关系时说："在中国传统文化体系中，经学无疑占据着特殊地位。经学典籍不仅是中国传统社会官方意识形态的文本结晶，是那个时代'真理'的象征；而且由此成了奠定中国传统文化的基石。那么，在探讨中国传统文化——其中包括史学——的'现代化转型'时，当然是绕不过经学这道'坎'的。所以，经学的'蜕变'乃至于'衰变'过程，就应当成为首先加以梳理的课题。经学不衰变，不'让位'，新型的学术也就发展不起来，史学的'现代化'也就无从谈起。"[5] 在这一学术变革的历史进程中，章太炎所起的作用是至关重要的，这

---

[1] 侯外庐：《近代中国思想学说史》下册，生活书店，1947年，第813—814页。
[2] 邹兆辰：《马克思主义史学对传统史学方法的继承与创新》，《河北学刊》，2011年第5期。
[3] 张越：《试析20世纪40年代中国马克思主义史学家对史料和历史考证方法的重视》，《史学集刊》，2006年第2期。
[4] 侯外庐：《近代中国思想学说史》下册，生活书店，1947年，第801页。
[5] 路新生：《经学的蜕变与史学的"转轨"》，上海古籍出版社，2006年，第5页。

也是侯外庐对章太炎史学特别关注的秘密所在。

第四节　侯外庐对章太炎史学的成就及其进步意义的总结

章太炎史学的内容，在侯外庐看来，主要包括两大部分：其一是中国官制的考证，其二是中国学术史研究的开拓。

首先是章太炎的中国官制考证。侯外庐认为："太炎的经学所以接近于理论的史学者以此。他自己的史学成就，便是他的关于中国官制诸考证。"[1] 这里所说的"理论的史学"就是指马克思主义史学，这是在国民党文化镇压政策下不得不采取的"代数学"，侯外庐在谈到《中国古代思想学说史》出版的艰难过程时说："在国民党反动派统治时期，要出版一部马克思主义的历史著作是多么艰难。文网之密，令人疾首。这部书稿被国民党检查机关扣押了两年。即使写的是历史罢，也不能'径情直遂'，而需要迂回曲折，必要时才画龙点睛，有时还得搞点'代数学'。"[2] 所谓的"代数学"就是指用一些比较模糊的概念来代替马克思主义史学的明确概念。可见，侯外庐对章太炎的中国官制考证成果的评价是非常高的。

侯外庐在阐释章太炎的古史研究时，实际上是在印证自己的古代社会理论。侯外庐的成名作是《中国古典社会史论》，其中对中国古代文明起源路径的研究颇为值得重视，是

---

[1] 侯外庐：《近代中国思想学说史》下册，生活书店，1947 年，第 801 页。

[2] 侯外庐：《韧的追求》，张岂之主编：《侯外庐著作与思想研究》第 1 卷，长春出版社，2016 年，第 211 页。

典型的中国马克思主义史学家在马克思主义一般原理指导下得出的具有民族特色的历史理论,具有鲜明的中国马克思主义史学话语体系特色。侯外庐认为由于具体历史条件的差异,中西文明起源路径有其区别,具体来讲,西方文明的起源是氏族的解体从而进入国家阶段,而中国则是氏族还没有来得及解体,就以古旧的形式混入了国家当中,形成了早熟的文明起源路径。而这种形式的文明所依据的生产方式就是"亚细亚生产方式",即氏族贵族的土地国有制和国有奴隶相结合的生产方式。①

侯外庐指出章太炎在官制研究方面的代表作《官制索隐》中得出了三个结论:一是"古代天子居山说",二是"古代官宰为奴说",三是"法吏起源说"。其中的"古代天子居山说"即古代氏族首领并不居住在城市中,也就是文明起源之前的历史阶段,侯外庐指出其"相当于家父长制的上世"。②"古代官宰为奴说"指的是章太炎认为所谓宰相臣官一切后世认为尊贵的官爵,在古代都起源于奴仆,这实际上也暗合了奴隶社会的马克思主义史学概念。而章太炎的"法吏起源说"在侯外庐看来更加重要,因为其可以与侯外庐本人的亚细亚生产方式理论中的"国民阶级晚出论"相互印证。侯外庐的"国民阶级晚出论"在《中国古典社会史论》中已有萌芽,他在《中国古代思想学说史》中便以"国民阶级"的发展史为背景初步构建了先秦思想史的历史叙事话语体系,而在《中

---

① 程鹏宇:《侯外庐与中国马克思主义史学》,福建教育出版社,2022年,第199页。
② 侯外庐:《近代中国思想学说史》下册,生活书店,1947年,第804页。

国思想通史》（初版）第一卷中，侯外庐继续完善了这一理论，其基本内涵是：中国古代文明的产生是"早熟"路径，即中国的"古代社会"（奴隶社会）在西周初年就已经成立了，但当时的统治阶级是维新了的氏族贵族，而在学术思想上则表现为从属于氏族体制的"官学"。直到西周末年，"国民阶级"（古代文献中称之为"国人"）开始登上历史舞台，尤其是到了春秋战国之际，孔子和墨子的出现扬弃了"官学"的氏族形式，作为国民阶级的"私学"出现，标志着严格意义的中国古代思想史开启——但这个时间点已经比西周初年晚了六七个世纪，因此可以称之为"国民阶级晚出论"。[①] 而侯外庐所重视的章太炎的"法吏起源说"指的就是古代国民阶级登上政治舞台，正好可以与侯外庐本人的"国民阶级晚出论"相互印证。因此，侯外庐指出："所谓法吏的起源，是说明古代社会，国民单位之成立，因而非氏族的平民可以问政。这在希腊有梭伦变法，在中国有战国的法家运动。"[②] 也就是说，梭伦变法和战国变法都是古代国民阶级的政治运动。从这可以看出，侯外庐之所以重视章太炎的史学，很重要的原因就是章太炎的观点可以与其观点相互印证，这也说明近代符合历史潮流的优秀史家的成果是中国马克思主义史学所继承的史学遗产，更进一步说，中国马克思主义史学是中国一切优秀史学遗产的当然继承者，这也是中国马克思主义史学能够成为中国现代史学"主径"的重要原因之一。

[①] 程鹏宇：《侯外庐与中国马克思主义史学》，福建教育出版社，2022年，第89页。

[②] 侯外庐：《近代中国思想学说史》下册，生活书店，1947年，第806页。

侯外庐认为，章太炎对中国官制的考证，在客观上否定了封建史学以及康有为托古改制的今文经学对历史的涂抹。例如，章太炎认为封建社会为人尊敬的宰相臣官，在古代则是起源于奴仆，这就事实上把封建的超经济剥削之上的神圣法律虚构否定了，客观上打破了人们的封建等级意识。因此，这样的考证不仅具有科学性，还有革命性，侯外庐批评道："所谓大义者，在太炎古文家的'经世致用'之学上而言，岂不使人觉悟到应从封建社会的君臣之义，解放而为平民的民主制度么？这样历史学的'灌溉'，是进步的，革命的，而比之于康有为的托古改制经学，适成反比例。"[①] 因此，可以说，章太炎史学成就的学术价值和革命价值是相一致的。

其次是章太炎的中国学术史研究。侯外庐非常推崇章太炎的学术史研究，并主张辑录一本《太炎的中国学术史论》，把章太炎关于中国学术史的文章收集起来，以供后人学习。侯外庐指出："他的中国学术史研究……在太炎遗书中是最有价值的部分。按他关于周秦诸子，两汉经师，五朝学，隋唐佛学，宋明理学，清代学术，都有详论，即从他的著作中整理一部《太炎的中国学术史论》，亦颇有意义。实在讲来，他是中国近代第一位有系统地尝试研究学术史的学者，皮锡瑞的《经学历史》，虽以近代早期的学术史概论出现，而内容上则远不及太炎的见识，可惜他没有自己把这一问题的材料编著起来，使后来治学术史的人剽窃其余义，多难发觉。"[②] 侯

---

① 侯外庐：《近代中国思想学说史》下册，生活书店，1947年，第805页。
② 侯外庐：《近代中国思想学说史》下册，生活书店，1947年，第826页。

外庐这里说的"后来治学术史的人剽窃其余义"指的是胡适的《中国哲学史大纲》对章太炎学术成果的吸收,侯外庐在后文论章太炎哲学史研究的学术史意义时说:"他的《原名》《明见》二篇是清初学者傅青主的发展论,同时更是近人治中国思想史的奠基篇。在《原名》篇,把荀、墨、名学与相宗因明论以及西洋逻辑,贯串融通,实为创作,胡适的《中国哲学史大纲》即祖师于此。"①

侯外庐总结了章太炎在中国思想学术史(或称之为"中国哲学史")方面的独特贡献,他指出:"(章太炎)其天才的发现,多在于中国哲学史方面。"②

一是在中国学术史研究的精神上主张打破传统儒学的成见。侯外庐认为章太炎继承了起于傅青主的清代学者的诸子研究,融会贯通,从而成一家之言,其中最有价值的部分,在于他能"考竟源流,而反乎理学家的心传,公羊家的口授与托古",③ 侯外庐指出:"他论中国学术史重视自得独立的思想,鄙视因袭调和的传授,据此原则,才可以把思想史从中古的宗教意识中解放出来,打破了一尊偏畸的束缚,而使各家学术还诸各家的历史本身。"④ 这种观点,具有实事求是的精神,已经接近于马克思主义科学史学了。

---

① 侯外庐:《近代中国思想学说史》下册,生活书店,1947年,第951页。

② 侯外庐:《近代中国思想学说史》下册,生活书店,1947年,第944页。

③ 侯外庐:《近代中国思想学说史》下册,生活书店,1947年,第826页。

④ 侯外庐:《近代中国思想学说史》下册,生活书店,1947年,第827页。

二是章太炎梳理了中国古代学术史（先秦学术史）的源流。这一点，章太炎的观点与侯外庐的观点大致吻合，侯外庐说："太炎关于古代学术，以为春秋以前'无所谓学问'，或云'学说未兴'，他以学术下庶人以后才有所谓学问。这一点，在历史上讲来颇为复杂，诸子以前不是没有学问，而是学问乃贵族的，束缚在一个小天地之中（详见拙作《古代思想学说史》一书），唯太炎言世卿专政时代，古代自由民的活动没有学术自由，则实合于周代历史。"① 这里提到的《古代思想学说史》一书即《中国古代思想学说史》。1941年初，侯外庐完成《中国古典社会史论》之后，就开始了对中国古代思想史的研究，即《中国古代思想学说史》的写作，这部著作于1942年底完稿，并于1944年出版。《中国古代思想学说史》的问世不但标志着侯外庐正式开启了其一生学术事业之所寄托的中国思想史研究，同时也标志着其以社会史为思想史的研究基础，"把社会史和思想史有机地结成一个系统进行研究"的学术路径正式形成。② 在这部著作中，侯外庐论西周官学时说："'土地国有'，宗法制度，以及学在官府是西周三位一体的系统，而思想国有乃建立于'曾孙甸之'与'宗子维城'的经济、政治上面的天人之道，法礼足礼的君子之道。即《天下篇》所言不离于宗的天人，不离于精的神人，不离于真的至人，以天为宗以德为本的圣人，明于仁义礼乐

---

① 侯外庐：《近代中国思想学说史》下册，生活书店，1947年，第828页。
② 程鹏宇：《侯外庐与中国马克思主义史学》，福建教育出版社，2022年，第75页。

的君子,是学术思想的创立者。"① 这就是西周"官学"意识形态的产生,这完全是建立在西周生产方式基础之上的。因为在生产方式中是奴隶制氏族贵族占有生产资料,因而在思想学术也是奴隶制贵族专制的反映,而与自由学术无关。这与章太炎在《齐物论释》中对《曲礼》所谓"宦学事师"的解释相吻合。需要指出的是,侯外庐在此处还特别批判了胡适的观点,他说:"太炎此说,实不可易。胡适之不重视此点去发抒光大,而斤斤于辨解诸子不出王官之说,推翻太炎立论,所依之论据,又不贴历史,凭空推论,想像是非,不可为训。"② 当然,诸子是否出于王官是一个问题,王官学与诸子学之关系又是一个问题,二者不可混淆。官学与诸子各自都有其特定的历史内涵,不能简单地用是否出于王官来衡量诸子学的历史意义,侯外庐对这个问题解释道:"王官之学到诸子之学,是从公族之学下于私人之学,在古代,学术既有此转变,则不能完全否定王官,而以诸子之学全然没有思维过程的历史继承,就在战国时代出现。然如果说某家必出于某官,把世卿之学一派一派地下降传授给九流之学,则亦不合逻辑。"③ 又说:"诸子出于王官之说,并非完全无稽,然问题却不可直观为师弟之传授,而是批判发展的,先生形式化了诗书礼乐谓之西周贵族之学的否定,诸子复将诗书礼乐附加以理性与情操的新内容,谓之否定的否定。旧的虽然束

---

① 侯外庐:《中国古代思想学说史》,岳麓书社,2010年,第32页。
② 侯外庐:《近代中国思想学说史》下册,生活书店,1947年,第829页。
③ 侯外庐:《近代中国思想学说史》下册,生活书店,1947年,第830页。

缚着新的，而没有旧的，则新的胎生处安在？中国不同于希腊文明，这种学术转变的曲折路径，即其一例，而且颇关重要。"① 当然，我们要历史地看待，应该指出这个问题必须用唯物史观才能够予以说明，因此，这既不是章太炎能够完成的历史任务，更加不是胡适能够完成的历史任务。

此外，侯外庐还指出章太炎的"诸子出于王官论"实际上是在批判康有为的学术史观："太炎此说，乃针对康有为的诸子托古改制之说而立论，有为在《孔子改制考》中以诸子都是凭空起家，前无古人，亦无古史，虚造自己的宗教（即他所作《诸子皆创教考》），太炎力矫此种误断，故过甚其词，而云诸子不但非妄自立说，且皆有其渊源，皆出于王官。这种矫正的理论，观于他力辨儒道甚至墨家，皆不是宗教家，可知，所以，他虽主诸子出于王官，而亦赞扬诸子主观之学。"②

三是章太炎的诸子学研究。章太炎是中国近代诸子学研究承上启下的关键人物，侯外庐誉之为"近代科学整理的导师"。③ 传统诸子学的历史叙事是《七略》奠定的诸子九流十家出于王官的话语体系，这一体系在清末民初经过章太炎、梁启超、胡适、钱穆等人的批判而被动摇。直到20世纪三四十年代中国马克思主义史学异军突起之后，由于嵇文甫、吕振羽、侯外庐、翦伯赞、杜国庠、郭沫若、范文澜等学者的

---

① 侯外庐：《近代中国思想学说史》下册，生活书店，1947年，第831页。
② 侯外庐：《近代中国思想学说史》下册，生活书店，1947年，第829页。
③ 侯外庐：《近代中国思想学说史》下册，生活书店，1947年，第831页。

努力，诸子学才最终从《七略》和近代各种非马克思主义的历史叙事话语体系中解放了出来，被还原为特定社会历史形态下的意识形态。早在1900年编订的《訄书》初刻本中，章太炎就有许多旨在复兴诸子学的篇目。1906年东渡日本后，章太炎致力于讲习国学，对诸子独立自得的精神非常赞赏："彼所学者，主观之学，要在寻求义理，不在考迹异同。"①虽然限于所谓"古文经学"的桎梏，章太炎在形式上仍然保留了诸子学的《七略》体系，这是其思想的局限性。但他对诸子的评价与《七略》已经有了本质上的不同，尤其是他运用哲学化了的佛学以及西方近代哲学来解读诸子学，塑造了新的话语体系为民主革命服务，在客观上对《七略》体系作出了扬弃，因此，章太炎可以说是近代诸子学话语革命当之无愧的先驱者。②侯外庐在分析章太炎的诸子学研究时认为，章太炎继承了清初起于傅青主的诸子学研究，并且融会贯通而成一家之言。侯外庐对章太炎的诸子学研究评价非常高，他说："太炎对于诸子学术研究，堪称近代科学整理的导师，其文如《原儒》、《原道》、《原名》、《原墨》、《明见》、《订孔》、《原法》，都是参伍以法相宗，而义征严密地分析诸子思想的，他的解析思维力，独立而无援附，故能把一个中国古代的学库，第一步打开了被中古传袭所封闭着的神秘壁垒，第二步拆散了被中古偶象所崇拜着的奥堂，第三步根据他的

---

① 章太炎：《论诸子学》，《章太炎全集》(14)，上海人民出版社，2018年，第49页。

② 程鹏宇：《话语革命：20世纪三四十年代中国马克思主义史学的诸子学历史叙事》，《廊坊师范学院学报（社会科学版）》，2023年第4期。

自己判断能力,重建了一个近代人眼光之下所看见的古代思维世界。"[1] 而且,章太炎的诸子学研究最重要的是他能够辨章学术考竟源流,用史学的眼光去看待学术的流变,"而反乎理学家的心传,公羊家的口授与托古"。[2] 侯外庐进一步指出,章太炎对学术史的说明已经懵懂地从思想以外寻求原因了:"说明学术的成立,从地理、政俗,以及思想滋长各方面论究,虽不完全为历史的方法,但已经诉诸理性,作了科学的试验。"[3] 侯外庐这里说的"历史的方法"指的就是唯物史观的方法,在这种思路下,章太炎的中国学术史研究,"才可以把思想史从中古的宗教意识中解放出来,打破了一尊偏畸的束缚,而使各家学术还诸各家的历史本身",[4] 从而开启了科学研究的第一步。

侯外庐还指出,章太炎对于诸子的评论,也与公羊学派相对立。公羊学派谭嗣同在《仁学》中攻击老子,而章太炎则提倡老子,尤其是提倡韩非子解释的老子,侯外庐认为:"韩非虽与老子不无关系,而其最主要,最直接的源泉,则为荀子与法家思想的结合物,这就是说,在韩非思想中,已经看不出自然无为,颓废主义的痕迹。然章氏既依韩非以理解

---

[1] 侯外庐:《近代中国思想学说史》下册,生活书店,1947年,第831页。
[2] 侯外庐:《近代中国思想学说史》下册,生活书店,1947年,第826页。
[3] 侯外庐:《近代中国思想学说史》下册,生活书店,1947年,第827页。
[4] 侯外庐:《近代中国思想学说史》下册,生活书店,1947年,第827页。

老子哲学,则其所理解者,自当为韩非化了的老子哲学。"① 实际上就是重视老子思想的唯物主义因素,而非其自然主义的消极因素。在孔子评价方面,章太炎同样批判了公羊学派对孔子的神话,"进一步强调了孔子哲学的无神论属性",② 因此,侯外庐也指出:"孔子虽不是泛神论者,而其反映传统宗教神话观念的动摇,据其人文主义的精神,表示清醒的怀疑,则是不可讳言的事实。并且,章氏这里的着眼点,不但与公羊学派根本相反,而且也恰巧抓住了孔子哲学的积极契机。"③ 对于传统儒家经典《大学》中的"格物"的认识,章太炎同样反对康有为"扞格外物"的唯心主义解释,而是把"格物"解释为一种"认识的方法"。④ 在对荀子的评论中,公羊学派反对荀子,而章太炎则是荀墨并重。总之,侯外庐认为章太炎与公羊学派不同,他重视传统学术文化中的异端思想,发扬了古代思想史上唯物主义哲学的优良传统,而这也是其革命思想在史学上的反映:"虽是存在着老庄型的自然主义的痕迹,虽是存在着农民风的对于物质文明的轻蔑,然而,这些思想,在当时的现实中,都无疑的代表了封建制度下的反抗意识。正因如此,所以章氏的学术文化政策,也坚

---

① 侯外庐:《近代中国思想学说史》下册,生活书店,1947年,第945页。
② 侯外庐:《近代中国思想学说史》下册,生活书店,1947年,第948页。
③ 侯外庐:《近代中国思想学说史》下册,生活书店,1947年,第948页。
④ 侯外庐:《近代中国思想学说史》下册,生活书店,1947年,第950页。

持着由下而上的革命路线。"①

四是关于秦汉以后的学术史。侯外庐对章太炎把中国封建社会思想史和西方封建社会思想史的对比做了说明，他说："古代思想之兴起，以及由古代思想复转变为中古宗教，太炎有和西洋哲学史对比的一段话，甚关重要，他说：'……道德普及之世，即宗教消镕之世也。于此有学者出，存其德音，去其神话，而以高尚之理想经纬之，以成学说，若中国之孔老，希腊之苏格拉底，柏拉图辈，皆以哲学而为宗教之代起者。苏氏柏氏之学，缘生基督，孔子老子之学，迁为汉儒，则哲学复成宗教。……（下所言者，多不能比较，不录）……中国儒术经董仲舒而成教，至今阳尊阴卑等说，犹为中国通行之俗。'（《别录》卷三，《无神论》）此论非常清醒。按汉代经师，不出二途，一以笺注训诂，一以谶纬迷信，后者即具有宗教性质。"② 此时，侯外庐尚未系统地开启其封建社会思想史研究，如果我们将其之后的观点加以印证，就知道章太炎史学对其的影响。侯外庐在《中国思想通史》（初版）第二卷下册论述中国中古封建社会的社会史和思想史的关系时指出："两汉的县乡亭制，作为农村出发点的历史，为中国的封建社会打下了难以拔除的法制地基，土断人户的强宗地主所谓'强本'之计，为有汉一代造成了优越的稳固性的物质条件。这种由下而上的土地所有制度的强固原则，反映于学术，政治思想的大一统《春秋》对策、神学思想的灾

---

① 侯外庐：《近代中国思想学说史》下册，生活书店，1947年，第951页。
② 侯外庐：《近代中国思想学说史》下册，生活书店，1947年，第837—838页。

异谶纬、伦理思想的孝弟力田，经学思想的章句烦琐，凡在古代第一次以悲剧出现者，都可以在汉代编成喜剧为第二次的再现。'复古'则以《春秋》的形式教条做了蓝本，方正博士就披上'搢绅'衣冠，'为汉家用'。没有萧何的法律，没有叔孙通的礼乐，没有武帝的法度，就没有董仲舒的《春秋》；没有光武的安乱谶纬，就没有《白虎通》的神权典章；没有贤良博士，就没有经学师法。"① 侯外庐所说的"凡在古代第一次以悲剧出现者，都可以在汉代编成喜剧为第二次的再现"借用的是马克思在《路易·波拿巴的雾月十八日》中开头的那段名言："黑格尔在某个地方说过，一切伟大的世界历史事变和人物，可以说都出现两次。他忘记补充一点：第一次是作为悲剧出现，第二次是作为笑剧出现。"② 显然，侯

---

① 侯外庐、杜守素、纪玄冰、邱汉生：《中国思想通史》第二卷下册，生活·读书·新知三联书店，1950年，第508—509页。按：这段文字在修订版第三卷中的表述为："秦汉的县乡亭制，以农村为出发点，给封建制社会打下了法制的基础；土断人户的户籍制度则为汉代奠定了农业和手工业结合的稳固的物质条件。土地所有制的国有形式和豪族占有形式，形成了统治阶级的各种集团，他们通过法律道德的折射，创立出为统治阶级服务的学术，政治思想的大一统《春秋》对策、神学思想的灾异谶纬、伦理思想的孝弟力田、经学思想的章句烦琐，凡在古代第一次以悲剧出现者，都可以在汉代编成喜剧为第二次的再现。所谓'为汉制法'的经义'复古'是以《春秋》的形式教条做了蓝本，方正博士就披上'搢绅'衣冠，'为汉家用'。没有萧何的法律，没有叔孙通的礼乐，没有武帝的法度，就没有董仲舒的春秋学；没有光武的谶纬国教的法律，就没有《白虎通义》的神权典章；没有贤良博士，就没有经学师法。"（侯外庐、赵纪彬、杜国庠、邱汉生：《中国思想通史》第三卷，人民出版社，1957年，第39页）

② 马克思：《路易·波拿巴的雾月十八日》，《马克思恩格斯文集》第2卷，人民出版社，2009年，第470页。

外庐这里对汉代儒家哲学宗教化的解释，一方面是在马克思观点启发下形成的，而在另一方面，无疑地受到了章太炎关于"孔子老子之学，迁为汉儒，则哲学复成宗教"观点的影响。

此外，关于汉代学术的优良传统，侯外庐与章太炎的认识也是一致的，侯外庐指出："汉代学术有两个优秀传统，一为司马迁，班孟坚的史学，一为王充的哲学，这两支思潮，太炎皆崇章甚高。关于前者，太炎或云'孔子删定六经，与太史公、班孟坚辈，初无高下'，或云孔子首创家史，厥功第一，其后宏儒接踵，由左邱明而汉代迁固，而刘歆，继承了中国最优秀的史学传统，他以这是晚世识古，后人知前的宝筏。关于后者，他以理性主义是周秦诸子的有价遗产，由孔子的泛神论至公孟的无神论，源远流长，然而到了汉代则把此学术传统斩绝，可称者仅一王充而已。"[①] 尤其在章太炎表彰王充思想这一点上，侯外庐特别予以关注，并指出："在汉代出一王充，其历史意义，如戏剧中的反派角色，因为历史舞台已经被悲剧主人翁所吞没，而异端只有于夹缝中呈露。通过中古史异端是不绝如缕的，然而不能支配'学变'，《论衡》一书的被禁命运，就说明了这一点，到了清初，才被王船山的卓识所表章出来。太炎所论，大体上是正确的。"[②] 这一观点，侯外庐后来在撰写《中国思想通史》时也予以了继承，形成了独具特色的"正宗—异端对立论"，这个理论与侯

---

① 侯外庐：《近代中国思想学说史》下册，生活书店，1947年，第839页。

② 侯外庐：《近代中国思想学说史》下册，生活书店，1947年，第840页。

外庐在古代思想史中构建的"国民思想论"和近代思想史中构建的"启蒙思想论"相并列,成为侯外庐中国思想史话语体系的一个重要的组成部分。① 侯外庐在《中国思想通史》(初版)第二卷"著者序"中指出:"本卷上下二篇,上篇秦汉思想,下篇魏晋南北朝思想,一本不立异不苟同的写作方法执笔,其中有关对于思想发生与社会演变的相应的探讨,对于正统学派的估价,对于异端学者的研究,以及对于各学派学术的逻辑服从于其世界观的发掘。"② 侯外庐后来回忆道:"我国封建社会诸朝代思想家众多,胡适、冯友兰等人研究两汉以后思想家、哲学家,只偏重儒学诸家,而我们一致认为,中世纪思想史,必须着重研究异端思想和正统儒学的斗争,无神论和有神论的斗争,唯物主义和唯心主义的斗争,表彰中国思想史上唯物论的光辉传统。正统儒学的代表人物可以说是现成的,而许多异端思想家、无神论思想家、唯物主义思想家,则有待我们去发掘。在当时,我们把王充、王符、仲长统、范缜……系统地列入学术思想的史册,还曾遭到过一些人的白眼。开创性的工作总得有人去做,问题在于我们能不能用辩证唯物主义和历史唯物主义的武器,把两大思想体系斗争的全貌写出,我们能不能以足够的确实的史料使人信服。"③ 胡绳在侯外庐去世后也这样评价其思想史研究重视"异端"的特色:"外庐同志和他的合作者一起,对于他

---

① 程鹏宇:《侯外庐与中国马克思主义史学》,福建教育出版社,2022年,第94页。

② 侯外庐、杜守素、纪玄冰、邱汉生:《中国思想通史》第二卷上册,生活·读书·新知三联书店,1950年,著者序第1页。

③ 侯外庐:《韧的追求》,张岂之主编:《侯外庐著作与思想研究》第1卷,长春出版社,2016年,第220页。

们称为'异端'的思想家用力最勤,发掘了一些不为一般思想史、哲学史所论述,甚至几乎不为人所知的思想家。这方面的功绩开拓了人们的眼界,使中国思想史出现了新貌。"[1]当代学者谢辉元也指出:"从1947年起,由侯外庐、杜国庠、赵纪彬等合力撰写的《中国思想通史》陆续出版,至1960年5卷6册全部出齐,成为中国思想通史领域的经典巨著。该书吸收相关作者有关中国思想史研究的著述成果,注意展现中国古代唯物论与唯心论的斗争主线。……全书挖掘了司马迁、王充、范缜、柳宗元、刘禹锡等一系列人物的唯物主义思想,为学界所称道和瞩目。"[2] 如果我们从侯外庐对章太炎史学的批评中入手,就不难发现侯外庐重视封建社会异端思想的研究这一思路与章太炎的学术史研究风格有着不可分割的关系。

对于章太炎的宋明理学研究,侯外庐认为章太炎继承了乾嘉诸儒反汉学精神的遗绪,但是又超越了乾嘉诸儒,特别是抛弃了汉学宋学简单的门户之见,"他一方面以宋儒之理论不可绳以名实,而他方面又病清儒的批评亦属支离"。[3] 具体来讲,章太炎指出宋儒不懂"名学"即逻辑学,他们的思想体系大多为《大学》《中庸》等书所束缚,但是《大学》《中庸》并不能包含所有的真理,因此宋儒的思想并不能够等于真理。而在章太炎看来,老庄释是符合名学的哲学体系,可

---

[1] 胡绳:《怀念侯外庐同志》,《先贤和故友》,中国社会科学出版社,1994年,第146页。

[2] 谢辉元:《论民国时期中国思想史研究中"两军对垒"撰述模式的产生》,《史学理论与史学史学刊》,2023年第2期。

[3] 侯外庐:《近代中国思想学说史》下册,生活书店,1947年,第843页。

以用来批评宋儒。在对以王阳明心学为代表的明儒的批判中,侯外庐指出章太炎继承了顾炎武的思想,对明代学术进行了无情的批判,"不但非王之事功,而且讥王之学术"。[1]

对于章太炎的清代学术研究,侯外庐指出章太炎的评价标准首先在于思想家是否反满,因为章太炎本身是一个排满主义者,这种政治思想影响了其学术评价:"太炎是一个极端的民族主义者,最反对满清统治的人,他最怕言致用有利于满清,所以他对于清代的人物评价第一义,首先是基于反满一点。"[2] 因此,章太炎对顾炎武、黄宗羲、王夫之的评价是"王夫之＞顾炎武＞黄宗羲",这个评价完全以其对满清朝廷的态度为依据。此外,在对颜元和戴震的评价中,章太炎在重视其反宋学的学术精神的同时,"多崇章他们反满致用的微旨"。[3]

总之,侯外庐把章太炎史学的进步意义揭示出来了,即:"言史学主明流变而反对大义微言之说,……凡此皆理性论的本质,在当时是光辉的言论。"[4] 又说:"太炎之为最后的朴学大师,有其时代的新意义,他于求是与致用二者,就不是清初的经世致用,亦不是乾嘉的实事求是,更不是今文家的一尊致用,而是抽史以明因果,覃思以尊理性,举古今中外

---

[1] 侯外庐:《近代中国思想学说史》下册,生活书店,1947年,第847页。

[2] 侯外庐:《近代中国思想学说史》下册,生活书店,1947年,第848页。

[3] 侯外庐:《近代中国思想学说史》下册,生活书店,1947年,第849页。

[4] 侯外庐:《近代中国思想学说史》下册,生活书店,1947年,第853页。

之学术，或论验实或论理要，参伍时代，抑扬短长，扫除穿凿附会，打破墨守古法，在清末学者中卓然凌厉前哲，独高人一等。"[1] 可见侯外庐对章太炎史学评价之高。

第五节　侯外庐对章太炎史学局限性的批评

不过，作为马克思主义史学家的侯外庐并没有一味地歌颂章太炎的史学，而是运用辩证法原理科学地评价了其史学的不足，可以说，侯外庐对章太炎史学的局限性也有着清晰的认识，而这一点似乎更加值得我们重视。

在历史观方面，侯外庐认为章太炎虽然比康有为要进步，但是，他仍然具有浓厚的宗教思想色彩。一方面，章太炎对康有为的宗教思想予以了明确的驳斥，尤其是对康有为所依据的西方基督教、中国传统谶纬神学等都进行了批判，章太炎在宗教方面重点研究的是佛教法相唯识宗，只因为法相唯识宗善于思辨，尤其是长于概念分析，任继愈曾概述法相唯识宗的特点道："法相宗继承小乘的传统，把以一切现象（法）分为两大类，一方面是精神方面的，叫做心法；一方面是自然现象方面的，叫做色法。不论是属于精神方面或自然现象方面，都不承认有客观实在的物质作为基础，都是识所变现出来的。这种现象，他们在印度小乘《俱舍论》七十五

---

[1] 侯外庐：《近代中国思想学说史》下册，生活书店，1947年，第851页。

法的基础上分为一百法（如再细分还可更多），其中分为五大类。"① 可见其分析的复杂和详细程度，侯外庐就此指出："然而他为什么要研究法相宗呢？他仍以'分析名相'为主，他认为法相家的逻辑与汉学相近，亦与近代科学所趣相合。"② 可见章太炎对待宗教有其理性主义精神，因此，侯外庐指出："他反对公羊学家如康有为的孔教说，所反对的立场，是基于理性与历史二者。"③ 章太炎对孔子的研究，也是着重于其历史学家的立场，"言孔子之所以当尊者在历史学"，④ 而反对像康有为等孔教派那样将孔子宗教化。但是，另一方面，章太炎由于其唯心主义哲学的本质，"主张心为根源，物为派生，或者说物因心而有，物自心而生的"，⑤ 以及对中国历史发展方向认识的局限，"晚清的悲剧社会没有喜剧的人类操纵之前途，太炎的批判充分反映了对于前途的无信仰心与动摇心"，⑥ 因此，章太炎在思想上最终又流入另一类宗教——唯心论、无神论和大乘佛教的三位一体宗教体系，

---

① 任继愈：《法相宗哲学思想略论》，《汉唐中国佛教思想论集》，生活·读书·新知三联书店，1963年，第166—167页。

② 侯外庐：《近代中国思想学说史》下册，生活书店，1947年，第822页。

③ 侯外庐：《近代中国思想学说史》下册，生活书店，1947年，第823页。

④ 侯外庐：《近代中国思想学说史》下册，生活书店，1947年，第824页。

⑤ 侯外庐：《近代中国思想学说史》下册，生活书店，1947年，第879页。

⑥ 侯外庐：《近代中国思想学说史》下册，生活书店，1947年，第879页。

"章氏所要建立的宗教,是无神的宗教大乘佛教"。[1] 侯外庐指出:"章氏虽然由于和公羊学派的对立,反对着有神论而主张着无神论,但因其未能放松唯识论的基本立场,故未能彻底排除外因论,从而也未能断念于建立宗教的企图。"[2] 这种宗教思想也影响了章太炎对历史的判断,在时代巨变中看不到无产阶级作为新兴的革命阶级的潜在力量,而在晚年与其弟子鲁迅走上了迥异的道路,正如鲁迅所说:"太炎先生虽先前也以革命家现身,后来却退居于宁静的学者,用自己所手造的和别人所帮造的墙,和时代隔绝了。"[3]

其次,侯外庐指出章太炎的唯心主义"齐物"哲学阻碍了他的学术史研究。侯外庐认为:"太炎在第一二步打破传统,拆散偶像上,功绩至大,而在第三步建立系统上,只有偶得的天才洞见或断片的理性闪光,而到了他自己安排他的世界观时,便坠入无底深谷,和他在高崖上锐敏地分析现实的世界相比较,则'终'与'始'二截分裂(即《齐物论释》的哲学)。"[4] 也就是说,在建设的一面,章太炎因为没有先进理论的指导,只能把他的齐物哲学重新凌驾到史学研究上,使他的史学研究不能继续前进。从这个意义上说,章太炎走上了和康有为同样的道路——我们可以用费尔巴哈与黑格尔

---

[1] 侯外庐:《近代中国思想学说史》下册,生活书店,1947年,第940页。

[2] 侯外庐:《近代中国思想学说史》下册,生活书店,1947年,第941页。

[3] 鲁迅:《关于太炎先生二三事》,贾鸿昇编:《追忆章太炎》,泰山出版社,2022年,第37页。

[4] 侯外庐:《近代中国思想学说史》下册,生活书店,1947年,第831—832页。

的关系为类比。费尔巴哈成功地揭示了黑格尔哲学的唯心主义本质，高扬了唯物主义的旗帜，这是他进步的一面。但是，在新哲学的建设上，他却重新打起了"对抽象的人的崇拜"的新宗教旗号，① 事实上又回到了唯心主义的老路上，这就是费尔巴哈自己所说的："向后退时，我同唯物主义者完全一致，但是往前进时就不一致了。"② 这句话如果套用到章太炎身上，那就是："向后退时，我同康有为不一致，但是往前进时就完全一致了。"

在对章太炎魏晋思想史研究的批评中，侯外庐指出章太炎夸大了魏晋学术思想的长处。侯外庐认为章太炎推重魏晋之学，主观上并不是推崇其抽象的哲学内容，而是重视其自得精神："世论太炎颇重魏晋之学，其实不然。按他所论魏晋之学，是比较而言，即他在《诸子学略说》中所讲的，汉代以来，学术失在汗漫，而无自得，不能如诸子百家'各为独立，无援引攀附之事'故'愈调和者愈失其本真，愈附会者愈违其解故'，其意仅辩说魏晋之学还有些独立自得的味道，故与其尊崇无人性内容的格式，毋宁推重一点自得解放的思想。"③ 也就是说，章太炎以魏晋玄学兼及诸子之学，扭转了汉代学术风气，具有一定的学术特点可以称道。侯外庐认为章太炎称赞魏晋学术有两点，即魏晋学术的批判精神和自由风格，而这些都是章太炎民主革命思想在学术研究上的反映：

---

① 恩格斯：《路德维希·费尔巴哈和德国古典哲学的终结》，《马克思恩格斯文集》第 4 卷，人民出版社，2009 年，第 295 页。

② 恩格斯：《路德维希·费尔巴哈和德国古典哲学的终结》，《马克思恩格斯文集》第 4 卷，人民出版社，2009 年，第 281 页。

③ 侯外庐：《近代中国思想学说史》下册，生活书店，1947 年，第 840 页。

"太炎称许魏晋玄学,一由学术的演变上讲,以魏晋的怀疑论,含有批判精神,颇重个性而厌束缚;一由学术的内容上讲,以魏晋的自由风格,富于理性自得,又颇重名理而张技艺,凡此所论,都与太炎的学术民主思想相联。"[1] 但是,侯外庐认为章太炎对魏晋玄学的所谓怀疑论精神有所夸大了,将之与近代民主思想所比附并不符合其实际,他说:"五朝学术的解放部分,归结于封建危机一点,所以在清谈之中容有一部分向现实抗议的东西,太炎即夸大了这部分。唯五朝学术的厌弃现实的世界观和讽刺现实的方法论之间却有裂痕,太炎因贵其名理,颇有估价过高之处。"[2] 也就是说,五朝学术从主观上说只是封建社会不得志的一部分地主阶级知识分子厌弃现实的思想,在社会实践上并没有新的内涵,但是其在客观上却批判了封建社会的黑暗,有其合理之处。但是,章太炎因为重视其批判精神——因为与近代资产阶级民主主义思想有一定的相似性,便过高地估计了其历史意义,甚至因此贬低之后的唐代思想,这在侯外庐看来是不科学的。

由此可见,尽管章太炎是侯外庐最为推崇的近代思想家、史学家之一,但他并没有掩饰章太炎史学中的局限,而是对其做出了科学的批评,而其评价方法,也是依据着马克思主义辩证法的原理,并非所谓门户私见。

---

[1] 侯外庐:《近代中国思想学说史》下册,生活书店,1947年,第841页。
[2] 侯外庐:《近代中国思想学说史》下册,生活书店,1947年,第842页。

第三章　侯外庐对王国维史学的批评

如果说，侯外庐对康有为和章太炎史学的批评都是附属在思想史批评中的话，那么侯外庐对王国维（1877—1927）则是主要从史学史的角度进行了批评，他在《近代中国思想学说史》中对王国维的定位就是"古史学家王国维"。侯外庐治思想史有明显的史学史特色，笔者在《侯外庐与中国马克思主义史学》一书第九章"侯外庐思想史研究中的史学史特色"中曾予以详细说明，其中也举出了侯外庐对王国维史学的批评。[①] 本书则对此问题进行进一步详细的阐释，其中观点，均可以与前书第九章有关内容相互发明。

第一节　王国维在侯外庐史学体系中的角色

侯外庐晚年在回忆《中国近世思想学说史》（《近代中国

---

① 程鹏宇：《侯外庐与中国马克思主义史学》，福建教育出版社，2022年，第174—192页。

思想学说史》）的撰述时说："一九四二年底我完成《中国古代思想学说史》后，调整了原计划，于一九四三年初开始撰写《中国近世思想学说史》。在'近世思想学说'的题下，我从明末清初的王夫之、黄宗羲、顾炎武论起，一直写到清末民初的王国维。当时，研究和撰写这一段思想史，我感到有强大的动力在推动自己，一则'近代'问题的研究更能为革命斗争的需要服务，这一点颇令人鼓舞；二则在认识上，我认为先秦诸子思想与明清之际的思想是可以分别同希腊文化与欧洲文艺复兴、宗教改革后的文化媲美的。这是两个历史剧变时代惊心动魄的文化遗产，确实有必要先行整理。"[1] 侯外庐把中国近代思想学说史称作"惊心动魄的文化遗产"，确实是符合历史实际的。在研究先秦诸子时，侯外庐以韩非子和屈原为其殿军，预示着古代社会的终结而历史不可避免地走向了封建社会。而侯外庐在《近代中国思想学说史》中则以王国维为殿军，其中亦蕴含着"绝笔获麟"式的微言大义。不同于孔子"吾道穷矣"的悲剧色彩，侯外庐则是在绝笔之处预示着新时代即将来临。如同韩非和屈原的悲剧命运预示着旧的古代社会濒临灭亡而新的封建社会即将到来一样，侯外庐以王国维为近代思想学说史的殿军，同样是以之为旧时代的终结者而预示着新时代的开启。对此，侯外庐晚年特别回忆道："《近代中国思想学说史》上下两册，七十八万言，论述十七世纪至清末民初三百年间的思想史，凡三编。第一编，十七世纪中国学术之新气象，论述了王夫之、黄宗羲、顾炎武、颜元、傅山、李颙、朱之瑜、唐甄的思想。第二编，

---

[1] 侯外庐：《韧的追求》，张岂之主编：《侯外庐著作与思想研究》第1卷，长春出版社，2016年，第228页。

十八世纪学术——专门汉学及其批判,论述了戴震、章学诚、汪中、焦循、阮元的学术思想。第三编,十九世纪思想活动之巨变,论述了龚自珍、康有为、谭嗣同、章太炎、王国维的学术思想。就时代而言,实已进入二十世纪二十年代,与现代史相衔接。所谓中国'近代'云者,严格地说,明末清初至十九世纪中叶以前,是封建社会的末世,已有资本主义生产关系的萌芽,故本书的第一、二编,乃封建社会末世的思想史。十九世纪中叶至二十世纪二十年代,中国逐步沦为半殖民地半封建社会,故本书的第三编,乃半殖民地半封建社会的思想史,也就是旧民主主义革命时期的思想史。这种时代的断限,是学术思想史作出科学论断的根据,应该重视。"① 可见,侯外庐认为王国维是旧民主主义革命时期的最后一个思想家,同时也预示着新民主主义革命的到来,从这个角度来说,王国维的跳水有着更深层次的历史意义——王国维自杀于 1927 年 6 月 2 日,这时候蒋介石已经背叛大革命,发动了震惊中外的"四一二"反革命政变,汪精卫也在准备"分共"从而走上叛变革命的道路。而两个月后的 8 月 1 日,"南昌城头的枪声,像划破夜空的一道闪电。南昌起义标志着中国共产党独立领导革命战争、创建人民军队和武装夺取政权的开端,开启了中国革命新纪元",② 一个崭新的时代终于在古老的中华大地上开启了。而这个新的时代与王国维头上的辫子形成了鲜明的对比,这就是王国维跳水的历史

---

① 侯外庐:《韧的追求》,张岂之主编:《侯外庐著作与思想研究》第 1 卷,长春出版社,2016 年,第 228—229 页。
② 本书编写组:《中国共产党简史》,人民出版社,2021 年,第 37 页。

意义。

如果说章太炎在思想上深刻地影响了侯外庐,那么王国维就是在史学上深刻地影响了侯外庐。一方面,王国维是侯外庐研究中国古代社会史时的两个主要先行者之一(另一个是郭沫若),而另一方面,侯外庐在研究方法、治学特点上也深受王国维的影响。

从学术史的角度来说,王国维对古代史的研究是侯外庐研究古代史的基础之一,这主要表现在王国维对甲骨文金文的研究奠定了近代科学的古史研究的基础,在这一点上,侯外庐是把王国维和郭沫若放在一起的,他晚年回忆道:"郭沫若在王国维卜辞、彝铭学研究的基础上,从甲骨文和青铜铭文中,发现了中国奴隶社会的客观存在。我一见郭沫若的《中国古代社会研究》,立刻就沿着他开辟的'草径'(何等光辉的一条'草径'),研究起王国维的遗产和郭沫若的方法。循此,我渐渐掌握了一些殷周遗留下来的第一手史料,并用经典作家关于古代社会的理论,考核了这些存在数千年才初被人识的'新'史料,居然也颇有一些收获。"[①] 显然,侯外庐并没有把王国维与郭沫若这两位时代不同、学术宗旨不同的学者截然分为两橛,而是都将之认为是自己的学术前辈,是自己史学研究的基础。

侯外庐把王国维作为自己继承祖国史学优良传统的一个重要内容,他晚年总结自己的治学方法时说:"我之所以一向欣赏乾嘉学派的治学严谨,一向推崇王国维近代研究方法,而未至于陷入一味考据的传统,一个相当重要的原因,便在

---

① 侯外庐:《韧的追求》,张岂之主编:《侯外庐著作与思想研究》第1卷,长春出版社,2016年,第92页。

于《资本论》方法论对我的熏陶。"① 他把王国维的史学研究方法与《资本论》方法论相并列,可见王国维在其史学体系中的重要作用。侯外庐在回忆到他的成名作《中国古典社会史论》一书时,指出其确定了自己研究中国古代(奴隶)社会所遵循的三个基本原则,其中第二个原则就是:"谨守考证辨伪的方法。考据学是一门专门学问,我从来反对虚无主义地对待考据学。在这方面,王国维先生和郭沫若同志,都是我的老师。"② 侯外庐当时主要的参考书就是王国维的史学著作:"当时,重庆甲骨文、金文资料非常少。郭沫若在日本出版过几部重要的甲骨文、金文研究著作和资料汇编,这在重庆的图书馆里都找不到。能找到的只有王国维的著作。"③ 当代学者李勇认为侯外庐史学著作具有"朴学传统",一方面继承了传统朴学的学术成就,另一方面又实践了朴学的方法论,并指出:"侯外庐史著中的朴学传统对于学术史编纂的一个重要意义在于,笼统地说马克思主义史学家是史观派,是不恰当的。"④ 而侯外庐史学中的朴学传统与王国维史学的影响是分不开的,他明确回忆道:"我认为对待历史材料应谨守科学的法则,善于汲取前人的考据成果,同时又有自己的鉴别能力,勇于创新。我之所以赞赏王国维考辨史料的谨严方法,

---

① 侯外庐:《韧的追求》,张岂之主编:《侯外庐著作与思想研究》第1卷,长春出版社,2016年,第73页。

② 侯外庐:《韧的追求》,张岂之主编:《侯外庐著作与思想研究》第1卷,长春出版社,2016年,第93页。

③ 侯外庐:《韧的追求》,张岂之主编:《侯外庐著作与思想研究》第1卷,长春出版社,2016年,第102页。

④ 李勇:《直面批评而矢志坚守:侯外庐史学的朴学传统》,《历史教学问题》,2023年第5期。

钦佩郭沫若敢于撞破旧史学门墙而独辟蹊径的科学勇气,把他们当作自己的老师,原因在此。"①

1946年,侯外庐在《中国古代社会史论》自序中写道:"在近十余年来,著者治学的诸科目之中,中国古代史一课题占据了重要的一部分。这里面分做了三个内容:一是亚细亚生产方法的确定概念,关于这种理论延长的工作,并不是一蹴而至,经过著者的长期研究,相信把这一古代史的秘密得到一个结论了,想推翻这一结论颇不容易;二是中国古文献学上的考释,关于这部分工作,著者在主要材料方面亦弄出些头绪,而前我为斯学的王国维、郭沫若二先生是我的老师;三是理论与史料的结合说明,这一工作必须以独创精神贯彻一个体系,在这里著者主观上是以《家族私有财产国家起源论》中的中国版自负的,而做到了几分之几,虽不敢说定,但决疑的研究态度,自信还不至于离经叛道的。"②侯外庐晚年回忆自己的治学经历时还特别提到了这篇文献:"我是怎样开始研究中国古史的呢?我在一九四六年写的《中国古代社会史论》自序中对此做过一个简要的叙述,其中说:我个人对这门科学探讨了十五年,在主要关键上都作过严密的思考,对每一个基础论点的断案,都提出自己的见解。但是我自己从事这项研究工作是有依据的,一是步着王国维先生和郭沫若同志的后尘,二是继承亚细亚生产方式论战的绪统,我力

---

① 侯外庐:《韧的追求》,张岂之主编:《侯外庐著作与思想研究》第1卷,长春出版社,2016年,第176页。
② 侯外庐:《中国古代社会史论》,新知书店,1948年,自序第1页。

求在这两个方面得到一个统一的认识。"① 又说："文字是从野蛮末期进入文明社会的一个标志。中国古代的文字记载,最早的是殷代末期的卜辞,我们不能超越卜辞而无中生有。王国维和郭沫若是研究这方面最有成绩的人。我只能步着他们的后尘,通过古文字来考察殷、周两代社会的经济构成。"② 可见,侯外庐对王国维史学在其史学体系中的地位的认识是一以贯之的,相比于章太炎对侯外庐治学精神的影响,王国维更重要的则在于史学内容的影响,可以说王国维史学的内容是侯外庐史学体系不可分割的组成部分。

但是,侯外庐并不完全迷信王国维(包括郭沫若)的学术观点,他明确指出:"用古文字考证历史的方法,王国维和郭沫若是先行者,不过在学术观点上,我和他们并不一致。"③ 例如,对于王国维等学者把封国的"封建"引申为封建制度,侯外庐则表示出不同意见,他晚年回忆道:"有些人(包括王国维在内)把周代封国,引申为封建的论据,在信史上是没有依据的。我认为周代封国所以不能认为是封建社会,主要在于它没有'以农村为出发点'的经济基础。就是在率领集团的氏族奴隶开疆启宇,建筑驾驭于农村的城市方面,它的经济技术条件也是非常之低劣的。"④ 可见,侯外庐对王

---

① 侯外庐:《韧的追求》,张岂之主编:《侯外庐著作与思想研究》第1卷,长春出版社,2016年,第175页。
② 侯外庐:《韧的追求》,张岂之主编:《侯外庐著作与思想研究》第1卷,长春出版社,2016年,第182页。
③ 侯外庐:《韧的追求》,张岂之主编:《侯外庐著作与思想研究》第1卷,长春出版社,2016年,第189页。
④ 侯外庐:《韧的追求》,张岂之主编:《侯外庐著作与思想研究》第1卷,长春出版社,2016年,第190页。

国维的态度是批判的而非迷信的，与当代某些学者动辄鼓吹和神话"国学大师"的行径截然不同。

此外，还需要补充一点，侯外庐本名"侯兆麟"，"外庐"是其自号，而这一自号的命名也受到了王国维的启发，他晚年回忆道："苏东坡说过：'不识庐山真面目，只缘身在此山中。'我一向有不同的看法。身外庐山，固然可以客观立场，远观庐山壮丽之势，然而这又徒见外表，唯有身在庐山，才能具体考察庐山、研究庐山，真正做到了解庐山之实。王国维深信君子三畏，即'畏天命，畏大人，畏圣人之言'，因而他以'畏'自戒。我将苏东坡的诗句，反其意而用之，一九二八年初，起名'外庐'，以'外'自戒。时刻警戒自己，政治上，理论上，都还在庐山之外呢。"① 可见，王国维对侯外庐的人格也有一定的影响。

第二节　侯外庐对王国维史学精神的理解与定位

王国维是侯外庐除了章太炎之外最推崇的一位古典史学家，他的古史研究成果对侯外庐产生了重要的影响。侯外庐自称"一向推崇王国维近代研究方法"，② 那么，这种近代精神到底是什么呢？侯外庐认为："在史学上，他依据了真理，

---

① 侯外庐：《韧的追求》，张岂之主编：《侯外庐著作与思想研究》第1卷，长春出版社，2016年，第54—55页。
② 侯外庐：《韧的追求》，张岂之主编：《侯外庐著作与思想研究》第1卷，长春出版社，2016年，第73页。

走了'可信'的研究方向，所以他的成就足以多矜了。"① 也就是说，王国维在研究历史的时候——与章太炎类似的——抛去了那些不可信的封建史学的方法论，从而高扬了近代理性主义史学的方法论意识。

侯外庐在评价王国维的学术成就之时指出："他于文学、哲学、史学皆有贡献，而尤以史学创见独多。"② 确实，王国维在近代文学史、哲学史、史学史上都作出了独到的贡献。王国维的《红楼梦评论》和《人间词话》是中国近代文学史上的重要著作，当代文学史家温儒敏在写作《中国现代文学批评史》时便把王国维的文学批评作为第一章，并指出："王国维1904年发表了《〈红楼梦〉评论》，破天荒借用西方批评理论和方法来评价一部中国古典文学杰作，这其实就是现代批评的开篇。"③ 在哲学史上，王国维对康德、叔本华等西方哲学家的研究和介绍均对中国近代哲学的发展产生了一定的影响，而他运用近代哲学的理论方法改造传统哲学的学术路径则更为珍贵。这主要表现为王国维在《论性》《释理》《原命》等文章中对宋明理学的相关概念进行了近代哲学意义上的新阐释，冯契评价王国维的哲学贡献时说："王国维以实证精神对中国哲学的'性'、'理'、'命'等范畴作了系统的考

---

① 侯外庐：《近代中国思想学说史》下册，生活书店，1947年，第962页。
② 侯外庐：《近代中国思想学说史》下册，生活书店，1947年，第961页。
③ 温儒敏：《中国现代文学批评史》，北京大学出版社，1993年，第1页。

察和分析,继严复之后进一步地使传统哲学概念的内涵清晰化。"①

相比于文学和哲学,王国维在学术上最终的归宿是史学,他在史学上的贡献尤为重要。对于王国维本人来说,哲学和文学属于"可爱"范畴,而史学则属于"可信"范畴,二者之间有着难以调和的矛盾,他在《自序二》一文中说:"余疲于哲学有日矣。哲学上之说,大都可爱者不可信,可信者不可爱。余知真理,而余又爱其谬误。伟大之形而上学,高严之伦理学,与纯粹之美学,此吾人所酷嗜也。然求其可信者,则宁在知识论上之实证论,伦理学上之快乐论,与美学上之经验论。知其可信而不能爱,觉其可爱而不能信,此近二三年中最大之烦闷,而近日之嗜好所以渐由哲学而移于文学,而欲于其中求直接之慰藉者也。要之,余之性质,欲为哲学家则感情苦多,而知力苦寡,欲为诗人,则又苦感情寡,而理性苦多。诗歌乎?哲学乎?他日以何者终吾身,所不敢知,抑在二者之间乎?"② 这段话体现了王国维当时思想的苦闷,徘徊在哲学与文学之间不能自处,而侯外庐则对此做出了自己的解释,他说:"这段话,不但说明他个人的思想矛盾,即可信的方法论与可爱的世界观之间的矛盾,而且说明在文哲之外另有探求的终身学术事业,那便是以后所懂理的史学。他离开了所谓'谬误伟大的形而上学',不在尊严与纯粹方面发展其'可爱',而在实证与经验方面,研究其'可信',他

---

① 冯契:《中国哲学通史简编(修订版)》,生活·读书·新知三联书店,2013年,第322页。

② 王国维:《自序二》,《静庵文集》,辽宁教育出版社,1997年,第160—161页。

卒服从了真理，而放弃了谬误。他最后于一九二七年①投水自杀，那是他的'最大之烦闷'的暴裂，他主观上尊严纯粹而可爱的世界没落，而所来的历史虽可信而不可爱，所谓'知其可信而不能爱，觉其可爱而不能信'。"②侯外庐这段话揭示了王国维思想矛盾的真正原因，即"可信的方法论与可爱的世界观之间的矛盾"。抽象地理解侯外庐这个观点是比较困难的，不过，侯外庐把王国维比作历史上同样投水自尽的屈原，这样就比较容易看出其中的历史内涵了。侯外庐在论述屈原思想的时候说："首先，我们要了解屈原思想的第一个秘密，在我看来，在于明白他的矛盾的思维。这一秘密，是归结到他的世界观和方法论之间的矛盾。沫若先生在上文里，曾大书'民国十六年六月二日跳水淹死了的王国维'发现'该秉季德'的贡献，③ 这位中国古典学术权威的王观堂，也

---

① 原文误排为"一九二四年"，笔者校改。

② 侯外庐：《近代中国思想学说史》下册，生活书店，1947年，第961—962页。

③ 侯外庐这里指的是1941年12月21日郭沫若在中华职业学校的演讲《屈原的艺术与思想》，发表于《中苏文化》1942年第11卷第1、2期合刊，后收录于其文集《蒲剑集》之中。在本文中，郭沫若讲道："《天问》的问题当中，替我们保存了许多古代的神话传说。以文章过于简单，又本身表示怀疑的态度，没有充分叙述，不容易明了，因此从前就有人认为有脱误。例如'该秉季德，厥父是臧，胡终弊于有扈，牧夫牛羊？''恒秉季德，焉得夫朴牛？'我们如不懂得此中的故事，当然与看天书一样，说他不通了。对国学很有贡献在民国十六年六月二日跳水淹死了的王国维先生发现了这个故事。'该'是人，'恒'也是人，'季'也是人。即是《卜辞》里面的王亥，王互和季。王亥王互是兄弟，季当即勤水而死的冥了。"（郭沫若：《蒲剑集》，文学书店，1942年，第42页）

就是中国帝制支持的王忠悫公，[1]好像是两个人似的，最能引起我们的奇迹观念，然而这正是一个历史的变革时代的逻辑。他的错误的世界观，是在暴风雨时代（北伐）和他的科学态度，发生了剧烈的冲激，他在二者中间不愿意放弃他的'忠实'，他也同时在时代的大波涛里解答不出自我的批判（高扬），他投水了。这一悲剧意义，在历史上是有很多例证的，例如身为贵族的普希庚之死，便亦是他的艺术思想，和他的政治生活之间的裂痕。其他如经济学的开山鼻祖奎纳（《经济表》著者，参看《剩余价值学说史》第1卷）之在有封建社会柜内装潢进步的资本主义内容，现实主义文学家巴尔扎克之在封建贵族的死壳里发挥他的近代人文主义，他们虽然没有尖刻性的悲剧，而其体系与方法间之矛盾，是属于同一类型的历史法则。在这里，暴风雨时代战国的屈原，是有暴风雨时代北伐革命的王国维做了他的同志；这无独有偶的两个中国学术大师，是中国历史上最可夸口的人物。"[2] 侯外庐评价屈原思想的矛盾道："屈原的世界观，和他的求真的方法论是矛盾的，本质上是反动的招魂，亚细亚古典社会的氏族制残余的梦想。战国时代在矛盾中，伟大的诗人所以成为一面历史的镜子，正是他的思想矛盾的秘密。他解决不了这一矛盾，便超出现实，高唱'完了'！殉节于自己的理想，

---

[1] 原文称王国维谥号为"忠懿"，应为"忠悫"之排字错误，本文直接改正。

[2] 侯外庐：《屈原思想的秘密》，《中苏文化》，1942年第11卷第1、2期合刊，第18页。

把自己真实的人格葬'居'于'知者乐水'的汨罗江流！"①这是一段多么精辟的论述，这一观点同时也完全适用于王国维，把"屈原"换成"王国维"，把"亚细亚古典社会的氏族制残余"换成"封建王道政治残余"，把"战国"换成"清末民初"，最后把"汨罗江流"换成"昆明湖"！

总之，侯外庐认为王国维的思想是矛盾的。一方面，在史学上，王国维坚持"可信"的方法论，因此取得了划时代的成就，郭沫若曾回忆他看到王国维《观堂集林》中甲骨文金文研究成果时的感受时说："那是1928年的下半年，我已经开始作中国古代社会的研究，和甲骨文和金文发生了接触。就在这时候，我在东京的一个私人图书馆东洋文库里面，才读到了《观堂集林》，王国维自己编订的第一个全集（《王国维全集》一共有三种）。他在史学上的划时代的成就使我震惊了。然而这已经是王国维去世后一年多的事。"② 因此，郭沫若称赞王国维为"新史学的开山"。③ 但是，另一方面，侯外庐认为当王国维"可爱"的世界观没落以后，他便选择了陪葬。陈寅恪悼念王国维时说："或问观堂先生所以死之故。应之曰：近人有东西文化之说，其区域分划之当否，固不必论，即所谓异同优劣，亦姑不具言；然而可得一假定之义焉。其义曰：凡一种文化值衰落之时，为此文化所化之人，必感苦

---

① 侯外庐：《屈原思想的秘密》，《中苏文化》，1942年第11卷第1、2期合刊，第21页。
② 郭沫若：《鲁迅与王国维》，《历史人物》，新文艺出版社，1947年，第290页。
③ 郭沫若：《鲁迅与王国维》，《历史人物》，新文艺出版社，1947年，第293页。

痛，其表现此文化之程量愈宏，则其所受之苦痛亦愈甚；迨既达极深之度，殆非出于自杀无以求一己之心安而义尽也。"① 陈寅恪虽说剪去了长辫，但其自述思想学术特点为"思想囿于咸丰同治之世，议论近乎湘乡南皮之间"，② 可见陈寅恪认为自己是一个和曾国藩、张之洞一样的晚清人物，真可谓头上无辫而心中有辫。因此，陈寅恪与王国维在精神上是有共鸣的，他对王国维的评价也是颇可以参考的。不过，侯外庐对王国维的评价，则跳出了简单的精神共鸣，而是从历史发展的辩证法角度，指出王国维自杀的根本原因在于"他的世界观和方法论之间的矛盾"。

基于对王国维史学精神的这样一种理解与定位，侯外庐一方面继承了王国维史学的科学成果，另一方面又批判了其空想的"自由主义"思想。1948年，侯外庐在香港时，曾经写过一篇题为《自由与自由主义》的文章，分析了王国维和闻一多这两位有代表性的自由主义教授所走的道路。在侯外庐看来："'天真'是一部分自由思想者的好品德，就是说他有错误的公开自由。不要以为王国维是保皇派，就认为他不是自由主义者，相反的，历史上名实相符的自由主义者都和保皇派有血肉相连的关系。他的'可爱的''谬误而伟大的''尊严的''纯粹的'世界观，和他的'可信的''实际的''快乐的''经验的'方法论，两者介在着不可调和的矛盾，这是不是康德的'二力相背论'，我们且不申论。然而到了可

---

① 陈寅恪：《王观堂先生挽词并序》，《陈寅恪集·诗集附唐筼诗存》，生活·读书·新知三联书店，2001年，第12页。
② 陈寅恪：《冯友兰〈中国哲学史〉下册审查报告》，《金明馆丛稿二编》，生活·读书·新知三联书店，2001年，第285页。

爱的主观信仰（恕我指出这是封建的）被人民拆散得体无完肤时，他可以把感情提升起来，把理智潜伏下去，宁愿不皈依'可信'，而自殉于'可爱'，清华园的大学者投水自杀（记住这在一九二七年[①]）。悲剧的焦点，是'可爱的'太浮升的原故。"[②] 显然，王国维不能走出自己的"可爱世界"，最终为他这个业已死亡的"可爱世界"所殉葬；而另一位自由主义的文学家闻一多，却放弃了可爱的自由主义，追随了历史发展的脚步："另外一位清华园出身的自由主义者（恕我又指出清华园还有美国商标的自由主义）。他的名字是一首诗的象征，曾经为'新月'健将，而转变为民主斗士——闻一多。他和王国维不同了，当他觉醒到纯粹的谬误而伟大的尊严的'新月'（温情改良主义）在死水里没有出口时，他愤然依据了可信的方法论，脱掉自由主义的神秘外衣，赤裸裸地立于有些人看成不圣洁的、不尊严的、不理想的时代前面，为人民事业高标出不'灰色'的旗帜，他殉道了！悲剧是他服从了可信的历史规律吧！"[③] 侯外庐这里对王国维和闻一多一正一反的比较，类似把章太炎与鲁迅进行比较，都是在具体的历史发展进程中考量历史人物的历史意义。

关于这篇文章中对王国维和闻一多自由主义思想发展路径的比较，侯外庐在晚年还做了总结，他首先回忆了当时的历史背景："一九四八年春天，香港进步文化界活动的最主要内容是开展对'自由主义运动'的批判。所谓'自由主义运动'，是解放战争时期'第三条路线'的别称。'第三条路线'

[①] 原文误排为"一九二四年"，笔者校改。
[②] 侯外庐：《自由与自由主义》，《华商报》，1948年2月15日。
[③] 侯外庐：《自由与自由主义》，《华商报》，1948年2月15日。

在中国久已有之,'自由主义运动'在抗战胜利后,最初是由司徒雷登、马歇尔等人提出来的。此时,正当国民党军事处境危急,'自由主义运动'在政府的推波助澜之下,又活跃起来,'自由主义'的宣传阵地扩大了,除原有的《大公报》以外,又出现《周论》《观察》和《新路》等。更引起大家注意的是,北平成立了一个'中国社会经济研究会',出面组织的人中间,有一些较有影响的人士如邵力子等。香港的左翼文化界密切注意这一动向,《华商报》召集过座谈会,也向文化界广泛征稿。我针对这一问题写过几篇文章,其中有一篇题为《自由与自由主义》,分析清华大学两位有代表性的自由主义教授所走的道路:一位是王国维,另一位是闻一多。"[1] 侯外庐总结了这篇文章的结论:"王国维宁可殉身'可爱'的谬误,而不愿皈依'可信'之真理,可见是抱着'自由主义'投水的。闻一多则不然,他觉醒到温情的改良主义没有出路,便服从了历史的规律,转变为民主的斗士,旗帜鲜明地站到时代的前面,他牺牲在民主的敌人的枪口下,他是为人民争取自由解放的理想而殉道的。我的结论是,自谭嗣同以后,中国的自由主义者面前,只有王国维和闻一多走过的两条路,中间再没有第三条路可走。对知识分子来说,绝大多数的人民能得翻身与否,这是最根本的问题。对这个根本问题,抱两行其便,依违其是的态度,政治上是不荣誉的,其中劣者,与时浮沉,其中黠者,则一如乡愿售奸。"[2] 侯外庐对王国维

---

[1] 侯外庐:《韧的追求》,张岂之主编:《侯外庐著作与思想研究》第1卷,长春出版社,2016年,第158页。
[2] 侯外庐:《韧的追求》,张岂之主编:《侯外庐著作与思想研究》第1卷,长春出版社,2016年,第159页。

自由主义思想的定位，实际上就指出了王国维思想中进步与落后的双重面向，这种双重面向在其史学中也是有具体表现的。

第三节　侯外庐对王国维史学成果的继承

侯外庐非常推崇王国维对先秦史的研究，他曾经写过一本《王国维古史考释集解》，专门解释王国维的古史研究。①事实上，除了一般的史学精神和方法外，侯外庐对王国维史学成果也进行了广泛的吸收。

除了甲骨文、金文史料的考证，王国维在史学史上影响最大的一篇政治制度史论文，是写于1917年而后收录在《观堂集林》中的《殷周制度论》。郭沫若在《十批判书》中的第一篇《古代研究的自我批判》中曾经评价此文道："王氏在卜辞研究之余有《殷周制度论》之作，认为'中国政治与文化之变革莫剧于殷、周之际'，这是一篇轰动了全学界的大论文，新旧史家至今都一样地奉以为圭臬。……我自己要承认我的冒昧，一开始便把路引错了。第一我们要知道，《殷周制度论》的价值已经不能够被这样过高估计了。王氏所据的史料，属于殷代的虽然有新的发现而并未到家，而关于周代的

---

①　侯外庐曾说："关于王氏的古史学，著者另有《王国维古史考释集解》一书详为评述。"（《近代中国思想学说史》下册，生活书店，1947年，第963页）据相关史料记载，此书由重庆三友书店在1943年出版，但今似乎已佚，笔者及学界师友均未见过此书，期待有朝一日此书可以重现学界。然其核心内容，应该保留在《中国古典社会史论》《苏联历史学界诸论争解答》《近代中国思想学说史》等著作当中。

看法则完全是根据'周公制作之本意'的那种旧式的观念。这样，在基本上便是大有问题的。周公制礼作乐的说法，强半是东周儒者的托古改制，这在目前早已成为定论了。以这样从基本上便错误了的论文，而我们根据它，至少我们可以说把历史中饱了五百年，这是应该严密清算的。"①

郭沫若对王国维《殷周制度论》的评价是需要具体分析的，因为王国维本人对这篇文章的设计就是从所谓"经世"的角度出发的。王国维在1917年9月致罗振玉的信中说："《殷周制度论》于今日写定。其大意谓周改商制，一出于尊尊之统者，为嫡庶之制。其由是孳生有三：一、宗法；二、服术；三、为人后之制。与是相关者二：一、分封子弟之制；二、君天子臣诸侯之制。其出于亲亲之统者，曰庙制。其出于尊贤之统者，曰天子、诸侯世，而天子、诸侯之卿大夫皆不世之制（此殆与殷制同）。又同姓不婚之制自为一条。周世一切典礼皆由此制度出，而一切制度、典礼皆所以纳天子、诸侯、卿大夫、士、庶人于道德，而合之以成一道德之团体。政治上之理想，殆未有尚于此者。文凡十九页。此文于考据之中寓经世之意，可几亭林先生，惟文字未能修饰尽善耳。"② 可见，王国维并不以考据家自限，而是想成为像顾炎武那样的经世大儒。不幸的是，王国维生在封建社会垂死之际，他的"经世之意"本质上是用古老的"周公制作之本意"维护行将就木的封建制度，这就注定了这一思想的悲剧命运，也是郭沫若主张对《殷周制度论》进行"严密清算"的根本

---

① 郭沫若：《十批判书》，东方出版社，1996年，第5页。
② 王国维：《致罗振玉（1917年9月13、14日）》，《王国维全集》第15卷，浙江教育出版社，2009年，第335—336页。

原因。尽管如此,这并不表示王国维此文一无是处,如果我们仅仅依据郭沫若在《十批判书》中对这篇文章的评价来看,就可能会忽略其客观的学术意义。

《殷周制度论》可以说是侯外庐最为重视的王国维的一篇学术论文。侯外庐不仅对《殷周制度论》进行了较为详细的研究,吸收了其研究成果,更为重要的是对王国维的观点进行了唯物史观的新解释,可以说是实现了话语体系的革命——从"周公制作之本意"的封建话语体系到马克思主义史学的话语体系,尤其是对文中第一句话的新阐释,王国维在《殷周制度论》中一开始就说:"中国政治与文化之变革,莫剧于殷、周之际。都邑者,政治与文化之标征也。"① 侯外庐对此做了新的解释,他指出:"王氏有一名句云:'中国政治与文化之变革,莫剧于殷周之际,都邑者,政治与文化之标征也。'好一个合于科学的断言!然而现在还有人引此作为周代封建成立之证例,似对于文明起源,缺少了解。"② 侯外庐文章中所说的"科学",实际上是特指马克思主义,侯外庐说王国维《殷周制度论》中的这一判断"合于科学",实际上指的就是王国维因为一定程度上忠于历史的态度(姑且先把他的周公崇拜放在一边不论),因此得出了符合马克思主义的结论。这里,我们就要清楚一个事实,即使是没有马克思主义的指导,在特定的条件下,诚实的学者也能得出相对科学的结论。例如,与马克思同龄的美国人类学家摩尔根(Lew-

---

① 王国维:《殷周制度论》,《观堂集林(外二种)》,河北教育出版社,2003年,第231页。

② 侯外庐:《苏联历史学界诸论争解答》,建国书店,1946年,第68页。

is Henry Morgan，1818—1881）于 1877 年出版了人类学领域的经典名著《古代社会》，他在没有马克思主义指导的情况下独立发现了无阶级的原始社会的社会结构，证明了氏族是原始社会的基本单位，阐明了家庭形式的演变规律及其在原始社会中的作用，从而说明了私有制的产生导致专偶制家庭的产生和文明社会建立的历史。马克思非常重视摩尔根的研究，对《古代社会》一书做出了详细的摘要。恩格斯更是高度评价摩尔根的研究，他在给考茨基的信中说："摩尔根在他自己的研究领域内独立地重新发现了马克思的唯物主义历史观，并且最后还对现代社会提出了直接的共产主义的要求。他根据野蛮人的、尤其是美洲印第安人的民族组织，第一次充分地阐明了罗马人和希腊人的氏族，从而为原始史奠定了牢固的基础。"[1] 恩格斯在马克思的摘要基础上撰写了名著《家庭、私有制和国家的起源》，而这部著作的副标题就叫"就路易斯·亨·摩尔根的研究成果而作"，在 1884 年的第一版序言中，恩格斯同样指出："摩尔根在美国，以他自己的方式，重新发现了 40 年前马克思所发现的唯物主义历史观，并且以此为指导，在把野蛮时代和文明时代加以对比的时候，在主要点上得出了与马克思相同的结果。"[2] 可见，忠于历史实际的学者，在没有接受马克思主义的情况下，也有可能得出符合马克思主义的科学结论。这就是侯外庐批评王国维史学的主要立足点，即运用马克思主义分析史学遗产中的合理

---

[1] 恩格斯：《恩格斯致卡尔·考茨基（1884 年 2 月 16 日）》，《马克思恩格斯文集》第 10 卷，人民出版社，2009 年，第 513 页。
[2] 恩格斯：《家庭、私有制和国家的起源》，《马克思恩格斯文集》第 4 卷，人民出版社，2009 年，第 15 页。

因素予以继承而非历史虚无主义式地否定一切——这是马克思主义史学对待非马克思主义史学的正确态度，是继承祖国优秀史学遗产的必然要求。

在侯外庐看来，王国维对文明起源的认识是正确的，文明起源最基本的标志就是城市即"都邑"，因为文明在政治上的表现就是国家的诞生，而"国家"最初的形式就是城市，就连汉字"国"的本义也是城市，"城市—国家"或者说"城邦"是文明起源的主要标志。当代学界一般认为良渚文明是我国目前发现的第一个成熟文明和早期国家，其根本标准也是因为良渚文明有着"规模庞大的城市系统"，[1] 这正是恩格斯所说的文明的主要特征——"把城市和乡村的对立作为整个社会分工的基础固定下来"。[2] 但是，王国维对城市历史意义的理解没有达到马克思主义的高度，侯外庐也指出："正如王氏所言：'都邑者，政治与文化之标征也。'惟王氏之了解都邑或城市者有限，其言殷周制度之不同，谓都邑有东方西方之别，实未能说明其所谓'政治文物所自出之都邑'意义。"[3] 而在侯外庐看来，这正是文明起源的建国："商代'不常厥邑'，史称汤以前凡八迁，而阳甲前后五迁，这说明阳甲以前的游牧生活，固不能发生都市。自阳甲以后十二帝，定居于殷，亦没其显明材料断为国家之成立。要知道今人之今日与明日，实可当古人之千年过往，常识上看来，飞跃不

---

[1] 刘斌、马黎：《良渚古城："中华第一城"》，《中国民族》，2021年第5期。

[2] 恩格斯：《家庭、私有制和国家的起源》，《马克思恩格斯文集》第4卷，人民出版社，2009年，第196页。

[3] 侯外庐：《苏联历史学界诸论争解答》，建国书店，1946年，第82页。

得。就历史学而论，古人定居时代，'从印度到爱尔兰'都无例外地顺走一个阶段，那便是所谓'绝大面积的耕种，是由氏族或农村共同体来进行的'，在希腊这个阶段是所谓文明的前行阶段，谓之'英雄时代'，在罗马谓之'王政时代'。它们都经过了长期的转变，才跃进文明的大门。迁殷以后的商代，以'兄终弟及'而言，……'祖妣特祭'而言，实以农村共同体的家族父长制为其骨干，在历史的进程中，无论如何，超不出英雄时代与王政时代的历史。除非说中国的历史进程是跳跃的，无农村共同体经营农业的阶段。"[①] 侯外庐这里运用马克思主义原理补充了王国维史学研究的不足，可以说是延长了王国维的研究，同时也包含着史学话语革命的意义。

对于王国维的殷周变革论，侯外庐也有自己的新解释。王国维说："殷、周间之大变革，自其表言之，不过一姓一家之兴亡与都邑之移转；自其里言之，则旧制度废而新制度兴、旧文化废而新文化兴。又自其表言之，则古圣人之所以取天下及所以守之者，若无以异于后世之帝王；而自其里言之，则其制度文物与其立制之本意，乃出于万世治安之大计，其心术与规摹，迥非后世帝王所能梦见也。"[②] 对此，侯外庐说："我们的研究便是不自其表而自其里，要看出制度文化所兴废的具体路径。"[③] 侯外庐抛开了王国维对"古圣人"的迷

---

① 侯外庐：《苏联历史学界诸论争解答》，建国书店，1946年，第82—83页。

② 王国维：《殷周制度论》，《观堂集林（外二种）》，河北教育出版社，2003年，第232页。

③ 侯外庐：《苏联历史学界诸论争解答》，建国书店，1946年，第70页。

信，用马克思主义的话语体系对殷周变革进行了新的阐释。在侯外庐看来，殷周之间的变革就是文明的起源，他首先就劳动力的变革进行了分析："就拿战争的俘获而论，周制便显然和……殷制不同，已经知道了文化是在劳动力的新改变上始可能。"[①] 侯外庐根据甲骨文和金文史料中的记载认为："这洋洋大观的与牛马羊并数的俘虏，比卜辞所记十几个人的数目，适成了一个制度上不同的对比，他的新用途，在克鼎中已言之，锡了三族人，而云'耕'。"[②] 这就是用于农业劳动的奴隶。

王国维在《殷周制度论》中对周代道德观念兴起的过程进行了论述，他认为："由是制度，乃生典礼，则'经礼三百、曲礼三千'是也。凡制度、典礼所及者，除家法、丧服数大端外，上自天子诸侯，下至大夫士止，民无与焉，所谓'礼不下庶人'是也。若然，则周之政治但为天子、诸侯、卿、大夫、士设，而不为民设乎？曰，非也。凡有天子、诸侯、卿、大夫、士者，以为民也。有制度、典礼以治，天子、诸侯、卿、大夫、士，使有恩以相洽，有义以相分，而国家之基定，争夺之祸泯焉。民之所求者，莫先于此矣。且古之所谓国家者，非徒政治之枢机，亦道德之枢机也。使天子、诸侯、大夫、士各奉其制度、典礼，以亲亲、尊尊、贤贤，明男女之别于上，而民风化于下，此之谓治。反是，则谓之乱。是故，天子、诸侯、卿、大夫、士者，民之表也；制度

---

① 侯外庐：《苏联历史学界诸论争解答》，建国书店，1946年，第70页。

② 侯外庐：《苏联历史学界诸论争解答》，建国书店，1946年，第71页。

典礼者,道德之器也。周人为政之精髓,实存于经。此非无征之说也,以经证之,《礼经》言治之迹者,但言天子、诸侯、卿、大夫、士;而《尚书》言治之意者,则惟言庶民。《康诰》以下九篇,周之经纶天下之道胥在焉。其书皆以民为言,《召诰》一篇,言之尤为反覆详尽,曰命,曰天,曰民,曰德,四者一以贯之。其言曰:'天亦哀于四方民,其眷命用懋,王其疾敬德。'又曰:'今天其命哲,命吉凶,命历年。知今我初服,宅新邑,肆惟王其疾敬德。王其德之用,祈天永命。'又曰:'欲王以小民受天永命。'且其所谓德者,又非徒仁民之谓,必天子自纳于德而使民则之,故曰:'其惟王勿以小民淫用非彝。'又曰:'其惟王位在德元,小民乃惟刑用于天下,越王显。'充此言以治天下,可云至治之极轨。自来言政治者,未能有高焉者也。古之圣人,亦岂无一姓福祚之念存于其心,然深知夫一姓之福祚与万姓之福祚是一非二,又知一姓万姓之福祚与其道德是一非二,故其所以祈天永命者,乃在'德'与'民'二字。此篇乃召公之言,而史佚书之以诰天下。《洛诰》云'作册逸诰',是史逸所作《召诰》与《洛诰》日月相承,乃一篇分为二者,故亦史佚作也。文、武、周公所以治天下之精义大法,胥在于此。故知周之制度、典礼,实指为道德而设。而制度、典礼之专及大夫、士以上者,亦未始不为民而设也。"[1] 侯外庐高度评价了王国维的这段论述,他认为:"这是一段有价值的名文,堪与先秦诸子荀子法后的王制论相当,除开其理想部分,其朴素性亦与荀子的周制图案相映忠实。民与德二字实在是文武周公的大法,事实上民

---

[1] 王国维:《殷周制度论》,《观堂集林(外二种)》,河北教育出版社,2003年,第241—242页。

德二字亦为殷人文献所无,而为周初文明史的特色,亦惟周代文献中才发现此二字,郭鼎堂先生关于'德'字,在《先秦天道观之进展》一书中有很多发挥,似从王氏的启发而来。"① 关于周代"德"的观念,侯外庐一方面接受了郭沫若对于德与天对立的解释,但更重要的是,他从文明起源的角度阐释了其特殊内涵即"文明社会权利与义务二者分离所发生的社会力量"。② 在这里,侯外庐引用了一段"神秘"的文献:"每个宗教,是在日常生活中支配人类的外界力量在人头脑中幻想的反映,在这反映中,人间的力量,采取了超人间力量的形式。③ 在历史初期,自然力首先造成这样的反映。……可是很快地在自然力之外,出现了社会的力,这种力量,……最初在人看来,也是和自然力一样的不可思议,它也和自然力一样,以表面上的自然的必然,支配于人类之上。起初时表示自然神秘力的幻想形式,现在获得了社会的属性,而成为历史力量的代表者。在更进一层的发展阶段,多数神的自然属性与社会属性之整个综合,转移到一个万能之神上,这个唯一神,反过来只是抽象人的反映。"④ 之所以说这是一段"神秘"的文献,是因为侯外庐在引用这段话的

---

① 侯外庐:《苏联历史学界诸论争解答》,建国书店,1946年,第73—74页。

② 侯外庐:《苏联历史学界诸论争解答》,建国书店,1946年,第74页。

③ 从其他译本以及语义中可以断定,"人间力量的形式"前明显脱一否定词,本书根据人民出版社《马克思恩格斯文集》第9卷补一"超"字。

④ 侯外庐:《苏联历史学界诸论争解答》,建国书店,1946年,第74页。

时候，前后没有任何关于这段话出处的解释。事实上，这段话出自恩格斯的《反杜林论》，由于当时国民党文化专制政策的干扰，侯外庐无法公开引用马克思主义原著，只能"莫名其妙"地插入了这样一段"神秘"的文献。需要着重指出的是，侯外庐引用的这段文字可能是他自己翻译的，因为当时流行的《反杜林论》中译本是吴亮平（1908—1986，又名吴黎平、吴理屏）翻译的，其中关于这段话的译文与侯外庐所述在文字上很不一致。① 恩格斯的这段话在当今的通行版本中是这样翻译的："一切宗教都不过是支配着人们日常生活的外部力量在人们头脑中的幻想的反映，在这种反映中，人间的力量采取了超人间的力量的形式。在历史的初期，首先是自然力量获得了这样的反映，而在进一步的发展中，在不同的民族那里又经历了极为不同和极为复杂的人格化。根据比较神话学，这一最初的过程，至少就印欧语系各民族来看，可以一直追溯到它的起源——印度的吠陀，以后又在印度人、波斯人、希腊人、罗马人、日耳曼人中间，而且就材料所及的范围而言，也可以在凯尔特人、立陶宛人和斯拉夫人中间得到详尽的证明。但是除自然力量外，不久社会力量也起了作用，这种力量和自然力量本身一样，对人来说是异己的，最初也是不能解释的，它以同样的表面上的自然必然性支配着人。"② 侯外庐运用恩格斯的这个观点重新阐释了王国维的史学观点，恩格斯这里虽然讲的是宗教与政治的关系，但实

---

① 恩格斯著，吴理屏译：《反杜林论》，生活书店，1939年，第434—435页。
② 恩格斯：《反杜林论》，《马克思恩格斯文集》第9卷，人民出版社，2009年，第333页。

际上可以适用于分析一般的意识形态与政治的关系。周代产生的"德"的意识形态与其政治组织即国家的产生是相适应的,而周代的国家又表现为"周礼"的形式。此外,侯外庐还补充了王国维所举《尚书》案例的不足,共计八条,文繁不引。①

王国维在《殷周制度论》中指出周代灭国数量多且将大量战俘分给周的贵族:"周之克殷,灭国五十。又其遗民,或迁之雒邑,或分之鲁、卫诸国。而殷人所伐,不过韦、顾、昆吾,且豕韦之后仍为商伯。昆吾虽亡,而己姓之国仍存于商、周之世。《书·多士》曰:'夏迪简在王庭,有服在百僚。'当属事实。故夏、殷间政治与文物之变革,不似殷、周间之剧烈矣。"② 王国维仅仅提出了夏殷变革不似殷周变革剧烈的观点,而侯外庐则进一步就此认为周代灭国盛于商代,说明了周代奴隶的劳动力来源:"商代万方(国)林立,灭国之盛,于周始见,这是指明在经济上没有分业文明的基础,是不需要灭国俘获的劳动力源泉。"③ 侯外庐认为这就是中国进入了奴隶社会(古代社会)的证据。

王国维在《殷周制度论》中指出殷代的王位继承制度主要是兄终弟及,他说:"殷以前无嫡庶之制。……商之继统法,以弟及为主,而以子继辅之,无弟然后传子。……故商人祀其先王,兄弟同礼;既先王兄弟之未立者,其礼亦同,

---

① 侯外庐:《苏联历史学界诸论争解答》,建国书店,1946年,第75页。

② 王国维:《殷周制度论》,《观堂集林(外二种)》,河北教育出版社,2003年,第232页。

③ 侯外庐:《苏联历史学界诸论争解答》,建国书店,1946年,第83页。

是未尝有嫡庶之别也。"① 王国维据此想要突出周公"制礼作乐"的伟大功绩，但是侯外庐却认为："兄终弟及之制，实为家父长制，社会中虽有等级，但等级亦不过如希腊英雄时代之等级，基本上仍是共同体性。"② 这就解释了商代继承制度的历史内涵。

王国维在《殷周制度论》中认为："商人无嫡庶之制，故不能有宗法。藉曰有之，不过合一族之人奉其族之贵且贤者而宗之。其所宗之人，固非一定而不可易，如周之大宗、小宗也。周人嫡庶之制，本为天子、诸侯继统法而设，复以此制通之大夫以下，则不为君统而为宗统，于是宗法生焉。"③ 侯外庐据此认为，这正是体现中国古代文明起源的特征："在宗统制之下，社会的指导人类，是以血族传统为标准，而不是以智愚或贤不肖为标准，所以古代'国民'的人类，在周代的土地国有制（族有所谓'公田'之公，即公族之公）之下，没有像希腊社会的可能生成的基础。"④ 侯外庐这就在王国维研究的基础上，进一步指出了中国古代旧的氏族制度融入新的国家制度的维新路径，而与古希腊的典型路径进行了区别。

王国维在《殷周制度论》中说："自殷以前，天子、诸侯

---

① 王国维：《殷周制度论》，《观堂集林（外二种）》，河北教育出版社，2003年，第232—233页。
② 侯外庐：《苏联历史学界诸论争解答》，建国书店，1946年，第93页。
③ 王国维：《殷周制度论》，《观堂集林（外二种）》，河北教育出版社，2003年，第234页。
④ 侯外庐：《苏联历史学界诸论争解答》，建国书店，1946年，第139页。

君臣之分未定也。……盖诸侯之于天子,犹后世诸侯之于盟主,未有君臣之分也。周初亦然,于《牧誓》、《大诰》,皆称诸侯曰'友邦君',是君臣之分亦未全定也。逮克殷践奄,灭国数十,而新建之国皆其功臣、昆弟、甥舅,本周之臣子;而鲁、卫、晋、齐四国,又以王室至亲为东方大藩。夏、殷以来古国,方之蔑矣!由是天子之尊,非复诸侯之长而为诸侯之君。……盖天子诸侯君臣之分始定于此。此周初大一统之规模,实与其大居正之制度相待而成者也。"① 侯外庐据此认为,"天子"地位的确立正是原始氏族社会向国家转向的标志:"王在古代为氏族联盟的盟主,甚合历史。然周代'天子之尊',除了盟长而外,则更有其社会的职能,即'王'为共同体的领导者,而天子则为由'个别的支配者达到支配者阶级',形式上盟主仍存,而实质上则'维新'了,即'亲亲而贵贵'。"② 侯外庐在这里把王国维主观上维护封建君臣伦理的历史研究用马克思主义的话语进行了新的阐释,指出了其历史内涵,实现了史学话语体系的革命。

除了《殷周制度论》以外,侯外庐对王国维史学成果的吸收还有许多,他把这些内容都运用马克思主义进行了批评,并将之合理地吸收进了自己的著作中,成为其史学体系中不可或缺的一部分。

侯外庐在论述中国古代城市国家的起源时吸收了王国维

---

① 王国维:《殷周制度论》,《观堂集林(外二种)》,河北教育出版社,2003年,第238页。
② 侯外庐:《苏联历史学界诸论争解答》,建国书店,1946年,第96页。

"古代封邦为一字"的观点。①所谓"古代封邦为一字"指的是王国维在《史籀篇疏证》等著述中对"封"和"邦"字的解释,他说:"古'封'、'邦'一字。《说文》'邦'之古文作 ![字], 从㞢从田, 与'封'字从从土均不合六书之旨。'㞢'皆'丰'之讹,殷虚卜辞云:'贞 ![字] 求年于 ![字]。'(《殷虚书契》卷四第十七叶。)![字]字从丰从田,即'邦'字。'邦土'即'邦社'(古社、土同字,《诗》冢土即冢社),亦即祭法之'国社',汉人讳'邦',乃云国社矣。籀文'坴'字从土丰声,与'![字]'之从田、'邦'之从邑同意,本系一字,毛公鼎'邦'作 ![字], 从土又从邑。"②也就是说,"封"和"邦"在古代是一个字,后世演化成两个字,实际上也只是词性的区别,即"封"是一个动词,指的是城市的营建,而"邦"是名词,即"城市—国家"。在侯外庐看来,这也就说明了城市和农村的分裂(封)造成了"城市—国家"(邦)的起源,他说:"我们应该从信史中,揭示"封建"的秘密形态,从而考证古代封国与城市国家的起源,以及其国家形态的发展。因为'文明使一切分业加强,尤其是更激成了城市与农村的对立。这里或者如古代,城市握有对农村的经济支配,或者反之,有如中世纪,农村握有城市的经济支配。'(《起源论》)'城市与农村的隔离,是一切发达的由商品交换而继续存在的分业基础,经济史可以说是总括在这个矛盾中。'(《资

---

① 侯外庐:《中国古典社会史论》,五十年代出版社,1943年,第4页。
② 王国维:《史籀篇疏证》,《王国维全集》第5卷,浙江教育出版社,2009年,第42页。

本论》第三卷）王国维先生根据卜辞，证古代邦封为一字，卓见超绝。"① 在《近代中国思想学说史》中，侯外庐论述王国维史学成就时，仍然称述了这一点。② 对于这个问题，侯外庐特别重视，他在晚年回忆时还特别指出："我研究中国城市国家的第一个步骤，是首先弄清楚邦和封、城和国的意义，这是考察中国古代封国和城市国家的成立与发展的先决条件。根据王国维'古邦、封一字'的证明，郭老对'封'字原始意义的解释，说明'邦'在最初是用林木或树枝划分'疆'界，'封'在殷周之际，也是指以树木划分疆界。我以为邦、封二字是一个意义，表示古代社会筑城的第一个阶段。而所谓'营国'，即是划分都鄙之制度，比较用草木封树的情况，已是进步的了，属于筑城的第二个阶段。"③ 可见王国维的这个研究对侯外庐产生的影响有多大。但是，侯外庐对王国维通过"社、土同字"而把土解释为社的观点表示怀疑，他说："土字见于卜辞，王国维先生最初释社土之义，……关于殷代进入文明社会的步骤，材料还不充足，惟邦土连称，似未能释社土之义。……如果土字释社，则殷代已经有土地的所有问题，因此王氏之文颇引人怀疑，后查王著《殷卜辞中所见先公先王考》，始知王氏已将旧说改正，谓土字假为社，前释非是，应订为相土先王之名……上说至确，读后甚觉一学人之真理探求，立说不易，订说更不易，而《先公先王考》，殊

---

① 侯外庐：《中国古典社会史论》，五十年代出版社，1943年，第4页。

② 侯外庐：《近代中国思想学说史》下册，生活书店，1947年，第968－969页。

③ 侯外庐：《韧的追求》，张岂之主编：《侯外庐著作与思想研究》第1卷，长春出版社，2016年，第189页。

足称为名文。"① 这段话又见于《近代中国思想学说史》,② 可见,侯外庐在吸收王国维史学成果时,其态度是十分谨慎的,而对王国维订正旧说的态度,侯外庐更是称赞,王国维这种勇于改正错误,追求历史真相的学术精神深深地影响了侯外庐。学者谢保成指出:"侯外庐对于中国古代社会的研究,同样是在接受马克思、恩格斯思想学说的同时,继承了王国维研究中国古史科学方法而深入展开的。"③ 这一说法是有史为证的。

王国维曾说:"四国之民与武庚为乱,成王不杀而迁之,是重予以性命也。"④ 在王国维看来,这是体现了西周君主的"仁政",而在侯外庐看来,西周初年这种"重性命"的意识反映的是战俘的劳动力价值的发现,正如恩格斯所说的那样:"生产已经发展到这样一种程度:现在人的劳动力所能生产的东西超过了单纯维持劳动力所需要的数量;维持更多的劳动力的资料已经具备了;使用这些劳动力的资料也已经具备了;劳动力获得了某种价值。但是公社本身和公社所属的集团还不能提供多余的可供自由支配的劳动力。战争却提供了这种劳动力,而战争就像相邻几个公社集团的同时并存一样古老。先前人们不知道怎样处理战俘,因此就简单地把他们杀掉,

---

① 侯外庐:《苏联历史学界诸论争解答》,建国书店,1946年,第66—68页。

② 侯外庐:《近代中国思想学说史》下册,生活书店,1947年,第968—969页。

③ 谢保成:《王国维对侯外庐的影响》,《光明日报》,2013年1月21日。

④ 王国维:《与友人论〈诗〉、〈书〉中成语书二》,《观堂集林(外二种)》,河北教育出版社,2003年,第34页。

在更早的时候甚至把他们吃掉。但是在这时已经达到的'经济状况'的水平上，战俘获得了某种价值；因此人们就让他们活下来，并且使用他们的劳动。这样，不是暴力支配经济状况，而是相反，暴力被迫为经济状况服务。奴隶制被发现了。"① 恩格斯所说的"劳动力获得了某种价值"就是王国维所说的"重性命"，因此，侯外庐指出："按王氏此辨，甚确。全性命，重性命而不杀，正是周之所以异于殷的主要地方，学者尤应知之。"②

侯外庐根据王国维《周时天子行幸征伐考》中的观点，认为战争在周代城市国家兴起过程中起了关键的作用。王国维曾说："殷时天子行幸田猎之地，见于卜辞者多至二百，虽周亦然。以彝器征之……其言征伐者九……皆天子亲自行幸征伐之事见于彝器者，其事凡二十有五，而为地凡十有九，则其余未见纪录者亦可知矣。"③ 据此，侯外庐指出："殷代之行幸田猎是与周代的征服对应。这样地由战争促进了文化之路，扩大了社会的分业，故殷虚卜辞没有'民''德'二字，而周代则不然，民为最重要的文献，见于周代彝器者甚多。"④

王国维曾经提出一个著名的观点"古诸侯称王说"，这个

---

① 恩格斯：《反杜林论》，《马克思恩格斯文集》第9卷，人民出版社，2009年，第187—188页。
② 侯外庐：《苏联历史学界诸论争解答》，建国书店，1946年，第71页。
③ 王国维：《周时天子行幸征伐考》，《观堂集林（外二种）》，河北教育出版社，2003年，第624—625页。
④ 侯外庐：《苏联历史学界诸论争解答》，建国书店，1946年，第72页。

观点除了上文所引在《殷周制度论》中提及而被学界广为人知外,他还有一篇短文《古诸侯称王说》:"世疑文王受命称王,不知古诸侯于境内称王,与称君、称公无异。……观古彝器铭识,则诸侯称王者,颇不止一、二觏。……盖古时天泽之分未严,诸侯在其国自有称王之俗,即徐楚吴越之称王者,亦沿周初旧习,不得尽以僭窃目之。"① 王国维根据传世文献和金文中的记载,发现周代以前"王"并不是周天子的专称,而是一般国家(包括氏族)领袖的泛称,侯外庐据此(同时也包括《殷周制度论》中的论述)认为:"所谓'班爵禄'是后人的图画,周代并没有五服之制度。"② 这就打破了后世儒家对古史的"层累"构造。

王国维在《明堂庙寝通考》中认为:"明堂之制,既为古代宫室之通制,故宗庙之宫室亦如之。古宗庙之有太室,即足证其制与明堂无异。殷商卜文中两见'太室',此殷宗庙之太室也。……周则各庙皆有之,《书·洛诰》'王入太室裸'。王肃曰:'太室,清庙中央之室。'此东都文王庙之太室也。《明堂位》又言文世室、武世室。《吴彝盖》云'王在周成太室',《君夫敦盖》云'王在周康宫太室',《禹攸从鼎》云'王在周康宫辟太室',《曶鼎》云'王在周穆王太□'。此字摩灭,疑是室字。《伊敦》云'王格穆太室',则成王、康王、穆王诸庙皆有太室,不独文武庙矣。至太室四面各有一庙,亦得于古金文字中证之。……同在宗周之中,又同为康王之

---

① 王国维:《古诸侯称王说》,《观堂集林(外二种)》,河北教育出版社,2003年,第623页。
② 侯外庐:《中国古典社会史论》,五十年代出版社,1943年,第7页。

庙，而有昭、穆、烈、新四宫，虽欲不视为一庙中之四堂，不可得也。"① 也就是说，作为祭祀场所的明堂在西周的地位是相当重要的，而祭祀所体现的是氏族时代的血缘遗制，说明周代国家制度与氏族制度的融合。侯外庐据此认为："古代城市中的内容，金文如此一再慎重言之，是宗庙之体同时代替国法，而于经济则殊无关联，礼之发生亦然。"② 其下吸收了王国维在《释礼》中提出的观点："豊从玨，在凵中，从豆乃会意字，而非象形字也。盛玉以奉神人之器谓之𠷳、若豊，推之而奉神人之酒醴亦谓之醴，又推之而奉神人之事通谓之禮。其初，当皆用𠷳若豊二字，……其分化为醴、禮二字，盖稍后矣。"③ 侯外庐据此认为西周初年的"礼"为"古代城市＝国家的大典，但此'神人之事'，却无经济的意味"。④

王国维在《殷礼征文》中认为："殷虚甲骨多文丁、帝乙二代之物，上距王亥已二十世，卜辞中诸先公先王以周制例之，大半在毁庙之列，而各有特祭。然则，商世盖无庙祧坛墠之制，而于先公先王不以亲疏为厚薄矣。"⑤ 侯外庐据此指出："王氏断商代没有庙祧坛墠之制，可为治古史者一个文明

---

① 王国维：《明堂庙寝通考》，《观堂集林（外二种）》，河北教育出版社，2003年，第62—63页。
② 侯外庐：《苏联历史学界诸论争解答》，建国书店，1946年，第88页。
③ 王国维：《释礼》，《观堂集林（外二种）》，河北教育出版社，2003年，第144页。
④ 侯外庐：《苏联历史学界诸论争解答》，建国书店，1946年，第88页。
⑤ 王国维：《殷礼征文》，《王国维全集》第5卷，浙江教育出版社，2009年，第52页。

程度的分水处，那便是合族的'共同墓地'了。所谓'遍祀其先公先王者殷制也'。据此，殷人的宗教祖先神，固为一元，帝与祖不分，这当是共同体的社会所自然而生的意识。"①

王国维在《遹敦跋》中认为周初没有谥法："周初诸王若文、武、成、康、昭、穆，皆号而非谥也。……周初天子诸侯爵上或冠以美名，如唐宋诸帝之有尊号矣。然则谥法之作，其在宗周共、懿诸王以后乎？"②此处侯外庐又用郭沫若的研究补充了王国维的见解，郭沫若认为春秋中叶以后还没有谥法："王氏所据之资料有限，而如《载毁》与《敔毁》均未知其当属于何世。故其所得之新说仅能或之于谥法兴起之时期，亦未能下肯定语，然已足破自来周初说之伪矣。余之所见有进于是者，盖谥法之兴不仅当在宗周共懿诸王以后，直当在春秋之中叶以后也。"③尽管王国维的考证有所不足，但侯外庐对其评价依旧很高，他说："据这个有价值的考证看来，周初先王之尊号，实是当时的美称，或当时所尊视的道德观念。……从昭王穆王以后，周代嗣王，皆以道德美称取为王之尊号。"④并由此进一步指出："周初道德观念已经由天命观念延长出来，从昭穆二王以后，其思想更有具体的发展。

---

① 侯外庐：《苏联历史学界诸论争解答》，建国书店，1946年，第94页。
② 王国维：《遹敦跋》，《观堂集林（外二种）》，河北教育出版社，2003年，第443—444页。
③ 郭沫若：《谥法之起源》，《金文丛考》，人民出版社，1954年，第90页。
④ 侯外庐：《中国古代思想学说史》，岳麓书社，2010年，第42—43页。

如果我们说道德思想是由周初确立，而其演绎则由昭、穆之世为甚，这可以证之于昭穆以后的金文铭辞，亦可以证之于成于昭穆以后的《周颂》。"①

事实上，侯外庐对王国维史学成果的吸收远不止以上所举案例，由于篇幅所限，本书不再赘述。从以上材料中我们可以看出，侯外庐对王国维的古史研究成果进行了广泛的吸收，并运用马克思主义对其进行了新的解释，实现了史学话语体系的变革。可以说，王国维的史学成果，是侯外庐史学学术体系的重要基石和组成部分。

第四节　侯外庐批评王国维史学的学术意义

我们在上文中指出，侯外庐揭示了王国维史学中的矛盾，也指出了侯外庐对王国维史学话语体系革命的历史意义。下面我们以《殷周制度论》为例，具体论述这种矛盾的所在，尤其把重点放在王国维自身意识形态的分析中，并由此进一步理解侯外庐对王国维史学批判的继承的学术意义。

《殷周制度论》提出了很多符合历史的观点。正如上文所述，王国维在《殷周制度论》的开头便提出一个振聋发聩的见解，在客观上提出了城市国家与文明起源及其时间的问题，这个观点在基本内容上与侯外庐的观点是完全一致的，不过，侯外庐用马克思主义的观点解释并发展了王国维的观点。但是，《殷周制度论》从思想上来说是保守的，吴泽曾指出：

---

① 侯外庐：《中国古代思想学说史》，岳麓书社，2010年，第43页。

"王国维在辛亥革命后,憎恨资产阶级的民主革命,憎恨'民国''共和',梦想有朝一日清廷封建统治政权能复辟起来。他在民国五年写的一篇名文《殷周制度论》,本是一篇论证殷周制度异同和周制优于殷制的论文,由于他对清廷封建统治的留恋,从而对周代封建制度和周公本人,由衷地起着赞赏和景慕之意,字里行间,充溢着宣扬封建政治的思想。"① 陈梦家在《殷虚卜辞综述》也对《殷周制度论》作了批评,他说:"此文之作,乃借他所理解的殷制来证明周公改制的优于殷制,在表面上似乎说周制是较殷制为进步的,事实上是由鼓吹周公的'封建'制度而主张维持清代的专制制度。此文在实际上是王氏的政治信仰,它不但是本末颠倒的来看周代社会,而且具有反动的政治思想。"② 吴泽和陈梦家对王国维《殷周制度论》的评价是正确的。

从《殷周制度论》中不难看出,王国维是一个君主立宪主义者,他说:"尊尊、亲亲、贤贤,此三者治天下之通义也。周人以尊尊、亲亲二义,上治祖祢,下治子孙,旁治昆弟,而以贤贤之义治官。故天子、诸侯世,而天子、诸侯之卿、大夫、士皆不世。盖天子诸侯者,有土之君也。有土之君,不传子、不立嫡,则无以弭天下之争。卿、大夫、士者,图事之臣也,不任贤,无以治天下之事。"③ 王国维所说的"立嫡"与"任贤"相统一的制度是什么呢?如果不联系他的

---

① 吴泽:《王国维史学思想批判述要》,《华东师大学报(人文科学)》,1958年第4期,第64页。
② 陈梦家:《殷虚卜辞综述》,中华书局,1988年,第630页。
③ 王国维:《殷周制度论》,《观堂集林(外二种)》,河北教育出版社,2003年,第240页。

"经世之意",或许会认为他在说周代的制度,但稍加分析,就知道这其实就是近代资产阶级革命过程中形成的英国式的君主立宪制。而清季自戊戌变法以来的立宪运动又是仅仅比梁启超小四岁的王国维亲身经历过的。戊戌年(1898)的时候,王国维就在维新派的宣传机构《时务报》工作,"维新变法的'新思想',对他影响很大"。① 甚至到了1924年冯玉祥发动北京政变,溥仪被赶出紫禁城逃到日本使馆后,王国维还幻想着溥仪能够恢复大清。溥仪后来回忆道:"这些表示骨气的,请安的,送'进奉'的,密陈各种'中兴大计'的,敢于气势汹汹质问执政府的遗老遗少们,出进日本使馆的一天比一天多。到了旧历的元旦,我的小客厅里陡然间满眼都是辫子。我坐在坐北朝南、以西式椅子代替的宝座上,又接受朝贺了。许多遗老的心里是对使馆主人怀着感激之情的。他们从使馆的招待上看出了希望,至少也得到了某种心理上的满足。王国维在奏折里说:'日使……非徒以皇上往日之余尊,亦且视为中国将来之共主,凡在臣僚,谁不庆幸?'"②王国维直到此时还幻想着溥仪能够复辟而为"中国将来之共主",真是令人啼笑皆非,感到可悲可叹。由此可见,王国维的辫子不仅仅长在头上,而是深深地长在心里。吴泽曾说:"有人说,辛亥革命的果实被袁世凯盗窃去后,致使辛亥革命只革掉了黄龙旗和辫子;其实,黄龙旗的幽魂还在袁世凯倒台后,不断革命,流血牺牲,由五色旗再换上青天白日旗。康梁的辫子,一直拖到民国十几年呢!大家知道,大学者王

---

① 吴泽:《王国维史学思想批判述要》,《华东师大学报(人文科学)》,1958年第4期,第55页。

② 溥仪:《我的前半生》,中国言实出版社,2019年,第186页。

国维为了忠于满清王朝的象征——辫子,听到国民革命军北伐进京来,就拖着辫子投湖殉道。"① 吴泽所谓"康梁的辫子"很大程度上就表现为君主立宪制,这个制度在17世纪资产阶级革命早期,是一个进步的制度,正如马克思和恩格斯所说:"正是随着君主立宪制的确立,在英国才开始了资产阶级社会的巨大发展和改造。……在君主立宪制下,手工工场才第一次发展到前所未有的规模,以致后来让位给大工业、蒸汽机和大工厂。居民中的许多阶级消亡了,代之而起的是具有新的生存条件和新的要求的新阶级。"② 然而,当历史发展到19世纪末20世纪初的时候,不但资产阶级的君主立宪制,就连资产阶级共和制也成为了一种旧制度,正如马克思评价巴黎公社的历史意义时说的那样:"在现代最惊心动魄的这场战争结束后胜败两军联合起来共同杀戮无产阶级这样一个史无前例的事件,并不是像俾斯麦所想的那样,证明正在崛起的新社会被彻底毁灭了,而是证明资产阶级旧社会已经完全腐朽了。"③ 巴黎公社诞生于1871年,这一年在中国历史上叫作"同治十年",距离王国维的出生还有六年,王国维就是出生在这样一个时代,这样一个新旧社会因素剧烈交替的历史大变革时代。然而,就在民国以后,王国维还做着"古之圣人"君临天下的美梦,呓语道:"古之圣人,亦岂无

---

① 吴泽:《康有为与梁启超》,《吴泽文集》第2卷,华东师范大学出版社,2002年,第9页。

② 马克思,恩格斯:《评基佐〈英国革命为什么会成功?英国革命史讨论〉1850年巴黎版》,《马克思恩格斯全集》第7卷,人民出版社,1959年,第251—252页。

③ 马克思:《法兰西内战》,《马克思恩格斯文集》第3卷,人民出版社,2009年,第179页。

一姓福祚之念存于其心,然深知夫一姓之福祚与万姓之福祚是一非二,又知一姓万姓之福祚与其道德是一非二,故其所以祈天永命者,乃在'德'与'民'二字。"①

可以说,王国维史学的局限性在于他的古史研究是为其披着"周公之圣"外衣的资产阶级维新主义思想服务的。因此,王国维一方面把周公推到无以复加的"圣人"地位,指出:"殷、周间之大变革,自其表言之,不过一姓一家之兴亡与都邑之移转;自其里言之,则旧制度废而新制度兴、旧文化废而新文化兴。又自其表言之,则古圣人之所以取天下及所以守之者,若无以异于后世之帝王;而自其里言之,则其制度文物与其立制之本意,乃出于万世治安之大计,其心术与规摹,迥非后世帝王所能梦见也。"② 另一方面,王国维又指出周公开创的这种制度是为"民"服务的:"凡有天子、诸侯、卿、大夫、士者,以为民也。有制度、典礼以治,天子、诸侯、卿、大夫、士,使有恩以相洽,有义以相分,而国家之基定,争夺之祸泯焉。民之所求者,莫先于此矣。且古之所谓国家者,非徒政治之枢机,亦道德之枢机也。使天子、诸侯、大夫、士各奉其制度、典礼,以亲亲、尊尊、贤贤,明男女之别于上,而民风化于下,此之谓治。反是,则谓之乱。是故,天子、诸侯、卿、大夫、士者,民之表也;制度、典礼者,道德之器也。周人为政之精髓,实存于此。"③ 王国

---

① 王国维:《殷周制度论》,《观堂集林(外二种)》,河北教育出版社,2003年,第242页。
② 王国维:《殷周制度论》,《观堂集林(外二种)》,河北教育出版社,2003年,第232页。
③ 王国维:《殷周制度论》,《观堂集林(外二种)》,河北教育出版社,2003年,第242页。

维在这里实际上就把周公打扮成一个资产阶级宪政主义者了，同时也把西周的古代制度打扮成了"民"（资产阶级）[①]的"理性的王国"［das Reich der Vernunft］，也就是"资产阶级的理想化的王国"［das Idealisierte Reich der Bourgeoisie］了，正如恩格斯指出的那样："以往的一切社会形式和国家形式、一切传统观念，都被当做不合理性的东西扔到垃圾堆里去了；到现在为止，世界所遵循的只是一些成见；过去的一切只值得怜悯和鄙视。只是现在阳光才照射出来，理性的王国才开始出现。从今以后，迷信、非正义、特权和压迫，必将为永恒的真理、永恒的正义、基于自然的平等和不可剥夺的人权所取代。现在我们知道，这个理性的王国不过是资产阶级的理想化的王国。"[②] 只不过，王国维是一个维新主义者，他的资产阶级启蒙思想还披着"周公"的外衣罢了。从这个角度讲，王国维是一个典型的"路德型"学者，他的思想的进步性与局限性混杂在一起，就像马克思对路德的评价那样："他破除了对权威的信仰，是因为他恢复了信仰的权威。"[③] 王国维也是一样，他破除了封建主义的周公信仰，而恢复了周公信仰本身的权威，当然，这个权威下面隐藏着的，是不典型的——没有抛去圣人信仰形式的——资产阶级启蒙思想。

梁启超在王国维自杀后评价他道："王先生的性格很复杂

---

① 德文中表示"资产阶级"的另一个词汇［Bürgertum］便是源于"市民"［Bürger］一词。事实上，［Bourgeois］一词源于法文。

② 恩格斯：《社会主义从空想到科学的发展》，《马克思恩格斯文集》第3卷，人民出版社，2009年，第524页。

③ 马克思：《〈黑格尔法哲学批判〉导言》，《马克思恩格斯文集》第1卷，人民出版社，2009年，第12页。

而且可以说很矛盾：他的头脑很冷静，脾气很和平，情感很浓厚，这是可从他的著述、谈话和文学作品看出来的。只因有此三种矛盾的性格合并在一起，所以结果可以至于自杀。他对于社会，因为有冷静的头脑所以能看得很清楚；有和平的脾气，所以不能取激烈的反抗；有浓厚的情感，所以常常发生莫名的悲愤。积日既久，只有自杀之一途。"[1] 梁启超和王国维在清华国学院同事相处良久，他对王国维性格的分析颇可参考。尤其是"头脑很冷静"这一点说明了王国维作为史学家的优良学风，而"情感很浓厚"则暗示其对垂死的封建制度和文化的依恋，而"脾气很和平"则说明他其实内心中知道旧文化、旧制度是必然要灭亡的，他就像一个得了不治之症的神医，对自己的身体状况是很清楚的，知道自己来日不多，因此反而很平和。

而侯外庐所做的，就是吸取了王国维"头脑很冷静"地在近代科学方法下取得的史学成果，而将其君主立宪思想和"可爱的"周公一同放进历史的博物馆里。侯外庐明确指出："明'立制之所以然'，则并不是他的研究中心。因为他有他的可爱的理想与信仰，即如他说虽不可信，而以可爱，主观上必不使他的理想完全化零，例如《殷周制度论》一名文，在一连串的宝贵历史的发现中，便浸淫其对于周公制度的景慕。在这些地方，他并没有曲解历史，他的答案在求是，而求是的结果则又足以讽刺批判了他的主观理想，客观上便是科学的。……历史的所以然，不是王氏的学术内容，有待于

---

[1] 梁启超：《王静安先生墓前悼辞》（1927年9月20日），《国学月刊》，1927年第8—10期，第543—544页。

后之学者。"① 侯外庐这里所说的"后之学者"指的就是以他本人为代表的马克思主义史学家。可见，批判地继承古典史学家的史学遗产，并将其合理成分纳入马克思主义史学的学术体系、话语体系当中，是马克思主义史学家们重要的学术任务。

对此，吴泽曾评价道："王国维治经史之学，其动机和目的是为封建主义服务的，所以，在其所著某些论文中，自觉的或不自觉的充溢着封建的阶级政治感情，为封建主义作掩饰和说教；但是，应该注意，他的治学态度和方法，严肃朴实，未失乾嘉遗风，并没有曲解史实。如果我们能够在他的著作上，用心分析研究，披沥掉他的那些渲染崇扬封建意识有害的糟粕部分，可以得出很多可珍贵的科学性的成就来，特别是古文献的考证和解释上，成就较大，应好好作好总结，为祖国保存并继承好这一份有用的遗产，在这方面，郭沫若和侯外庐两位同志是已经下了很大功力的，我们还应继续努力。"② 吴泽在这里特别提到了郭沫若和侯外庐对王国维史学的批判与继承，而郭沫若也评价王国维道："王国维一生的学业结晶在他的《观堂集林》和最近所出的名目实远不及《观堂集林》四字冠冕的《海宁王忠悫公遗书》。那遗书的外观虽然穿的是一件旧式的花衣补褂，然而所包含的却多是近代的科学内容。这儿正是一个矛盾。这个矛盾正是使王国维不能不跳水而死的一个原因。王国维，研究学问的方法是近代式

---

① 侯外庐：《近代中国思想学说史》下册，生活书店，1947年，第962—963页。

② 吴泽：《王国维史学思想批判述要》，《华东师大学报（人文科学）》，1958年第4期，第76页。

的，思想感情是封建式的。两个时代在他身上激起了一个剧烈的阶级斗争，结果是封建社会把他的身体夺去了。然而他遗留给我们的是他知识的产品，那好像一座崔巍的楼阁，在几千年来的旧学的城垒上，灿然放出了一段异样的光辉。"①郭沫若与侯外庐对待王国维的态度是完全一致的，可以说，他们都代表了马克思主义史学对待非马克思主义史学遗产的正确态度。

　　侯外庐对王国维史学的敬意与批判，是与马克思对亚当·斯密的敬意与批判相一致的，马克思形容亚当·斯密的语言，几乎都可以用来描述侯外庐对王国维的态度。因此，我们可以说：以侯外庐为代表的马克思主义史学是中国传统史学以及近代史学优良传统当之无愧的继承者。从这一点上，我们也清晰地看到了中国近代史学从古典到科学的发展历程，看到了中国马克思主义史学在中国现代史学发展中的"主径"化历程。

---

　　① 郭沫若：《中国古代社会研究》，河北教育出版社，2000年，第7—8页。

第四章　侯外庐对梁启超史学和胡适史学的批评

侯外庐的父亲侯福昌是一位清末维新派人士，所以侯外庐少年时就对维新派主要代表人物梁启超（1873—1929）有一定的了解，《饮冰室文集》曾经是他最喜欢读的书。1948年，侯外庐自述其思想变迁道："作者在一生的经历中，本来也经过自由主义的'童年'思想，相信过康德，吟味过释氏，赞赏过老子，甚至受过'饮冰室'时代梁启超的洗礼，在思想的曲折过程里，不知道遭受了多少碰壁的创痕。"[①] 侯外庐晚年回忆梁启超对其影响时说道："'饮冰室主人'笔锋常带情感的文字，对我真正起到的作用是启迪我思维，激发了爱国情绪，常令我热血奔流。所以，尽管就思想、学术、风格而言，梁启超著作给我的影响远不及章太炎著作来得深刻、持久，但我仍然要把饮冰室时代梁启超的影响，称作思想的童年时代所受到的洗礼。然而，洗礼，只是洗礼而已。"[②] 在

[①] 侯外庐：《自由与自由主义》，《华商报》，1948年2月15日。
[②] 侯外庐：《韧的追求》，张岂之主编：《侯外庐著作与思想研究》第1卷，长春出版社，2016年，第6页。

走上史学道路，尤其是中国思想史的研究道路后，侯外庐则更多地表现出对梁启超史学的批判。这一点，我们结合上文中论述侯外庐对康有为史学的批判时，所提到的侯外庐对改良派的定位，就很容易理解了。

胡适（1891—1962）是民国时期最有影响力的自由主义思想家和史学家，是马克思主义史学在民国时期的主要批判对象之一。新中国成立后，学术界还在1954—1955年将其作为资产阶级学术文化的主要代表进行了一场规模较大的批判运动。[1] 同时，胡适也是侯外庐一生批判较多的一位史学家，他们二人的对立在中国近代史学史上有一定的典型意义。[2]

梁启超和胡适在研究领域和历史观上都较为接近，就连胡适自己也说："现今的中国学术界真凋敝零落极了。旧式学者只剩王国维、罗振玉、叶德辉、章炳麟四人；其次则半新半旧的过渡学者，也只有梁启超和我们几个人。"[3] 可见，胡

---

[1] 关于批判胡适运动的具体情况，参阅李红岩《新中国马克思主义史学思想》（于沛主编：《马克思主义史学思想史》第4卷，中国社会科学出版社，2015年版）第二章第二节"批判胡适思想"，以及刘仓：《一场必要的思想交锋——正确认识对胡适思想的批判运动》，《党史文汇》，2012年第8期。

[2] 侯外庐在1937年曾经有一个关于胡适的对话，颇能表示他对胡适的态度："谈到胡适，薄一波又说：'胡适对新文化运动是有功的。'我便说：'要说别的事情，我懂得不多，但要说胡适有功，我不能同意。'我根据过去读过胡适《留学日记》的记忆，振振有词地说，胡适的文化观，是典型的半封建半殖民地文化观，并由此下结论，胡适对中国的新文化有过无功。薄一波作为主人，很礼貌，但对我的观点，始终不同意。"（《韧的追求》，张岂之主编：《侯外庐著作与思想研究》第1卷，长春出版社，2016年，第62页）

[3] 胡适：《胡适日记·1922年8月28日》，《胡适全集》第29卷，安徽教育出版社，2003年，第729页。

适也是把他自己和梁启超看作是一派，叫作"半新半旧的过渡学者"。因此，侯外庐往往将他们两位放在一起进行批评，故而本书也将侯外庐对梁启超和胡适的批评放在一起来研究。

第一节　胡适、梁启超"整理国故"的学术史意义

上文所述胡适把他自己和梁启超算作"半新半旧的过渡学者"，这出自他1922年8月28日写的日记，胡适在此时说这样的话，可以说是有一定自信的，也在一定程度上是符合当时实际的，因为他说的"两半"在某种程度上符合了中国近代社会性质的"两半"：胡适和梁启超所谓的"新文化"指的其实就是源于欧美的近代资产阶级文化，某种程度上对应的就是中国近代社会的"半殖民地"性质；他们的"旧文化"实际上就是中国旧有的封建文化，对应的就是中国近代社会的"半封建"性质。因此，胡适这里似乎在说他和梁启超还算是文化前沿的人物，但实际上他们代表的文化都属于旧文化，因为这时候真正的新文化——马克思主义——的传播已经取得了很大的成就。就在胡适写下这篇日记前不久，也就是1922年7月16至23日，中国共产党第二次全国代表大会在上海召开，"党的二大通过对中国经济政治状况的分析，揭示出中国社会的半殖民地半封建性质，指出党的最高纲领是实现社会主义、共产主义，但在现阶段的纲领，即最低纲领是打倒军阀，推翻国际帝国主义的压迫，统一中国为真正的民主共和国。大会指出，为实现反帝反军阀的革命目标，必须联合全国一切革命党派，联合资产阶级民主派，组成'民

主主义的联合战线'。党成立不过一年，就第一次提出了明确的反帝反封建的民主革命纲领，并使这个纲领很快传播开来，'打倒列强，除军阀'成为广大群众的共同呼声。这说明只有用马克思主义武装起来的中国共产党才能为中国革命指明方向"。[1] 可以说，此时马克思主义才是真正的新文化，胡适和梁启超代表的文化实际上都已经属于旧文化的序列了。因此，我们在上文中才说胡适的自述是"一定程度上符合当时的实际"，就是说他的这个自述符合中国近代社会的性质，但是他自命自己还算"新"的说法是不符合历史发展趋势的。

胡适和梁启超在新文化运动时期倡导了一件在中国近代史学史上影响较大的学术运动——"整理国故"运动，[2] 这场学术运动也是中国马克思主义史学诞生的学术背景之一。1919年，胡适在《新青年》上发表了《新思潮的意义》，提出了"研究问题，输入学理，整理国故，再造文明"的十六

---

[1] 本书编写组：《中国共产党简史》，人民出版社，2021年，第16页。

[2] 学者卢毅指出最早提出"整理国故"一词的是傅斯年，见其著作《"整理国故"运动与中国现代学术转型》（中共中央党校出版社，2008年，第25页）。但傅斯年是胡适的学生，他大概率也是受到胡适的影响才提出这个概念的，所以我们可以直接说胡适倡导了"整理国故"运动。例如，笔者曾经发表过一篇学术论文《后社会史论战时期的学术转向与中国马克思主义史学的形成——以陶希圣、郭沫若、侯外庐为例》（《近代史研究》，2022年第3期），在学术界首次提出"后社会史论战时期"的概念，但事实上，这个概念及其学术内涵均为笔者导师张越先生首次提出，只是未见诸文字而已。再如本书中，笔者反复措意的中国马克思主义史学是中国现代史学的"主径"这一观点，也是源自张越先生2017年4月21日在华东师范大学历史系的讲座"中国现代史学的主径——从唯物史观史学到中国马克思主义史学"。

字主张,[1] 从而掀开了"整理国故"运动的序幕。对整理国故,胡适提出了这样的主张:"我们对于旧有的学术思想,积极的只有一个主张,——就是'整理国故'。整理就是从乱七八糟里面寻出一个条理脉络来;从无头无脑里面寻出一个前因后果来;从胡说谬解里面寻出一个真意义来;从武断迷信里面寻出一个真价值来。为什么要整理呢?因为古代的学术思想向来没有条理,没有头绪,没有系统,故第一步是条理系统的整理。因为前人研究古书,很少有历史进化的眼光的,故从来不讲究一种学术的渊源,一种思想的前因后果,所以第二步是要寻出每种学术思想怎样发生,发生之后有什么影响效果。因为前人读古书,除极少数学者以外,大都是以讹传讹的谬说,——如太极图,爻辰,先天图,卦气……之类,——故第三步是要用科学的方法,作精确的考证,把古人的意义弄得明白清楚。因为前人对于古代的学术思想,有种种武断的成见,有种种可笑的迷信,——如骂杨朱墨翟为禽兽,却尊孔丘为德配天地,道冠古今!——故第四步是综合前三步的研究,各家都还他一个本来真面目,各家都还他一个真价值。"[2] 有趣的是,胡适这篇文章还对马克思主义进行了冷嘲热讽,他说:"试看近日报纸上登的马克思的《赢余价值论》,可有反对的吗?可有讨论的吗?没有人讨论,没有人反对,便是不能引起人注意的证据。研究问题的文章所以能发生效果,正为所研究的问题一定是社会人生最切要的问

---

[1] 胡适:《新思潮的意义》,《新青年》,1919年第7卷第1期,第5页。
[2] 胡适:《新思潮的意义》,《新青年》,1919年第7卷第1期,第10—11页。

题,最能使人注意,也最能使人觉悟。悬空介绍一种专家学说,如《赢余价值论》之类,除了少数专门学者之外,决不会发生什么影响。"① 胡适从报纸上少有人讨论马克思主义就说它"决不会发生什么影响",这就体现了他视野的局限性,好比在火车上采访旅客有没有买到火车票一样。胡适当时对马克思主义下的判断已经被历史的辩证法"打脸"了,可见他说的"输入学理"是有选择性的,是"实验主义"的。马克思主义更多的是一种实践,是与工农运动相结合的,胡适看不到或者不愿意看到无产阶级及其先锋队中国共产党领导的革命实践,这才是他从年纪轻轻就"暴得大名"的思想导师最终沦为蒋介石发动内战"罪大恶极的帮凶"② 的秘密所在。

随着胡适的提倡,梁启超也加入了"整理国故"的行列,伍启元③曾评价梁启超在整理国故运动中的地位时说:"文学

---

① 胡适:《新思潮的意义》,《新青年》,1919年第7卷第1期,第9页。

② 毛泽东:《热烈祝贺淮海战役胜利结束》(一九四九年一月二十日),《毛泽东文集》第5卷,人民出版社,1996年,第241页。

③ 伍启元(1912—?),广东台山人。1932年毕业于上海沪江大学,入清华研究所。1934年赴英国留学,入伦敦经济学院学习,1937年获博士学位。同年回国,任武汉大学经济学系教授。1939年回清华大学,为设在昆明的国立西南联合大学教授。1946年任伦敦经济学院教授。1947年起在联合国工作,先后任亚洲及远东经济委员会行政管理处主任、秘书处经济社会事务部公共管理处主任、发展计划署高级顾问等职。1972年退休后,任纽约大学教授。1982年任台中东海大学荣誉讲座兼法学院院长,并担任台湾政府机构咨询委员会职务。著作有《中国新文化运动概观》、《物价统制论》、《国际价格理论大纲》(英文)、《战后世界币制问题》、《当前的物价问题》、《中国工业建设之资本与人材问题》、《由战时经济到平时经济》、《公共政策》等。(叶世昌、丁孝智:《伍启元的经济思想》,《河北经贸大学学报》,2009年第3期)

革命运动之后,一般文学革命的领袖人物,不是努力于创作和翻译新文学,就是回头向所谓'国学'方面去努力。胡适博士也拿起从杜威学回来的实验主义,向所谓'国故'里实验整理了。于是所谓整理国故运动就这样兴起来。同时梁启超氏等(如研究系的一班人)和许多国文教师和许多学者,都舍弃了其他事业而钻到旧纸堆里,子曰诗云的大业好像有点中兴。这种事业的结果也应计算一下了。在这十余年来,在国故整理上有最大贡献的,仍要推梁启超氏。"[1] 梁启超年长胡适18岁,对胡适来说他完全是一个长辈,胡适早年也十分崇拜梁启超,1912年11月10日,他在日记中写道:"梁任公为吾国革命第一大功臣,其功在革新吾国之思想界。十五年来,吾国人士所以稍知民族思想主义及世界大势者,皆梁氏之赐,此百喙所不能诬也。去年武汉革命,所以能一举而全国响应者,民族思想政治思想入人已深,故势如破竹耳。使无梁氏之笔,虽有百十孙中山、黄克强,岂能成功如此之速耶!近人诗'文字收功日,全球革命时',此二语惟梁氏可以当之无愧。"[2] 胡适后来在《四十自述》中回忆少年时代的思想时也说道:"我个人受了梁先生无穷的恩惠。现在追想起来,有两点最分明。第一是他的《新民说》,第二是他的《中国学术思想变迁之大势》。"[3] 又说:"《新民说》诸篇给我开辟了一个新世界,使我彻底相信中国之外还有很高等的民族,

---

[1] 伍启元:《中国新文化运动概观》,现代书局,1934年,第57页。
[2] 胡适:《留学日记》,《胡适全集》第27卷,安徽教育出版社,2003年,第222—223页。
[3] 胡适:《四十自述》,《胡适全集》第18卷,安徽教育出版社,2003年,第59页。

很高等的文化；《中国学术思想变迁之大势》也给我开辟了一个新世界，使我知道《四书》、《五经》之外中国还有学术思想。"① 就连胡适的成名作《中国哲学史大纲》，据他说也源自梁启超《中国学术思想变迁之大势》的启发，胡适认为梁启超这部中国学术史并不完整，于是才有取而代之的念头。他说："这一部学术思想史中间缺了三个最要紧的部分，使我眼巴巴的望了几年。我在那失望的时期，自己忽发野心，心想：'我将来若能替梁任公先生补作这几章缺了的中国学术思想史，岂不是很光荣的事业？'我越想越高兴，虽然不敢告诉人，却真打定主意做这件事了。这一点野心就是我后来做《中国哲学史》的种子。我从那时候起，就留心读周秦诸子的书。"②

梁启超早年的成名主要在思想启蒙和政治活动方面，学术方面虽有贡献，但却不是主要的。而在新文化运动以后，梁启超也逐渐参与到白话文运动、整理国故运动当中，反而要步胡适这个年轻人的后尘，所以章士钊揶揄其道："近年士习日非，文词鄙俚，国家未灭，文字先亡。梁任公献媚小生，从风而靡天下病之。"③ 这里说的"小生"大约即是暗指胡适。钱基博在评价梁启超求变趋新的学术风格及其与胡适的关系时道："大抵启超为人之所以异于其师康有为者：有为执我见，启超趣时变；其从政也有然，其治学也亦有然。有为

---

① 胡适：《四十自述》，《胡适全集》第18卷，安徽教育出版社，2003年，第61页。
② 胡适：《四十自述》，《胡适全集》第18卷，安徽教育出版社，2003年，第62页。
③ 章士钊：《东西文化及其哲学——答梁漱溟》，章含之、白吉庵主编：《章士钊全集》第5卷，文汇出版社，2000年，第86页。

常言：'吾学三十岁已成，此后不复有进，亦不必求进。'启超不然，常自觉所学于时代为落伍，而懔后生之可畏；数十年日在旁皇求索中。故有为之学，站定脚跟，有以自得者也；启超之学，随时转移，巧于通变者也。方启超之游欧洲而归也，骤见军阀称兵，党人横议，民不聊生，事益无可为，乃宣言不谈政治，意以文学自障，舍一时而争百年之业。少年有绩溪胡适者，新自美洲毕所学而归，都讲京师，倡为白话文，风靡一时；意气之盛，与启超早年入湘主时务学堂差相埒也！启超则大喜，乐引其说以自张，加润泽焉！诸少年噪曰：'梁任公跟着我们跑也！'以视民国初元，启超日本归来之好以诗古文词与林纾、陈衍诸老相周旋者，其趣向又一变矣！顾启超出其所学，亦时有不'跟着诸少年跑'，而思调节其横流者。"[1] 可以说，在新文化运动以后，尤其是在"整理国故"运动中，作为长辈的梁启超反而成为晚辈胡适的拥趸了。当然，他们的学术思想也不尽相同，有钱基博所谓"思调节其横流者"，如梁启超在《治国学的两条大路》的演讲中说："我以为研究国学有两条应走的大路：一、文献的学问，应该用客观的科学方法去研究；二、德性的学问，应该用内省的和躬行的方法去研究。第一条路，便是近人所讲的'整理国故'这部分事业。"[2] 可见，梁启超要求在胡适"整理国故"的基础上进一步追求所谓"德性的学问"，这是二人观念

---

[1] 钱基博：《现代中国文学史》，商务印书馆，2011年，第472页。
[2] 梁启超：《治国学的两条大路》，王德峰编：《少年中国与道德大原——梁启超文选》，上海远东出版社，2023年，第105页。

上的区别。①

梁启超在"整理国故"方面的成就，主要在于撰写了一系列中国学术思想史著作，如《清代学术概论》《墨子学案》《中国历史研究法》《先秦政治思想史》《中国近三百年学术史》《古书真伪及其年代》等。

胡适与梁启超倡导的"整理国故"运动主要集中在1930年前十年左右，到了大革命失败后，"作为一项全国性的大规模学术运动却已在二十世纪二十年代末开始日渐式微"，② 因为"整理国故"已经无法适应时代学术的发展。就在"整理国故"如火如荼之时，郭沫若就评价这一运动道："至于国学究竟有没有研究的价值？这是要待研究之后才能解决的问题。我们要解决它，我们便不能不研究它。研究的方法要合乎科学的精神，研究有了心得之后才能说到整理。而且这种整理事业的评价我们尤不可估之过高。整理的事业，充其量只是一种报告，是一种旧价值的重新估评，并不是一种新价值的从新创造，它在一个时代的文化的进展上，所效的贡献殊属微末。"③ 郭沫若这篇文章写于1924年1月9日，这时候的郭沫若，已经逐渐倾向于马克思主义了，他在《创造十年》中回忆这一阶段的思想状态时说："在我自己的思想上也正感受着一种进退维谷的苦闷。我自己是早就有些左倾幼稚病的人，

---

① 关于梁启超"整理国故"的具体成绩与方法，参看江湄：《另一种整理国故：论"五四"后梁启超对儒学与儒学史的重构》，《天津社会科学》，2014年第1期。

② 王存奎：《再造与复古的辩难：二十世纪二十年代"整理国故"论争的历史考察》，黄山书社，2010年，第249页。

③ 郭沫若：《整理国故的评价》，《创造周报》，1924年第36期，第3页。

在出《周报》时吼过些激越的腔调,说要'到民间去',要'到兵间去',然而吼了一阵还是在民厚南里的楼上。吼了出来,做不出去,这在自己的良心上感受着无限的苛责。从前的一些泛神论的思想,所谓个性的发展,所谓自由,所谓表现,无形无影之间已经遭了清算。从前在意识边沿上的马克思、列宁不知道几时把斯宾诺莎、歌德挤掉了,占据了意识的中心。在一九二四年初头列宁死的时候,我着实地感着悲哀,就好象失掉了太阳的一样。但是马克思列宁主义我是并没有明确的认识的,要想把握那种思想的内容是我当时所感受着的一种憧憬。"[1] 因此,这时候的郭沫若已经意识到了胡适等人的"整理国故"有着巨大局限性,即"它在一个时代的文化的进展上,所效的贡献殊属微末"。到了写作《中国古代社会研究》时,郭沫若早已在思想上成为马克思主义者、在实践上成为革命者了,他对"整理国故"运动的批评就更加直接了,甚至可以说,《中国古代社会研究》是以"整理国故"运动的直接批判者的形象出现在学术史上的。郭沫若直接指出:"胡适的《中国哲学史大纲》,在中国的新学界上也支配了几年,但那对于中国古代的实际情形,几曾摸着了一些儿边际?社会的来源既未认清,思想的发生自无从说起。所以我们对于他所'整理'过的一些过程,全部都有重新'批判'的必要。我们的'批判'有异于他们的'整理'。'整理'的究极目标是在'实事求是',我们的'批判'精神是要在'实事之中求其所以是'。'整理'的方法所能做到的是'知其然',我们的'批判'精神是要'知其所以然'。'整理'

---

[1] 郭沫若:《创造十年》,《郭沫若全集·文学编》第12卷,人民文学出版社,1992年,第184页。

自是'批判'过程所必经的一步,然而它不能成为我们所应该局限的一步。"① 而且,郭沫若明确主张要用马克思主义来取代"整理国故",实现历史学的话语革命,他说:"世界文化史的关于中国方面的纪载,正还是一片白纸。恩格斯的《家庭、私有制和国家的起源》上没有一句说到中国社会的范围。……本书的性质可以说就是恩格斯的《家庭、私有制和国家的起源》的续篇。研究的方法便是以他为向导,而于他所知道了的美洲的印第安人,欧洲的古代希腊、罗马之外,提供出来了他未曾提及一字的中国的古代。恩格斯的著作中国近来已有翻译,这于本书的了解上,乃至在'国故'的了解上,都是有莫大的帮助。谈'国故'的夫子们哟!你们除饱读戴东原、王念孙、章学诚之外,也应该知道还有马克思、恩格斯的著作,没有辩证唯物论的观念,连'国故'都不好让你们轻谈。然而现在却是需要我们'谈谈国故'的时候。我们把中国实际的社会清算出来,把中国的文化,中国的思想,加以严密的批判,让你们看看中国的国情,中国的传统,究竟是否两样!"② 郭沫若的这一精神在侯外庐史学中得到了继续发展,侯外庐在《中国古典社会史》序言中曾自述其写作动机道:"本书写作的动机,远在十年之前,当时因了心手羁于闭门翻译《资本论》的工作,集稿数尺,修改都成问题,无暇抽出时间来理中国古史。另外还有一个原因,即眼高手低,不肯放弃谨慎的态度,看了当时群起攻击郭氏的文章,

---

① 郭沫若:《中国古代社会研究》,河北教育出版社,2000年,第7页。
② 郭沫若:《中国古代社会研究》,河北教育出版社,2000年,第9页。

没有搔到痒处,虽颇称怪,而自己却反减少了热心。这使得我好久在想一个问题,即缺乏基本修养而高谈线装书里的社会性质,是不是可以跳出梁任公、胡适之的整理国故圈套,是不是如鲁迅在《阿Q正传》序上所言,阿Q可否能由胡适之考出'新端绪'来的。"①侯外庐这里对梁启超和胡适主导的"整理国故"运动中机械主义的考据法提出了抗议,同时也表明了他的学术自觉,即要创造一种迥异于梁启超和胡适"整理国故"的新的学术潮流。侯外庐晚年回忆社会史论战的时候也特别强调:"这场论战有一个最大的缺点,就是对于马克思主义的基本理论没有很好消化,融会贯通,往往是以公式对公式,以教条对教条。我看了当时群起攻击郭沫若的文章,想到一个问题,即缺乏马克思主义的基本理论修养而高谈线装书里的社会性质,是跳不出梁启超、胡适'整理国故'的圈套的。"②可见,侯外庐对马克思主义史学的历史任务的认识是一贯明确的,就是要对梁启超和胡适倡导的"整理国故"运动进行学术史的批判。因此,我们强调马克思主义史学的诞生,在学术史上是具有强烈的批判(Kritik)意义的,它是对之前史学史的一种批判性的发展。③

---

① 侯外庐:《中国古典社会史论》,五十年代出版社,1943年,自序第4页。
② 侯外庐:《韧的追求》,张岂之主编:《侯外庐著作与思想研究》第1卷,长春出版社,2016年,第176页。
③ 程鹏宇:《话语革命:20世纪三四十年代中国马克思主义史学的诸子学历史叙事》,《廊坊师范学院学报(社会科学版)》,2023年第4期;程鹏宇:《从恩格斯论鲍威尔的观点看顾颉刚的学术地位——纪念恩格斯诞辰200周年》,《理论与史学》第6辑,中国社会科学出版社,2020年。

因此,我们总结胡适和梁启超倡导的"整理国故"运动的学术史意义如下:"整理国故"运动诞生于新文化运动时期,本身是新文化运动的一部分,其积极意义和消极意义都与新文化运动相当。从其积极意义上来说,确实对中国传统文化做了一番检讨,整理了一些材料;但是,其指导思想是资产阶级的历史观,并不能准确地把握历史,尤其是在大革命以后,"整理国故"运动不能成为引领新时代的新思潮,而马克思主义史学应运而生,它以科学的解释力继承了"整理国故"运动的成果,并在其基础上推进了中国历史文化的研究,使中国史学史进入了一个新纪元。

这里还要补充一点,虽然侯外庐经常把梁启超和胡适放在一起批评,但是,这并不代表侯外庐把二人的学术思想完全等同起来。在侯外庐看来,梁启超虽然也有很多缺点,但他要比胡适真诚一些:"(胡适——笔者注)一串的实验主义的动物的保护色,而一串热中僬倖的官僚奔进,'以不变应万变'。他和梁启超相比,实在不如远甚,梁氏犹天真点,敢说'启超热中','颇带感情'。而胡适则伪称'拿证据来',表示客观;梁氏敢说'启超保守与进取,交战胸中',而胡适则其适者何?从他办事适存中学看来,好像是一个进化论者,'适者生存',假装进步;梁氏尽管有他的国权主义中心思想,但他敢在人前承认,'不惜以今日之我向昨日之我挑战',而胡适则诡辩今日之我不梦想,是事实迫得他否认昨日之我,实则他的昨日之我何尝梦想信仰过什么而和今日之我相异呢?"[①] 在侯外庐看来,胡适在行事上更接近于康有为:"此

---

① 侯外庐:《胡适、胡其所适》,《野草文丛》,1948年第9期,第23页。

人胡说成性,连梁漱溟也骂过他轻薄。你说他在南京三个月'实验'出南京政府廉洁万能么?其实不然,他早五年在美国就说中国自周秦以来已经'民主'了,你说他崇拜美国是环游欧美实验出来的么?其实他早已看见美国汽车飞来飞去,说如此太平盛世了。他和康有为相似,康氏看见飞机出现,便云'世界大同已临今日',胡适'镕取事物',实在有他的前辈老师。"① 又说:"有两种改良主义:一种是资本主义上升时期资产阶级旧民主运动中产生的东西,在客观意义上仍然起了一些积极的因素;一种在社会主义时代用以对抗新民主主义革命的东西,通过各种'民主''自由'的花样进行恶毒的反革命同盟。梁启超代表前者,胡适代表后者。"② 可见侯外庐对梁启超和胡适的态度还是有所区别的,但这并非出自侯外庐的个人感情,而他是基于梁启超和胡适思想形成的不同历史背景所作出的科学的评判。

第二节　侯外庐对梁启超和胡适学术旨趣及墨学研究的批评

曾在先秦时和儒学并称"显学"的墨学,在进入封建社会后,由于其激进的国民思想不能为封建专制服务,因此逐渐衰落。但是,在近代以后,由于古代国民思想与近代资产

---

①　侯外庐:《胡适、胡其所适》,《野草文丛》,1948年第9期,第24页。

②　侯外庐:《揭露美帝国主义奴才胡适的反动面貌》,《新建设》,1955年第2期,第10页。

阶级市民思想有着天然的亲缘关系，墨学再度"复兴"。墨学和近代资产阶级市民思想都立足于私有制，马克思和恩格斯指出："无论在古代或现代民族中，真正的私有制只是随着动产的出现才出现的。……现代国家是与这种现代私有制相适应的。……私法和私有制是从自然形成的共同体形式的解体过程中同时发展起来的。在罗马人那里，私有制和私法的发展没有在工业和贸易方面引起进一步的后果，因为他们的生产方式没有改变。在现代各国人民那里，工业和贸易瓦解了封建的共同体形式，因此对他们说来，随着私有制和私法的产生，便开始了一个能够进一步发展的新阶段。在中世纪进行了广泛的海上贸易的第一个城市阿马尔非也制定了航海法。当工业和商业进一步发展了私有制（起初在意大利随后在其他国家）的时候，详细拟定的罗马私法便立即得到恢复并重新取得威信。后来资产阶级强大起来，国王开始保护它的利益，以便依靠它的帮助来摧毁封建贵族，这时候法便在一切国家里（法国是在16世纪）开始真正地发展起来了，除了英国以外，这种发展到处都是以罗马法典为基础的。但是即使在英国，为了私法（特别其中关于动产的那一部分）的进一步发展，也不得不参照罗马法的诸原则。（不应忘记法也和宗教一样是没有自己的历史的）。"[①] 欧洲近代资本主义法律之所以参考罗马法建立，就是因为古代社会与近代社会都以私有制作为其经济基础，这也是中国近代墨学复兴的秘密所在。

　　清代墨学就出现了一定程度的复兴，从清初的傅青主到乾嘉的孙星衍、毕沅、汪中再到晚清的孙诒让，都对墨学的

---

① 马克思，恩格斯：《德意志意识形态》，《马克思恩格斯全集》第3卷，1960年，第70—71页。

复兴作出了贡献。进入20世纪后,梁启超和胡适逐渐成为墨学研究和复兴的代表人物,为近代墨学研究作出了重要的贡献。梁启超对墨学的研究有《论中国学术思想变迁之大势》《子墨子学说》《墨子之论理学》《墨经校释》《墨子学案》和《先秦政治思想史》等,胡适对墨学的研究有《先秦名学史》《诸子不出于王官论》《惠施、公孙龙之哲学》《墨家哲学》《中国哲学史大纲》《墨子〈小取篇〉新诂》《梁任公〈墨经校释〉序》《论墨学》等。但是,梁启超和胡适的史学都属于近代资产阶级史学的范畴,在马克思主义史学诞生后,其研究就已经显得落伍了。①

侯外庐晚年回忆胡适学术的影响及其墨学研究时说:"思想学说史研究领域中的斗争,从胡适刊布《中国哲学史大纲》以来,就严重地存在。"②又说:"胡适所论及的思想家、哲学家,我都逐一进行了分析和研究,胡适推崇墨子,我对墨子的评价也不低,我认为墨子在知识论和逻辑学上,是中国古代第一个唯物主义者。……在《中国古代思想学说史》中,有相当的篇幅目的在于说明胡适对墨子评价过高的错误之所在。"③可见,侯外庐研究思想史时,是有明确的批判目标的,这个批判对象首先就是胡适,在墨学方面自然也不例外。

---

① 程鹏宇:《话语革命:20世纪三四十年代中国马克思主义史学的诸子学历史叙事》,《廊坊师范学院学报(社会科学版)》,2023年第4期。

② 侯外庐:《韧的追求》,张岂之主编:《侯外庐著作与思想研究》第1卷,长春出版社,2016年,第208页。

③ 侯外庐:《韧的追求》,张岂之主编:《侯外庐著作与思想研究》第1卷,长春出版社,2016年,第99页。

对于梁启超的墨学研究，侯外庐早在写作《中国古典社会史论》时就予以了批评，他说："墨子同情于非人者的奴隶，倡兼相爱交相利之说，这种主观上平等的观念，是反对了'无故富贵，亲戚使之'的氏族贵族社会，然而这不是说他有平等主义的科学系统，如梁启超氏说：'墨子为大马克斯。'相反地，他客观上是帮助了土地私有制的发展，他虑'有余地而不足于民'，主张为'义即利'。"[1] 梁启超的学术特征是善于附会西学，他把墨子和马克思主义比附在一起，实际上已经犯了严重的非历史的错误，忽略了时代背景与思想之间的关系，将思想史抽象化、概念化，这本质上就是唯心史观的反映。侯外庐对梁启超的批评，实际上也反映了中国近代史学领域的历史观冲突。

但是，这种历史观的冲突也不能绝对化，不能认为凡是历史观不一致的史学家在所有问题上都不可能取得一致的结论，这就成了机械主义。侯外庐在谈到胡适对《诗经》的研究时说："胡适先生在《中国哲学史大纲》（上），分出了诗人的许多派别，乐天派、厌世派、愤世派等等，认为这是时代的思潮。派别是说不上的，思潮却有时代的现实为其背景，梁任公先生和胡先生的辩论，没有解决了问题，反把问题更弄得复杂了，而要求时代的了解则是一个好的学术倾向。"[2] 侯外庐所说的"要求时代的了解则是一个好的学术倾向"指的是胡适在《中国哲学史大纲》中重视时势的学术旨趣："大凡一种学说，决不是劈空从天上掉下来的。我们如果能仔细

---

[1] 侯外庐：《中国古典社会史论》，五十年代出版社，1943年，第163页。

[2] 侯外庐：《中国古代思想学说史》，岳麓书社，2010年，第57页。

研究，定可寻出那种学说有许多前因，有许多后果。譬如一篇文章，那种学说不过是中间的一段。这一段定不要来无踪影，去无痕迹的。定然有个承上起下，承前接后的关系。要不懂他的前因，便不能懂得他的真意义。要不懂他的后果，便不能明白他在历史上的位置。这个前因，所含不止一事。第一是那时代政治社会的状态。第二是那时代的思想潮流。这两种前因、时势和思潮，很难分别。因为这两事又是互相为因果的。有时是先有那时势，才生出那思潮来；有了那种思潮，时势受了思潮的影响，一定有大变动。所以时势生思潮，思潮又生时势，时势又生新思潮。所以这学术史上寻因求果的研究，是很不容易的。我们现在要讲哲学史，不可不先研究哲学发生时代的时势和那时势所发生的种种思潮。"①侯外庐虽然认为胡适对于中国哲学史时代背景的解读是不准确的，但是他对胡适这种学术倾向还是表示认可的。至于侯外庐所说的"梁任公先生和胡先生的辩论，没有解决了问题，反把问题更弄得复杂了"指的是梁启超对胡适《中国哲学史大纲》的批评。

1922年3月，梁启超在北京大学哲学社做了《评胡适之〈中国哲学史大纲〉》的演讲，梁启超对胡适重视哲学的时代背景的方法表示赞赏："胡先生专从时代的蜕变，理会出学术的系统，这是本书中一种大特色。我们既承认他的方法不错，那么，对于各时代真切的背景，和各种思想的来龙去脉，应该格外慎密审查。我对于本书这方面觉得还有好些疏略或错

---

① 胡适：《中国哲学史大纲》，上海古籍出版社，1997年，第24页。

误之处，应该修正。"① 具体来说，胡适把哲学的起源看成是社会的动荡，具体分为四个方面："这四种现象：（一）战祸连年，百姓痛苦；（二）社会阶级渐渐消灭；（三）生计现象贫富不均；（四）政治黑暗，百姓愁怨。这四种现状，大约可以算得那时代的大概情形了。"② 但是，梁启超反对这种观点，他说："胡先生的哲学勃兴原因，就只为当时长期战争，人民痛苦，这种论断法，可谓很浅薄而且无稽，次段更加详辩。依我看来，夏、商、周三代——最少宗周一代——总不能说他一点文化没有，诗、书、易、礼四部经，大部分是孔子以前的作品，那里头所含的思想，自然是给后来哲学家不少的贡献，乃至各书所引夏志、商志、周志以及周任史佚等先民之言论，许多已为后来哲学问题，引起端绪。大抵人类进化到某水平线以上，自然会想到'宇宙是什么？''人生所为何来？''政治应该怎么样？'……种种问题，自然会有他的推论，有他的主张，这便是哲学根核。"③ 胡适尚且要求从社会背景角度解释哲学的起源，而梁启超则推出了"哲学自然论"，即哲学是自然起源的，没有社会史的背景，这种观点，实际上反而不如胡适了。梁启超又说："应时救弊，自然不失为学说发生之一种动机。但若说舍此别无动机，那却把学术的门庭太看窄了，为活动而活动，为真理而求真理，确是人

---

① 梁启超：《评胡适之〈中国哲学史大纲〉》，《梁启超全集》第15卷，人民大学出版社，2018年，第336页。
② 胡适：《中国哲学史大纲》，上海古籍出版社，1997年，第29页。
③ 梁启超：《评胡适之〈中国哲学史大纲〉》，《梁启超全集》第15卷，人民大学出版社，2018年，第337页。

类固有的良能,哲学这件东西,格外带有'超时间'的意味。"① 梁启超这里所说的"超时间"实际上就是超越经验(具体表现为时间或者历史)的形而上学的"超验主义"(Transcendentalism)。也就是说,梁启超一定程度上把哲学看成超越经验的云端之物,是脱离具体的人类历史的抽象存在,这点与胡适重视经验的实用主义思想确实是有所扞格的。

但是,对于胡适和梁启超的分歧,侯外庐则有更加不同的认识,他既不像胡适那样笼统地描述社会现象,更不像梁启超那样把哲学神秘化,而是主张运用马克思主义从具体的社会构成及其变迁中讨论哲学或者说思想的起源。侯外庐认为《诗经》中的"变风""变雅"需要特别注意:"在厉王以后的西周社会,所谓王道衰微,正是一个历史悲剧。'变风'、'变雅'便说明了变局的矛盾。氏族贵族的组织,显明地成了历史的桎梏。"② 侯外庐认为西周文明的起源有其特殊性:"由于具体历史条件的差异,中西文明起源路径有其区别,具体来讲,西方文明的起源是氏族的解体从而进入国家阶段,而中国则是氏族还没有来得及解体,就以古旧的形式混入了国家当中,形成了早熟的文明起源路径。而这种形式的文明所依据的生产方式就是'亚细亚生产方式',即氏族贵族的土地国有制和国有奴隶相结合的生产方式。"③ 侯外庐认为《诗经》中的"变风""变雅"正是西周这种维新体制的进一步破

---

① 梁启超:《评胡适之〈中国哲学史大纲〉》,《梁启超全集》第15卷,人民大学出版社,2018年,第339页。
② 侯外庐:《中国古代思想学说史》,岳麓书社,2010年,第54页。
③ 程鹏宇:《侯外庐与中国马克思主义史学》,福建教育出版社,2022年,第199页。

坏，表现为氏族贵族旧人的衰落。

不过，侯外庐虽然批评梁启超和胡适的墨学研究，但对他们的学术贡献也予以了肯定，指出了他们在近代墨学的复兴中具有不可忽视的学术地位，侯外庐在叙述晚清民国墨学史时说："晚清研究墨学，颇有文艺复兴之史性，孙诒让、梁任公，皆倡者。逮乎民国，墨学不为异端，汪中之'公然为《墨子》撰序'之斥责，今则不以'公然'研究作奇怪想。如章太炎、梁任公、胡适、钱穆诸氏都有贡献，方授楚所著《墨学源流》一书，除其渲染，澄其历史说明，可资参考。前人研究诸子，仁者见仁，智者见智，至今未有满意的著作。"① 这种观点也并非仅仅局限于墨学研究，在谈到惠施的研究时，侯外庐说："至如章太炎、刘师培、章士钊、胡适之、梁启超、冯友兰、郭鼎堂、唐钺、钱穆、伍非百诸家的著作，在某种程度上，对于我们亦各有参考价值。"② 谈到梁启超对《墨经》的校释成果时，侯外庐赞誉道："梁任公以末字'周'字校改'用'字，甚是。其言曰：'周遍也。仁以周爱为鹄，故言兼相爱。义不必以周利为鹄，故言交相利。《小取篇》云："爱人待周爱人而后为爱人。……乘马不待周乘马然后乘马。……此一周一不周也。"义者其志务欲能善利人而已，利之所及，势固不能周遍。'（《墨经校释》）"③ 又说："盈、梁任公释函义，近似。如《经说上》云：'异处不相盈，

---

① 侯外庐：《中国古代思想学说史》，岳麓书社，2010 年，第 185—186 页。
② 侯外庐、杜守素、纪玄冰：《中国思想通史》卷一，新知书店，1947 年，第 334 页。
③ 侯外庐：《中国古代思想学说史》，岳麓书社，2010 年，第 195 页。

相排,是相外也。'科学上物质性能之相吸相排,即上面盈虚之理。"①

可见,侯外庐并没有彻底否定梁启超和胡适的墨学研究,而是在对学术史发展的评价中给予其应有的地位。这也说明中国马克思主义史学家不是历史虚无主义者,他们是在继承近代史学成果基础之上发展新史学的。

但是,侯外庐重点还是批判了梁启超和胡适的史学,批判就意味着创新与发展,马克思主义中的"批判"是一个非常严肃的辩证法的学术词汇。具体到墨学研究方面,在《中国古典社会史论》中,侯外庐就说:"'仁'在儒家思想中,既不是梁漱溟先生所谓的'软心肠',又不是胡适梁任公二位先生所说的'从二人,同情心',也不是和墨家的兼爱相同(毋宁说相反)。在我看来,它不是'革命的成果',只有拿现代的眼光,根据材料,才能非公式地说明'仁'。"② 侯外庐在《中国古代思想学说史》中又说:"著者对于孔墨无好恶左右袒,欲以古人之真知还诸古史之实际而已。梁任公之前扬墨而抑孔,后扬孔而抑墨,胡适之之偏爱墨学而曲解孔学,……著者认为皆应改正之研究态度。"③ 侯外庐对梁启超和胡适的这种批评首先立足的是历史观的分歧,即唯物史观与唯心史观的分歧。

胡适在学术史上,是以批判儒家成名的,他早年就认为"中国哲学的将来,有赖于从儒学的道德伦理和理性的枷锁中

---

① 侯外庐:《中国古代思想学说史》,岳麓书社,2010年,第197页。
② 侯外庐:《中国古典社会史论》,五十年代出版社,1943年,第150页。
③ 侯外庐:《中国古代思想学说史》,岳麓书社,2010年,第82页。

得到解放",① "中国哲学的未来,似乎大有赖于那些伟大的哲学学派的恢复,这些学派在中国古代一度与儒家学派同时盛行。……就我自己来说,我认为非儒学派的恢复是绝对需要的,因为在这些学派中可望找到移植西方哲学和科学最佳成果的合适土壤"。② 胡适在这里所说的"非儒学派"中,墨学是重要的一个学派:一方面,胡适强调墨学具有所谓的"科学的方法";③ 另一方面,胡适又把墨子打扮成一个资产阶级的实验主义者。④ 这当然是一种反历史的唯心史观的表现。

胡适对待儒学的态度,是两方面的,他实际上把儒学分为"真的好的儒学"和"假的坏的儒学"两种,胡适曾说:

---

① 胡适:《先秦名学史》,《胡适全集》第 5 卷,安徽教育出版社,2003 年,第 11 页。

② 胡适:《先秦名学史》,《胡适全集》第 5 卷,安徽教育出版社,2003 年,第 12 页。

③ 胡适说:"墨家名学的方法,不但可为论辩之用,实有科学的精神,可算得'科学的方法'。试看《墨辩》所记各种科学的议论,可以想见这种科学的方法应用。……看《墨辩》中论光学和力学的诸条,可见墨家学者真能作许多实地试验。这是真正科学的精神,……总而言之,古代哲学的方法论,莫如墨家的完密,墨子的实用主义和三表法,已是极重要的方法论。后来的墨者论'辩'的各法,比墨子更为精密,更为完全。"(《中国古代哲学史》,《胡适全集》第 5 卷,安徽教育出版社,2003 年,第 385—386 页)

④ 胡适说:"墨翟……认为我们的制度,器具和概念并非来自先验的象,而是来自实际的需要。人类制度(这种制度是孔子和墨翟最关心的问题)的起源是由于某些实际的目标或目的,为了实现这些目标或目的,人类制度才被创造出来。因此,为了理解这些事物的意义,就必须问它们要产生什么样的实际效果,它们的实际效果构成了它们的价值,同时也构成了它们的意义。"(《先秦名学史》,《胡适全集》第 5 卷,安徽教育出版社,2003 年,第 76 页)

"有许多人认为我是反孔非儒的。在许多方面,我对那经过长期发展的儒教的批判是很严厉的。但就全体来说,我在我的一切著述上,对孔子和早期的'仲尼之徒'如孟子,都是相当崇敬的。我对十二世纪'新儒学'(Neo-Confucianism)(理学)的开山宗师的朱熹,也是十分崇敬的。我不能说我自己在本质上是反儒的。"[①] 也就是说,孔子、孟子和朱熹是真的好的儒家,其他的是坏的儒家,这显然是一种蒲鲁东式的形而上学的唯心史观,是对历史的歪曲。

梁启超一生思想变化较多,蔡尚思曾将梁启超的主导思想划为新文化运动前后的两期,他说:"如果单从梁启超的主导思想来划分时期的话,那么也可以把他的一生划分为两大时期:大约在一九一五年《新青年》出世、新文化运动与东西文化问题大争论开始以前为第一时期,从此以后则为第二时期。他从第一时期到第二时期,就是由资产阶级改良派倒退到地主阶级复古主义者,似乎也可以说是由资产阶级的尊孔倒退到地主阶级的尊孔。"[②] 梁启超的墨学研究也随着他的思想有所变化。在新文化运动以前,梁启超以资产阶级改良派的立场来反对地主阶级顽固派,因此他"扬墨而抑孔","好《墨子》,诵说其'兼爱''非攻'诸论",[③] 自称是"心

---

① 胡适:《胡适口述自传》,《胡适全集》第 18 卷,安徽教育出版社,2003 年,第 424 页。

② 蔡尚思:《梁启超在政治上学术上和思想上的不同地位——再论梁启超后期的思想体系问题》,《蔡尚思全集》第 6 册,上海古籍出版社,2005 年,第 266—267 页。

③ 梁启超:《清代学术概论》,上海古籍出版社,1998 年,第 84 页。

醉墨学的人",[1] 并且因此"号称'任公',又自命为'兼士'",[2] 歌颂墨学道："今欲救之，厥惟墨学。"[3] 但新文化运动以后的梁启超，放弃了资产阶级的立场，转而成为地主阶级没落思想的拥护者，宣传"东方文化论"，在学术上则"扬孔而抑墨"，梁启超在《先秦政治思想史》中一反早年极度推崇墨学的思想："墨氏兼爱之旨为'虽善而不可用'，不如儒家'老吾老以及人之老，幼吾幼以及人之幼'之说之能切理而餍心也。"[4] 可见其学术的变化完全以主观的思想变化为皈依，体现了他史学的唯心史观色彩。因此，侯外庐对梁启超的"前扬墨而抑孔，后扬孔而抑墨"和胡适的"偏爱墨学而曲解孔学"提出批判，这里就包含了唯物史观对唯心史观的批判性质。侯外庐曾叙述此种区别道："作者认战国为不完全典型的古代显族阶段。希腊思想史便是产生于其以'地域'与'国民'为标准的这样显族社会，因了氏族被货币的凯旋行军所战胜，使土地私有制建立起来，贵贱的标准，以贫富代替了氏族，因而基于这一崭新的社会，产生了国民的新人类，在政治上便出现了古典的民主，希腊文化之鲜花，于是乎盛开。亚细亚的中国古代社会是未能机械地根据希腊罗马社会来比拟的，但我们虽然须了解特殊的合法则性，却

---

[1] 梁启超：《子墨子学说》，《饮冰室合集·饮冰室专集之三十七》，中华书局，1989年，第1页。

[2] 梁启超：《亡友夏穗卿先生》，《饮冰室合集·饮冰室文集之四十四上》，中华书局，1989年，第22页。

[3] 梁启超：《子墨子学说》，《饮冰室合集·饮冰室专集之三十七》，中华书局，1989年，第1页。

[4] 梁启超：《先秦政治思想史》，上海古籍出版社，2014年，第127页。

委实亦要记取一般的合法则性，尤以'生产方法'的构成论以及城市与农村的相互支配论为问题的中心。胡适、梁任公、冯友兰辨论中国古代社会及其思想的相应关系，颇具真理追求的热心，已经划出神话和理性的研究鸿沟，然而关于这一问题则他们有局限，答案是错误了的。反之，我们也反对给诸子划脸谱的唯物论研究者，因为思维过程史有它的具体复杂的关系，仅仅以代表地主或代表工农的一般断语为自明律，是极其有害的轻率研究。"①

在有关墨学的具体观点上，侯外庐与梁启超、胡适也有不少分歧。

1. 关于名家与别墨之关系。关于后期墨家的研究，侯外庐提出了不同于胡适和梁启超把名家看作墨家后学"别墨派"的观点，他说："近人胡适之及梁启超二先生，均以名家的学说，起源于墨子学派，即认惠施、公孙龙等为'别墨派'，实则不然。惠施、公孙龙等诡辩家，与其说是'别墨派'，不如认为是老庄学派的支系，较有根据。所以我们认为诡辩家的论理学说与《墨子》的《经上》《经下》《经说上》《经说下》，及《大取》《小取》等六篇的内容相近似，但后者实为前者的反对命题：我们一方面要把他们的学说同置于论理学的主题以下，而另方面又把两者分别开来，作独立的考察，其理由正在于此。"② 胡适在《中国哲学史大纲》中说："《经》上下，《经说》上下，《大取》、《小取》，六篇。不是墨子的书，也不是墨者记墨子学说的书。我以为这六篇就是《庄子·天下篇》所说的'别墨'做的。这六篇中的学问，决不是墨子

---

① 侯外庐：《中国古代思想学说史》，岳麓书社，2010年，第17页。
② 侯外庐：《中国古代思想学说史》，岳麓书社，2010年，第212页。

时代所能发生的。况且其中所说和惠施公孙龙的话最为接近。惠施、公孙龙的学说差不多全在这六篇里面。所以我以为这六篇是惠施、公孙龙时代的'别墨'做的。"[1] 梁启超并不完全同意胡适的观点，他认为："胡氏以《大取》、《小取》合此四篇，统名《墨辩》，（鲁胜所谓《墨辩》只有《经》上下、《经说》上下四篇，不含《大取》、《小取》。）而断言此六篇皆非墨子作，……胡说非也，《经》上下、《经说》上下、《大取》、《小取》六篇，虽皆多言名学，而诸篇性质各异，不容并为一谈。《大取》、《小取》，既不名经，自是后世墨者所记，断不能因彼篇中有'墨者'之文，而牵及经之真伪，盖彼本在经之范围外也。（胡氏误认六篇同出一人手，此根本致误处。）……胡谓经为惠施、公孙龙之徒所著，殊不知以文体论，《墨经》决非施、龙时代之产物，而实为墨子时代之产物。……施、龙时代之文，则《庄》、《孟》、《国策》其代表也，《墨经》之文，乃与《易·象传》及《春秋》颇相类，此种文体，战国无有也。"[2] 不同于胡适的是，梁启超认为《墨经》不是惠施、公孙龙时代人的著作，但是，惠施、公孙龙确实是所谓的"别墨"，他说："《墨经》与惠施、公孙龙一派学说之关系，最当明辩。施、龙辈确为'别墨'，其学说确从《墨经》衍出，无可疑也。然断不能谓《墨经》为施、龙辈所作。盖施、龙辈所祖述者，不过《墨经》中一小部分，而其

---

[1] 胡适：《中国哲学史大纲》，上海古籍出版社，1997年，第109页。
[2] 梁启超：《墨经校释》，《梁启超全集》第11卷，人民大学出版社，2018年，第7—8页。

说之内容，又颇与经异也。"① 也就是说，惠施、公孙龙等只是墨家后学，但是他们并没有撰写《墨经》。由上文可知，胡适和梁启超的分歧只在于《墨经》的诞生时代，但他们都把惠施、公孙龙看作是墨家后学即所谓"别墨"，这一点是共同的。而在侯外庐看来，惠施、公孙龙的名辩思潮最主要的是当时时代的产物。关于名辩思潮的产生，侯外庐认为："所谓诡辩家或辩者，乃是战国中期出现的哲学者。他们所研究的问题，即事物的'名'（概念），所以又称为'名家'。在战国时代，百家并起，相互攻击，各学派为了在理论的争斗中争取自身的存在与发展，遂相率踏入论理学的研究。所以以诡辩家为始的中国论理学的建立，乃是当时哲学斗争的白热化中的产物。但是，中国这时期的哲学斗争，也和在一切时代及一切国家同样，是真理的追求背后掩蔽着社会历史的残酷性；如果有人认之为单纯的概念戏弄，自然是错误。……此时代的名家，虽与科学（自然科学）认识的发展有全面的直接关系，而由思潮观之，则为惠施、公孙龙等唯心论的诡辩主义。此种诡辩主义的流行，也和庄子的相对主义同样，都是此时代奴隶社会矛盾到达于穷途末路的反映。因为把现实的同异问题返元而为石头与马儿的物体上，不但证明了唯心论的狡猾，而且证明了时代的危机。"② 至于名辩思潮在思想史上的线索，侯外庐在讨论惠施哲学来源时说："关于惠施学说的来源，在《吕氏春秋》的《爱类篇》中，有云：'匡章谓

---

① 梁启超：《墨经校释》，《梁启超全集》第 11 卷，人民大学出版社，2018 年，第 8 页。
② 侯外庐：《中国古代思想学说史》，岳麓书社，2010 年，第 211—212 页。

惠子曰：公之学去尊，今文王齐王，何其到（例）也?'这里所说的'去尊'，与墨子的'尚同'的政治理论，实不相容；而与孟子所说的'杨氏无君'则一致，所谓'无君'与'去尊'，即否定国家。而此乃老子哲学发展的必然归结。"①但是，侯外庐仍然承认名家与别墨确实是一个时代的思潮，因而有其共同点："后期墨学成书，作非一人，写非一时，惟就书中和当时学派的论辩看来，略与孟子、庄子，与诡辩者惠施、公孙龙时代接近。这个时代，儒学放大了孔学，走向宗教性的形而上学，老庄对于孔墨的乐观世界，在现实中碰壁，走向否定历史的'冥冥'观，诡辩者超'存在'而逃避到概念的抽象里，离开人类社会走向石头和马儿的同异说，墨子学派则把墨子的社会易变理论，通约于人类思维的世界。他们中间的共通点，是物质危机，时代是新来的显族社会没有前途，我们认为这是中国的'第三世纪危机'。"②侯外庐认为名家与别墨的区别在于名家"否定感性认识，墨辩者则是认感觉实在，感觉以外者言论甚少，所谓'以名举实'之实，实在者仍是具体的名"。③又说："后期墨学走了概念的世界不是偶然的。然而墨学和其他各派却不能一概而论，中间严有分水岭。放大了的儒学可以发展到'诚'学的理念世界，神的世界，老庄学派可以否定判断的真实，发展到无名浑沌，诡辩学者可以'离坚白，合同异'，在特殊与一般的问题上，作命题游戏，然而后期墨学却没有如此其神秘，既无'大而化之谓圣'，亦无是非两可的'天均'，更无'然不然，

---

① 侯外庐：《中国古代思想学说史》，岳麓书社，2010年，第213页。
② 侯外庐：《中国古代思想学说史》，岳麓书社，2010年，第186页。
③ 侯外庐：《中国古代思想学说史》，岳麓书社，2010年，第186页。

可不可'的立异。反之它相对地走入了名学领域中的科学路线。"① 侯外庐认为墨辩与名辩学派有着明显的区别："墨子所争论的'兼'与'别'二义，以'兼'非儒家之'别'（儒家之类）。庄子在兼别二者间发为'两行'论，诡辩学派则把兼别纳入于命题的同异（个别一般），后期墨家在形式逻辑，承继了墨子传统，得出了归纳法中之思维方法同异论。这个方法论的优良点，即，否定先天的类别，而以客观对象的类别，分析事物，这是墨子'易人'的理论发展。"② 但是，侯外庐并不完全否认墨辩与名辩学派的联系，他指出："墨家……反对了庄子的《齐物论》与惠施的'万物毕同毕异'之说，而主要根据则在类概念之同异。后期墨学基于墨子的传统精神，而修正，而发展者，颇为中国文化的宝贵遗产，但亦有受当时辩风的影响，而在概念与命题方面绕圈子，'以反人为实，以胜人为名'（《庄子·天下篇》），'由辞之道，尽论矣'（《荀子》），故'杀盗非杀人'，'一少于二而多于五'之诸命题亦同时出现。"③ 这说明侯外庐并没有为反对而反对，并非有意与胡适和梁启超立异，并不因为他们把墨辩说成是名辩学派的作品而彻底否定墨辩与名辩学派的关系，而是基于学术求真目的所下的断案，也在客观上承认了胡适和梁启超观点的部分合理性。

2. 侯外庐认为梁启超忽略了墨家思想中的意志力。侯外庐指出："墨家固重知识，而调节感情，已如上言，这里还有

---

① 侯外庐：《中国古代思想学说史》，岳麓书社，2010年，第186—187页。
② 侯外庐：《中国古代思想学说史》，岳麓书社，2010年，第207页。
③ 侯外庐：《中国古代思想学说史》，岳麓书社，2010年，第210页。

一个更重要的意志力,却为学者间所忽略,或未忽略亦误以意志混同于知情,前面我们所举几位研究《墨子》有贡献的学者,大都忽略,或错误,如梁任公云:'儒家言道德多重动机,墨家言道德,多重结果。'此言非是。……原墨子的精神,本厚刚性,'好天下',他曾说劝人兼爱须有志,功虽暂时不得,而有他一个人劝人之志,总比没有一个人有志较善。'志'谓意志,'功'谓结果,故云:'合其志功而观焉。'且非命之论,重在意志,他说'岂可以为命哉,固以为其力也'。力即所谓'强为'的意志。学者间只知墨子之实利结果主张,而不知其'志功合一'之说。"①

3. 侯外庐对梁启超和胡适关于《墨经》中"小故""大故"研究进行了批评。侯外庐不同意梁启超和胡适对《墨经》中"大故"为"小故"集合的解释:"小故即条件(或以佛语释为'缘'),大故似作根据言(或以佛语释为'因')。大故不是小故的总和,梁任公、胡适之的外因解释的殊为谬误;宁是一个决定的条件。凡条件是必要性的,故云:'有之不必然,无之必不然。'例如抗日战争,武器是必要的条件,没有武器必不能抗日,但有了武器而亦不必抗日。凡决定的条件,是基本动因。例如抗日,抗战建国纲领便是一个'大故',所以说'有之必然',有了革命政纲必能抗日。所谓'见之成见'者指实现而言。"② 即"小故"是必要条件,"大故"是充分条件。侯外庐这里批判了胡适的解释:"大故乃各种小故的总数,……各种原因都完全了,自然发生结果。所以说:'大故,有之必然,无之必不然。'譬如人见物须有种种原因,

---

① 侯外庐:《中国古代思想学说史》,岳麓书社,2010年,第192页。
② 侯外庐:《中国古代思想学说史》,岳麓书社,2010年,第205页。

如眼光所见的物，那物的距离，光线、传达光线的媒介物，能领会的心知等等（印度哲学所谓'九缘'是也）。此诸'小故'，合成'大故'，乃可见物。"① 侯外庐所批评的梁启超的解释是："'故'为事物所以然之故，即事物之原因。原因分为两种，总原因，谓之'大故'；分原因，谓之'小故'。例如见之所以能成见，其所需之故甚多：一、须有能见之眼；二、须有所见之物；三、须有传光之媒介物；四、须眼与物之间莫为之障；五、须心识注视此物。此五故者，仅有其一，未必能见；若缺其一，决不能见。故曰：'小故，有之不必然，无之必不然。'盖小故者，分大故之一体也，其性质若尺之有端也。义详次条。合诸小故，则成为大故，得大故则事物成，故曰：'大故，有之必然。'例如前所举五故同时辏会，则'见之成见'也。佛典唯识、俱舍诸论，皆言眼识待八缘而生，可知'见之成见'，其故实繁。《大取》篇云：'夫辞以故生，立辞而不明于其所生，妄也。'《小取》篇云：'以名举实，以辞抒意，以说出故。'《非攻下》篇云：'子未察吾言之类，未明其故也。'彼诸文之'故'，即本条所谓'所得而后成'者也。孟子云：'天下之言性也，则故而已矣。'亦即此'故'字。"② 可见，梁启超和胡适的观点是一致的，都把"大故"看成"小故"的集合。不过，梁启超和胡适都援引了佛学概念，侯外庐在这里也借鉴了佛学概念，可见，侯外庐在批评胡适和梁启超的史学研究时，也在客观上受到了他们

---

① 胡适：《中国哲学史大纲》，上海古籍出版社，1997年，第147—148页。
② 梁启超：《墨经校释》，《梁启超全集》第11卷，人民大学出版社，2018年，第29—30页。

的影响，这一点也是不容否认的。

4. 侯外庐对梁启超早年墨学研究及其学术特色做了批评。侯外庐认为梁启超早年称赞墨学并非出于学术求真的态度，而是出于其特定的维新变法的政治需求，他说："《新民丛报》时代的梁任公，可能说：'杨学亡中国，今欲救之，厥惟学墨，惟无学别墨而学真墨。'（《子墨子学说叙论》）但他在中国北洋军阀混战时代，目击了欧战的物质文明之所谓'危机'，亦可能说精神文明的时代到来，救一下世界，高扬了老子哲学（《先秦政治思想史》中有如此言，原文未记）。梁任公先生如果是战国时代的学者，只怕不是孟学便是庄学，而决不会是谨厚的墨学。"[①] 侯外庐这里对梁启超的评价看似有揶揄之意，但实际上指出了梁启超学术在不同时代的特点。梁启超在 1902 年 2 月创办《新民丛报》于日本横滨，1907 年 11 月停办，他在这个报刊上主要宣传君主立宪和改良主义，反对民主革命。侯外庐认为，在 20 世纪初，欧洲资本主义的危机还没有表现得特别明显，梁启超还是以欧洲资本主义为目标，给中国的未来设计蓝图。因此，他主张学习墨子的精神，因为墨子的精神与近代资产阶级意识形态有一定的可类比性。按照梁启超的说法，墨子最大的两个精神是"实利主义"和"兼爱主义"，即墨子所谓"兼相爱，交相利"。关于前者，梁启超说："利也者，墨子所不讳言也。非直不讳言，且日夕称说之不去口。质而言之，则'利'之一字，实墨子学说全体之纲领也。破除此义，则墨学之中坚遂陷，而其说无一成立，此不可不察也。夫以倡兼爱、尊苦行之墨子，

[①] 侯外庐：《中国古代思想学说史》，岳麓书社，2010 年，第 187 页。

宜若与功利派之哲学最不能相容，而统观全书，乃以此为根本的理想，不可不谓一异象也。"① 关于后者，梁启超指出："墨子恒以爱利并称，而谓兼爱主义为维持社会秩序、增进社会幸福之不二法门，其意不可谓不盛。"② 实际上，等价交换和追求利润是资本主义得以运行的基本准则，而这正好可以和墨子的"兼相爱，交相利"相比附，这就是梁启超高扬墨子学说的真相。但是，第一次世界大战之后，欧洲资本主义社会危机已经彻底暴露出来了，资本主义文明的神圣光环不复存在。这时，梁启超的思想也发生了重大的变化，更加倾向于消极的老子哲学。由于梁启超这种随时而变的学风，所以侯外庐才说他"决不会是谨厚的墨学"。

第三节　侯外庐对梁启超和胡适清代学术史研究的批评

梁启超和胡适都对清代乾嘉时期的汉学评价甚高，但也略有区别，侯外庐把这一点敏感地指出了，他说："任公和适之……虽然认为清代学术全盛时代在乾嘉二朝，但亦有异，任公以考据学为全盛时代的意义，而适之则以东原哲学为其含义。二说尽管不同，而皆误断历史则无异趣。"③ 总之，梁

---

①　梁启超：《子墨子学说》，《梁启超全集》第4卷，人民大学出版社，2018年，第370页。
②　梁启超：《子墨子学说》，《梁启超全集》第4卷，人民大学出版社，2018年，第384—385页。
③　侯外庐：《近代中国思想学说史》上册，生活书店，1947年，第390页。

启超和胡适把清代学术的高潮定位在乾嘉这一点是侯外庐所不能认同的，因为侯外庐对清代学术史的评价，是以启蒙思想为标准的，"在《近代中国思想学说史》中侯外庐最大的贡献，是以'启蒙思想'的发展为线索重新梳理了晚明至近代的中国思想史"。[①] 简单来说，就是侯外庐对清代学者评价的高低，要看其思想的启蒙程度的高低。以这个标准来判断，侯外庐对乾嘉汉学的评价自然是比较低的。

具体来讲，侯外庐对梁启超清学史研究有以下几处批评意见。侯外庐批判了梁启超的"清学文艺复兴说"。早在《论中国学术思想变迁之大势》中，梁启超就把清代学术看成是古学的复兴，他说："要而论之，此二百余年间，总可命为古学复兴时代，特其兴也，渐而非顿耳。然固俨然若一有机体之发达，至今日而葱葱郁郁，有方春之气焉。"[②] 在《清代学术概论》中，梁启超在引述这段话时，把"古学复兴时代"改为了"中国之'文艺复兴时代'"。[③] 这首先是因为《清代学术概论》本是梁启超为蒋方震《欧洲文艺复兴时代史》写作的序言，而比附西学是梁启超学术惯有的特色。诚然，研究历史进行比较无可厚非，但如果仅因现象相似就断其内容相同，则属于机械的做法，相当于因为两个人长相相似就认定其有血缘关系。梁启超用清代学术来比附西方历史上的"文艺复兴"运动，就是因为它们都以"复古"为表现形式

---

① 程鹏宇：《侯外庐与中国马克思主义史学》，福建教育出版社，2022年，第201页。

② 梁启超：《论中国学术思想变迁之大势》，《饮冰室合集·饮冰室文集之七》，中华书局，1989年，第103页。

③ 梁启超：《清代学术概论》，上海古籍出版社，1998年，第1页。

的,他说:"'清代思潮'果何物耶?简单言之:则对于宋明理学之一大反动,而以'复古'为其职志者也。其动机及其内容,皆与欧洲之'文艺复兴'绝相类。"① 在《清代学术概论》中,梁启超还把清代学术史分为"启蒙期""全盛期""蜕分期"和"衰落期"四个阶段,其高潮即所谓"全盛期"则是戴震、惠栋为代表的乾嘉汉学。在《中国近三百年学术史》中,梁启超虽然不再提"中国之'文艺复兴时代'"的概念,但是仍然坚持清代学术的主流是汉学的观点,他说:"这个时代的学术主潮是:厌倦主观的冥想而倾向于客观的考察。无论何方面之学术,都有这样趋势。可惜客观考察多半仍限于纸片上事物,所以它的效用尚未能尽量发挥。此外还有一个支流是:排斥理论,提倡实践。这个支流屡起屡伏,始终未能很占势力。总而言之,这三百年学术界所指向的路,我认为是不错的——是对于从前很有特色而且有进步的,只可惜全部精神未能贯彻。"② 而侯外庐的《近代中国思想学说史》在一定程度上是针对梁启超的《清代学术概论》和《中国近三百年学术史》的,与梁启超的观点不同,侯外庐虽然也曾参考西方"文艺复兴"的概念来论清代学术,但是其定位却在清初,在《中国古代思想学说史》中,侯外庐曾提到:"清初学者的文艺复兴,参看拙著《近世思想史》的详论。"③ 因此,侯外庐认为:"梁云,清学与文艺复兴绝相类,颇有语

---

① 梁启超:《清代学术概论》,上海古籍出版社,1998年,第3页。
② 梁启超:《中国近三百年学术史》,东方出版社,2004年,第1—2页。
③ 侯外庐:《中国古代思想学说史》,岳麓书社,2010年,第99页。

病。"① 因为梁启超的"清学文艺复兴说"只是看到了中西历史发展的表面相似性，并没有说明其历史的内涵。侯外庐则进一步指出了清代学者"文艺复兴"的原因，他说："我们在清初学者间除船山外常逢到'复古制'之说，梁任公先生谓之'复古即解放'，颇以文艺复兴的观点来比拟，命题虽不正确，但已接近真实。原西洋宗教革命时代，改革者是与神秘说不可分离的，而性质程度在前述三派中虽有区别，但上帝的解释自由，则为他们中间的共同特点。例如代表平民反对派的孟彩尔（真正的近代市民革命领袖），'在基督教形式的大衣之下，传布一种泛神论，这种泛神论酷似近代的思维方法'。清初学者的复古说，亦有区别，但他们的三代观念确是具有近代的思维方法，与十六世纪以来的泛神论价值相当。明白了这一点，梨洲所称三代圣王的道理便易晓然，他是披着古代帝王的服装，而说着近代人的要求，启蒙学者亦只能如此；而表里如一的思维方法，则是工业革命以后的历史。"② 侯外庐文中的引文是恩格斯《德国农民战争》中对闵采尔思想的评价，所对应的较全的通行译文是："他的神学—哲学理论不仅攻击天主教的一切主要论点，而且也攻击整个基督教的一切主要论点。他利用基督教形式宣讲一种泛神论，这种泛神论同近代的思辨观点有着惊人的相似之处，有些地方甚至已经接近无神论。他既否认圣经是唯一的启示，也否认圣经是无误的启示。照他看来，真正的、生动活泼的启示

---

① 侯外庐：《近代中国思想学说史》上册，生活书店，1947年，第18页。
② 侯外庐：《近代中国思想学说史》上册，生活书店，1947年，第110页。

是理性,这种启示曾经存在于一切时代和一切民族之中,而且现在依然存在。他认为,如果把圣经同理性对立起来,那就意味着以经文扼杀圣灵。因为圣经所宣讲的圣灵并不是我们身外的存在物,圣灵本来就是理性。信仰无非是理性在人身上的复苏,因此非基督徒同样可以有信仰。通过这种信仰,通过这种复苏的理性,人人可以有神性,人人可以升入天堂。因此天堂并不是什么彼岸世界的事物,天堂必须在此生中寻找,信徒的使命就是要把天堂即天国在人世间建立起来。"①结合恩格斯的论述,我们可以知道侯外庐对顾炎武、黄宗羲等明末清初思想家的认识是披着古代文化外衣的近代启蒙思想。

　　基于启蒙思想的评价标准,侯外庐还批评了梁启超对阎若璩的过分推崇。由于梁启超只是看重汉学的考据方法,所以他把阎若璩的《尚书古文疏证》评价得很高,认为这是"思想界之一大解放":"《尚书古文疏证》,专辨东晋晚出之《古文尚书》十六篇,及同时出现之孔安国《尚书传》皆为伪书也。此书之伪,自宋朱熹、元吴澄以来,既有疑之者;顾虽积疑,然有所惮而莫敢断;自若璩此书出而谳乃定。夫辨十数篇之伪书,则何关轻重?殊不知此伪书者,千余年来,举国学子人人习之,七八岁便都上口,心目中恒视为神圣不可侵犯;历代帝王,经筵日讲,临轩发策,咸所依据尊尚。毅然悍然辞而辟之,非天下之大勇,固不能矣。自汉武帝表章六艺、罢黜百家以来,国人之对于六经,只许征引,只许解释,不许批评研究。韩愈所谓'曾经圣人手,议论安敢

---

　　① 恩格斯:《德国农民战争》,《马克思恩格斯文集》第2卷,人民出版社,2009年,第247页。

到?'若对于经文之一字一句稍涉疑议,便自觉陷于'非圣无法',蹙然不自安于其良心,非特畏法网、惮清议而已。凡事物之含有宗教性者,例不许作为学问上研究之问题。一作为问题,其神圣之地位固已摇动矣!今不唯成为问题而已,而研究之结果,乃知畴昔所共奉为神圣者,其中一部分实粪土也,则人心之受刺激起惊愕而生变化,宜何如者?盖自兹以往,而一切经文,皆可以成为研究之问题矣。再进一步,而一切经义,皆可以为研究之问题矣。以旧学家眼光观之,直可指为人心世道之忧。——当时毛奇龄著《古文尚书冤词》以难阎,自比于抑洪水驱猛兽。光绪间有洪良品者,犹著书数十万言,欲翻阎案,意亦同此。——以吾侪今日之眼光观之,则诚思想界之一大解放。"① 侯外庐则批评了梁启超的这种观点,他认为是否信《伪古文尚书》不是主要问题,关键是看有没有新的世界观。侯外庐把阎若璩和颜元做了一个比较,阎若璩不信《伪古文尚书》但没有新的世界观,而颜元虽然信《伪古文尚书》但却有新的世界观,因此,侯外庐认为颜元在清代思想史上的地位要高于阎若璩。他指出:"任公先生很高扬阎百诗的《古文尚书疏证》,认为他把古文《尚书》证成伪书,有如否认上帝的价值。按宋以来所怀疑的古文《尚书》,有时代的研究意义,但这意义甚狭,不能代表了整个新世界,故在百诗的世界观上是不能如此恭维,而且历史亦没有这样简捷明快,一来就能把上帝否定了,而是有讽刺时代的曲线的。反之,习斋信古文《尚书》,然这不妨碍他对于旧世界的讽刺,与其新世界观的提出,习斋所谓'伪亦

---

① 梁启超:《清代学术概论》,上海古籍出版社,1998年,第13—14页。

无妨'。若仅限于这个狭隘问题，则今文《尚书》中《大诰》以前者亦秦汉之伪，亦犹是旧世界的根据，习斋所谓：'今与之辨书册之真否，著述之当否，是彼为有弊之程朱，而我为无弊之程朱耳，不几揭衣而笑裸，抱薪而救火乎！'这不是说习斋轻视辨伪是对的，而是说他更说到一个中心——棘手的问题，即什么是我们的世界。"① 那么，什么是颜元的新世界呢？实际上就是近代资本主义社会。侯外庐指出："他的新世界是一个近代式专门分工的事物界，而反乎把一切知识技艺附庸于空虚教条的虚灵界。"② 所谓"近代式专门分工的事物界"显然指的是资本主义的世界，正如马克思所说："工场手工业分工却完全是资本主义生产方式的独特创造。"③ 相比之下，侯外庐认为阎若璩是专门汉学的开山之祖，是清初大儒精神的萎缩，他说："百诗为顾、黄的后进，自他起，清儒才真正进入考据之狭路中。"④ 侯外庐对阎若璩的评价与梁启超对阎若璩的评价是迥异的，这就体现了他们对清代学术思想史的不同认识。

与梁启超一样，胡适也非常推崇清代汉学，但是胡适对清代学术史的研究，重在推行他的实验主义哲学，他甚至把清代汉学说成是实验主义的表现。具体到思想家，胡适对戴

---

① 侯外庐：《近代中国思想学说史》上册，生活书店，1947年，第216页。
② 侯外庐：《近代中国思想学说史》上册，生活书店，1947年，第217页。
③ 马克思：《资本论》第一卷，《马克思恩格斯文集》第5卷，人民出版社，2009年，第416页。
④ 侯外庐：《近代中国思想学说史》上册，生活书店，1947年，第356页。

震哲学十分推崇。在胡适看来，戴震哲学是"清朝学术全盛时代的哲学……从历史上看来，可说是宋明理学的根本革命，也可以说是新理学的建设，——哲学的中兴"。[①] 但是，侯外庐认为，胡适这种观点是五四时代浪漫色彩的反映，并不符合历史实际，清代哲学的建设者是清初大儒而非乾嘉时期的汉学家戴震，侯外庐指出："适之的研究精神，犹带'五四'时代的色彩，例如'五四'时代关于孔子的学术，是从'打孔家店'入手，这一以浪漫主义为基调的精神，是具有光辉的价值，然而在学术意义上讲起来，则不能折服历史的研究者的心，适之提倡东原，主观上亦承此余绪，含有'打理学家'的色彩（当时有东方文化与西方文化之争），故他在有意与无意之间，可能曲解了学术史的本来面目。他最错误的地方，是抹杀清初学者在哲学方面的建设，而把清代哲学的大本营的元帅选举为戴东原。因此，他把清初学者认为破坏者，在建设方面则仅为趋势，到了戴东原才成功了一种'新哲学'。"[②] 又说："东原哲学，就不是'新哲学的建设'或'哲学的中兴'，而仅仅是在有限范围内清初哲学的继承。"[③] 而且，由于戴震哲学囿于所谓"由词以明道"的方法论，受文字形式的束缚，"没有'发展'的观点，没有实践的观点，没

[①] 胡适：《戴东原的哲学》，《胡适全集》第6卷，安徽教育出版社，2003年，第396页。

[②] 侯外庐：《近代中国思想学说史》上册，生活书店，1947年，第387—388页。

[③] 侯外庐：《近代中国思想学说史》上册，生活书店，1947年，第389页。

有历史前途的勇敢追寻精神"。① 因此，侯外庐指出："适之……的论断，显然非历史的，而是主观上编制的。"② 侯外庐批判了胡适的戴学观后，总结评价了戴震的历史地位，他说："东原所谓'人等于我'的社会哲学思想是近代的议题，亦是一位汉学家最特色的地方，但他的思想却没有成熟。严格言之，在这一点他是在清初大儒以后复活了十七世纪人文主义的绪统，开启了十九世纪的一线曙光，他的历史价值颇为光彩（胡适之则据形式逻辑把这一点批评得不值一笑了），和当时文学范围内的小说运动（如《儒林外史》、《镜花缘》）相为辐射，他哲学家的范畴和小说家的典型都不是个人的，而是社会的。然而，我们要记住，东原哲学不是清代哲学的建设者。"③

尽管批判了梁启超和胡适推崇汉学的观点，侯外庐仍然承认了汉学有一定的学术意义，他说："东原继承明末以来天文、数学、地理诸学的研究，在学术修养上确有科学的精神渗注于其研究态度，这种态度影响于汉学家之整理古籍，亦至不鲜。"④ 但侯外庐又同时指出了这种"科学方法"的局限性，他说："大部分汉学家，因为没有将来社会的信仰，在结论上还是被古道所桎梏的，换言之，在古籍的狭小天地中只

---

① 侯外庐：《近代中国思想学说史》上册，生活书店，1947年，第389页。

② 侯外庐：《近代中国思想学说史》上册，生活书店，1947年，第388页。

③ 侯外庐：《近代中国思想学说史》上册，生活书店，1947年，第418页。

④ 侯外庐：《近代中国思想学说史》上册，生活书店，1947年，第370页。

有科学态度的冷静,而没有科学态度的热力,这热力是要超出于古籍而进入于物质世界与光明社会的。"① 因此,侯外庐指出:"乾嘉汉学(在这里或称'朴学'),是有科学精神的要素,而不是代表科学方法,该是首先应加了解的。"② 而侯外庐本人也发扬了朴学的合理成分,将之融入马克思主义史学的方法体系中。③

总之,侯外庐认为,梁启超和胡适把清代学术的全盛时代定位在乾嘉时期是错误的,清代学术真正的精神是清初大儒的启蒙思想,汉学家仅仅是极小限度地发展了清初传统的余绪。侯外庐指出:"清代的哲学也好,一般的学术也好,我们认为十七世纪的成就,是伟大的,并非清代中叶十八世纪的准备基础,反之,乾嘉时代的哲学却不是清代学术的全盛期,而仅仅是清初传统的余绪(极小限度发展),这一点,任公、适之都把历史颠倒了。"④

此外,梁启超和胡适在解释清代学术史时,都表达了他们的一套相近的历史观,这一点也受到了侯外庐的批评。梁启超在《清代学术概论》中根据佛教的"生、住、异、灭"循环论的唯心史观来解释清代学术史,这种观点在形式上看似具有辩证法的因素,但本质上是形而上学的观念论,与具

---

① 侯外庐:《近代中国思想学说史》上册,生活书店,1947年,第371页。

② 侯外庐:《近代中国思想学说史》上册,生活书店,1947年,第372页。

③ 李勇:《直面批评而矢志坚守:侯外庐史学的朴学传统》,《历史教学问题》,2023年第5期。

④ 侯外庐:《近代中国思想学说史》上册,生活书店,1947年,第389页。

体历史之间存在着难以逾越的鸿沟。侯外庐指出:"第十七世纪清初学者的反理学潮流,实在不是如梁任公所谓'生、住、异、灭'的循环论,……这是建设—破坏—再建设之均衡理论,不能规定思想过程'质'的发展史。"① 而胡适则根据实验主义哲学家詹姆士的"'心软''心硬'性格交替论"的唯心史观,创造出"高明与沉潜二种性格的交替史论"② 来解释从宋明到清代的学术史,胡适在《费经虞与费密》一文中说:"我们分中行、高明、沉潜三种性质,颇似近世詹姆士(James)说的哲学家有'心硬''心软'两大区别。高明一派,费氏谓近于刚,其实乃是詹姆士所谓'心软'的一派。沉潜一派,费氏谓近于柔,其实乃是'心硬'的一派。心软,故富于理想,而易为想像力所诱惑;自趋于高明,而易陷于空虚。心硬,故重视事实,重视效果;虽不废想像,而步步脚踏实地;然其魄力小者,易堕入拘迂,易陷于支离琐碎。"③ 又说:"这是二程当近世哲学开幕时期对于中国当日思想界下的诊断。他们深知当日最大的病根是那'高明'病,……然而自他们以后,……结果还只是一种……玄学。这是什么缘故呢?原来两宋时代高明之病太深,病根入骨,不易拔去。……高明的病菌弥漫在空气里,凡要呼吸的人,

---

① 侯外庐:《近代中国思想学说史》上册,生活书店,1947年,第240页。
② 侯外庐:《近代中国思想学说史》上册,生活书店,1947年,第240页。
③ 胡适:《费经虞与费密》,《胡适全集》第2卷,安徽教育出版社,2003年,第90页。

多少总得吸一点进去；沉潜的抵抗力强的人，也不能完全避免。"[1] 而侯外庐则指出："胡氏此论，是思维发展史的横的人性还元，而不是纵的历史说明。这是不合思想史的，宋明二代亦有沉潜之士，为什么不能完全避免高明？清初学者甚多高明性格的人如王船山与傅青主其显著者，何以反对高明的玄学？其实连詹姆士这一人性的分类，亦属机械的类概念，哲学家是有时代的条件，虽极端的一种性格亦不能违背时代而自由提出问题，正如在理学空气中，性格强者亦不能避免玄学（如王安石），在清初反理学思潮中性格软者亦且重因求实。"[2] 侯外庐这一观点，有力地反驳了胡适从思想家个人性格出发评判思想史的唯心主义循环论。

梁启超和胡适的循环史观在形式上有些差异，所要解释的对象也略有不同。梁启超解释的是清代学术内部的变化，胡适解释的是宋明到清代的学术史变化。但在本质上，这些历史观都是唯心主义的循环史观，即只是把思想史、学术史看成是脱离历史本身的孤立的运动物体。这种观点，在后来的学术界中亦有延续，如所谓的"内在理路"的史观——在这一点上，我们就可以清楚地感到侯外庐批判梁启超和胡适

---

[1] 胡适：《费经虞与费密》，《胡适全集》第 2 卷，安徽教育出版社，2003 年，第 92—93 页。

[2] 侯外庐：《近代中国思想学说史》上册，生活书店，1947 年，第 240—241 页。

历史观的现实意义了。[①] 侯外庐晚年评价梁启超的清学史研究

[①] 已故美国学者余英时认为:"在外缘之外,我们还特别要讲到思想史的内在发展。我称之为内在的理路(inner logic),也就是每一个特定的思想传统本身都有一套问题,需要不断地解决,这些问题,有的暂时解决了,有的没有解决,有的当时重要,后来不重要。而且旧问题又衍生新问题,如此流转不已。这中间是有线索条理可寻的。怀特海(A. N. Whitehead)曾说,一部西方哲学史可以看做是柏拉图思想的注脚,其真实含义便在于此。如果我们专从思想史的内在发展着眼,撇开政治、经济及外在因素不问,也可以讲出一套思想史。从宋明理学到清代经学这一阶段的儒学发展史也正可以这样来处理。"而且,余英时的"内在理路"史观是为了反对以侯外庐为代表的马克思主义史学的,余英时在上面这段话之前说道:"让我再讲一个马克思主义的解释。大陆上有些学者如侯外庐提出一个说法,以为继宋明理学之后,清代在思想史上的意义是一种启蒙运动。这是搬的西洋名词Enlightenment。这种'启蒙运动'照他们的阶级分析说,则是代表一种市民阶级的思想。这种说法当然是用马克思的史观来解释清代思想的经济背景,我也不愿意说它完全没有根据。比如说黄宗羲在《明夷待访录·财计篇》中曾反驳世儒'工商为末'之论,并明确提出'工商皆本'的命题。这与传统儒家以农为本的思想大不相同。但如果我们因此就说顾炎武、黄宗羲这几位大师的立说,全是为了代市民阶级争利益而来,恐怕还是难以成立的。"(上述两则材料均见余英时:《清代思想史的一个新解释》,《中国思想传统的现代诠释》,江苏人民出版社,2003年,第158页)余英时的"内在理路"实际上是一种"外在理路",恩格斯曾指出:"任何意识形态一经产生,就同现有的观念材料相结合而发展起来,并对这些材料作进一步的加工;不然,它就不是意识形态了,就是说,它就不是把思想当做独立地发展的、仅仅服从自身规律的独立存在的东西来对待了。人们头脑中发生的这一思想过程,归根到底是由人们的物质生活条件决定的,这一事实,对这些人来说必然是没有意识到的,否则,全部意识形态就完结了。"(《路德维希·费尔巴哈和德国古典哲学的终结》,《马克思恩格斯文集》第4卷,人民出版社,2009年,第309页)可见,意识形态是一种外在于人类物质生产活动的产物,而余英时却把这种外在产物说成是"内在"的,把本来内在的经济生活说成是外在的,真可说是"假作真来真亦假,外作内来内亦外"。从侯外庐对梁启超、胡适唯心史观的批判,再到余英时对侯外庐唯物史观的"逆批判"的过程中,我们可以清楚地看到史学史中不同历史观之间的激烈交锋。

时说:"梁启超的《清代学术概论》和《近三百年中国学术史讲义》,……是用资产阶级的观点方法治学术思想史的,尽管罗列材料,作出论断,但是不能揭露本质,得出科学的结论。……马克思主义的治史要求,在乎详细地占有史料从客观的史实出发,应用历史唯物主义的基本原理和方法,认真地分析研究史料,解决疑难问题,从而得出正确的结论,还历史以本来面目。这种结论,既不是甲乙丙丁的现象罗列,也不是泛泛言之的浮词剩语,而是科学的坚实的结论。对思想史的要求,则在乎对于前人的思想学说,区别精华与糟粕,按其实际作出历史的评价。"① 可见,侯外庐对梁启超及胡适的批判,都是贯穿着马克思主义史学的学术精神的:一方面要详细地占有史料,另一方面要用马克思主义的基本原理和方法分析研究史料。

第四节 侯外庐1955年批判胡适的学术意义

1954年10月16日,毛泽东就《红楼梦》研究问题致信刘少奇、周恩来等党内领导同志,信中说:"驳俞平伯的两篇文章付上,请一阅。这是三十多年以来向所谓《红楼梦》研究权威作家的错误观点的第一次认真的开火。……看样子,这个反对在古典文学领域毒害青年三十余年的胡适派资产阶

---

① 侯外庐:《韧的追求》,张岂之主编:《侯外庐著作与思想研究》第1卷,长春出版社,2016年,第229页。

级唯心论的斗争,也许可以开展起来了。"[1] 由此开启了在新中国建立初年轰轰烈烈的胡适批判运动。

但是,我们要清楚一个事实,马克思主义学者对胡适的批判,绝不是从1954年才开始的。早在社会史论战时期,马克思主义学者就对胡适展开了批判。1933年,陈望道在谈到当时进步学者对胡适的批判时说:"现在好多报章杂志,都在批判胡适,'为什么大家都批判起胡适来了?'青年诸君也许要有这样的疑问罢。这个疑问并不难解答。我们可分作关于批判和关于批判胡适这样两层来说。关于批判自身,我们知道批判是普遍必需的。……像胡适的言论,便是一个模范的例子。胡适言论的毒质,一在于他的思想方法本身,一在于应用那种思想方法在国家社会的问题上。"[2] 周谷城也曾一针见血地指出胡适是一个站在帝国主义立场的"买办学者":"胡博士自始就不承认有帝国主义,老早就具备了买办学者的资格。不过他在办《努力周报》以前,于启蒙工作,尚未抛弃;于拥护帝国主义也不很起劲;买办的原形不十分显露。……自从《努力周报》停刊以后,直到《独立评论》出现之前,胡博士只是怠工的买办,因为他只要国人不怕帝国主义,不打倒帝国主义也。直到最近,他才稍稍努力对帝国主义歌功颂德,替帝国主义策划主谋;一言蔽之,才成为一个努力的买办。……他由怠工的买办,进到努力的买办,站

---

[1] 中共中央党史和文献研究室编,逢先知、冯蕙主编,陈晋、李捷、熊华源、吴正裕、张素华副主编:《毛泽东年谱》第5卷,中央文献出版社,2023年,第297—298页。

[2] 陈望道:《关于胡适批判》,焦扬主编:《陈望道文存全编》第7卷,复旦大学出版社,2021年,第126页。

在帝国主义一边,拼命把麻醉剂给中国青年吃,不值得打击吗?老实说,胡博士只有在今日才值得打击。"① 可以说,马克思主义学者对胡适的批判,是一个在思想领域已经存在了很长时间的现象。1954年开始的大规模的胡适批判运动,实际上已经酝酿了二十多年了,这个运动是有着充分的思想史逻辑的,绝非像某些学者所说的是一场单纯地靠着政治因素掀起的批判运动。当代学者李红岩认为:"胡适的思想,从哲学思想到历史思想,从学术思想到学术方法,整体上与新中国的历史观、历史任务格格不入,确实已经成为一个'阻碍'。要想推动中国向着刚刚起步的社会主义的方向迈进,不搬掉这个'阻碍',是不行的。因此,在政治高层的推动下,学术界普遍参与了这场运动,而在总体上,学者们参加这场运动,思想上是自觉的,是主动投入的。我们没有任何理由低估这场运动在当代中国马克思主义史学思想史上的意义。甚至对海外,它也有一定的影响。"② 1954年后对胡适思想的批判,可以说是中国近代社会史、思想史发展的必然结果,是新中国新文化建设的必然结果,是不以任何人的意志为转移的。

在批判胡适运动中,侯外庐撰写了两篇长文,即《揭露美帝国主义奴才胡适的反动面貌》③ 和《从对待哲学遗产的

---

① 周谷城:《买办学者胡适博士》,《正理报》,1933年第2期。按:原文标题"买办"作"卖办",本文改正。

② 于沛主编,李红岩著:《马克思主义史学思想史》第4卷,中国社会科学出版社,2015年,第89页。

③ 原载《新建设》1955年第2期,后又收入《胡适思想批判》第3辑(生活·读书·新知三联书店,1955年)。

观点方法和立场批判胡适怎样涂抹和诬蔑中国哲学史》[①]。1956年,侯外庐将这两篇文章合在一起作为单行本出版,书名为《揭露美帝国主义奴才胡适的反动政治面貌》(湖北人民出版社,1956年),在本书扉页的"内容提要"中,侯外庐写道:"本书包括专文两篇。第一篇系统地揭露美帝国主义奴才胡适从辛亥革命前后到我国第三次国内革命战争时期的反动政治面貌;第二篇严正地批判了胡适对待我国哲学遗产中的唯心主义的观点、反科学的方法和反动的立场。"

侯外庐的《揭露美帝国主义奴才胡适的反动面貌》可读性与史料性都很强,至今仍然有较高的参考价值。1965年5月9日,吴宓在日记中评侯外庐《揭露美帝国主义奴才胡适的反动面貌》道:"上下午,读侯外庐撰《揭露美帝国主义奴才胡适的反动面貌》一文,叙述胡适家世、性行及其多年之政治活动甚详,皆宓夙所未知。此文载于重庆文联编之《胡适反动思想批判》一书中,不知宓何以未曾注意。"[②] 吴宓之所以说侯外庐的这篇文章"叙述胡适家世、性行及其多年之政治活动甚详,皆宓夙所未知",主要是因为侯外庐利用了胡适的一些罕见资料。当代学者谢泳谈到侯外庐的这篇文章时说:"《胡适思想批判参考资料》的具体编辑时间是从1955年2月至1955年5月,大体是胡适批判运动高潮期间完成的。这套资料在当时是最完整的收集胡适集外文的文献,可以看成是一本胡适集外文集,与原单行本合读,已略具全集规模。

---

① 原载《哲学研究》1955第2期,后又收入三联书店编辑的《胡适思想批判论文选集》(生活·读书·新知三联书店,1959年)。
② 吴宓:《吴宓日记续编》第7册(1965—1966),生活·读书·新知三联书店,2006年,第112—113页。

因为基本保留著作原貌,所以虽是'供批判'使用的材料,但却意外获得了文献价值。因为这套资料中有一部分材料直接来源于胡适的档案,所以编者对原文(主要是日记和书信)的释读工作也具有学术价值。1949年以后,无论中国大陆还是港台,当时都还没有一套如此完整的胡适作品集。由于这套资料编辑的时间在胡适思想批判运动的后期,所以在当时所有写作批判胡适文章的学者中,只有时在中国科学院历史研究所二所任职的侯外庐全面使用过胡适档案。他的长文《揭露美帝国主义奴才胡适的反动面貌》的注释中,标明他大量使用了当时存放在北京大学图书馆中的胡适档案。"[1]

侯外庐在《揭露美帝国主义奴才胡适的反动面貌》中,把胡适的经历分为五个部分,即"少年时代""留美时期""五四前后到大革命时期""十年内战时期"以及"抗日战争和解放战争时期",通过胡适留在大陆的日记、书信等第一手档案资料,结合胡适公开发表的论著以及侯外庐个人的亲身经历,详实地论述了胡适政治思想的发展历程,以确凿的证据揭示了胡适臣服于美帝国主义的买办思想和敌视中国革命的反动政治思想,最后指出:"胡适的一贯反动的政治思想,充分地体现了美帝国主义的和中国封建主义的政治文化的反动同盟。在这个反动同盟的完整体系上产生了他的寓反'赤化'(反革命)于'只有美国物质文明才能救济'(卖国)的最反动的策略。在中国新民主主义的革命过程中,胡适所企图'造的灵迹',就必然遭到中国人民民主革命的列车辗轧得粉碎!中国人民站起来了;胡适这个美帝国主义所豢养的亲

---

[1] 谢泳:《胡适思想批判运动的起源》,《当代学人精品:谢泳卷》,广东人民出版社,2017年,第136—137页。

女儿，也就如他在青年时期所说'大归'了！"①

侯外庐的这篇《揭露美帝国主义奴才胡适的反动面貌》史料翔实，文字生动且不乏幽默之处，不啻为一部生动的《胡适传》，甚至对批判当代"公知"、新自由主义、历史虚无主义等都有很重要的参考价值。但是，囿于学术界长期以来存在的学术偏见，不愿意承认胡适批判运动的学术价值，将之泛政治化，因此在当代研究胡适的学术著作中，很难看到侯外庐研究胡适的这篇长文。

《揭露美帝国主义奴才胡适的反动面貌》针对的主要是胡适的政治思想，而同年发表的《从对待哲学遗产的观点方法和立场批判胡适怎样涂抹和诬蔑中国哲学史》则是对胡适学术思想的批判，从史学批评的角度来说，第二篇文章比第一篇文章的作用更重要，而第一篇文章是第二篇文章的基础，是理解第二篇文章的钥匙。

侯外庐对胡适研究中国哲学史的态度进行了批判，他说："胡适在人类思维的这一定义里所玩弄的许多名词，不过是'经验'一概念的异名的重叠，还是他所说的哲学家们给人们所开的'药方'的别名。因而他的中国哲学史只是寻找一些人生态度，即用大量篇幅所讲的所谓'人生哲学'，只是编排某些人的政治主张即所谓'政治哲学'以及一些考据方法而已。"② 这种研究态度与马克思主义史学是截然对立的，马克思主义史学主张从具体的社会生产方式及其社会形态出发，

---

① 侯外庐：《揭露美帝国主义奴才胡适的反动面貌》，《新建设》，1955年第2期，第26页。

② 侯外庐：《从对待哲学遗产的观点方法和立场批判胡适怎样涂抹和诬蔑中国哲学史》，《哲学研究》，1955年第2期，第94页。

科学地研究思想史（包括哲学史）发展的历史依据，反对乡愿主义的趋时。因此，侯外庐进一步指出："胡适又怎样追随杜威的'评判的标准'来对待哲学史和中国哲学史呢？他既然把哲学看成是依据主观经验的方法对人生问题（信仰）做辩护的工具，那么他就胆敢下这样荒谬的定义：'把历史上解决人生问题的种种研究方法，种种解决方法，依年代和学派一一记录下来，就是哲学史。'（《中国哲学史大纲》）不难看出，哲学史在胡适的魔术之下，是离开历史现实的发展而由个人主观方法任意所提出的一堆心理的产物。"[①] 侯外庐这就指出了胡适哲学史研究的唯心主义本质：一方面胡适认为历史上的哲学的诞生是哲学家主观的产物，另一方面胡适自己的哲学史研究也就成为他主观哲学的表现形式。胡适这种哲学史研究方式在侯外庐看来就是一种颠倒黑白："这种反科学的观点就是把依照历史规律而形成发展的思想'变'成个人天才的救世方案，把代表一定阶级的思维活动'变'成个人家世遗传的产物，把唯物论'变'成时髦的唯心论，把唯心论更加'变'成宗教的僧侣哲学，歪曲进步的思想，抬高反动的思想，一句话，把红色的'变'成绿色的，黑色的'变'成白色的。"[②]

在此基础上，侯外庐指出了胡适对待中国哲学遗产的历史虚无主义错误态度："他所持的态度总括起来说，如他所夸张的，叫做什么'打鬼''捉妖'的态度，他既然硬说中国民

[①] 侯外庐：《从对待哲学遗产的观点方法和立场批判胡适怎样涂抹和诬蔑中国哲学史》，《哲学研究》，1955年第2期，第95页。

[②] 侯外庐：《从对待哲学遗产的观点方法和立场批判胡适怎样涂抹和诬蔑中国哲学史》，《哲学研究》，1955年第2期，第95页。

族文化是些吃人迷人害人的'病菌',是些鬼怪东西,那么,他对待中国哲学史也就要如帝国主义的汉学家,寻找中国哲学史中的病菌鬼怪去了。他按照他的主观意图随意的改变哲学史的真实,如他说的,'化黑暗为光明,化神奇为臭腐,化玄妙为平常,化神圣为凡庸',而'重新估定一切价值'。他也和杜威一样,披着好像'改造'家的外衣,宣言要在中国哲学史上'逢佛杀佛、逢祖杀祖、逢罗汉杀罗汉'。中国思想家都要经过他的所谓'最后一刀',改变本来面貌,于是乎中国历史人物变成鬼怪,中国历史变成鬼怪世界的产物。这就是他用实用主义所'改造'的记录法。依他说中国哲学史上他所指出的'鬼怪'如果打捉不清,那么美国资本主义的文明是输入不进来的。"[1] 侯外庐这就指出了胡适对待哲学遗产的历史虚无主义以及民族自卑主义,这都与崇洋媚外的买办资产阶级的投降主义是分不开的。侯外庐的这段论述,在当代激烈的文化冲突中,显得更为振聋发聩,仍然具有特殊的时代意义。

侯外庐在本文中不仅在反面批判了胡适哲学史研究的错误态度和观点,还在正面提出了对待祖国历史文化遗产的正确态度,他说:"每一个民族的文化传统,都既有维护人民利益和推进历史前进的民主性的精华,又有维持压迫者利益阻碍历史发展的反动性的糟粕。中国历史和其他民族的历史一样,也贯串着进步的文化和反动文化的斗争。因此,我们对待文化的传统,如毛泽东同志所指出的,就不能'无批判地兼收并蓄',必须全面估计文化发展的多方面的历史因素,既

---

[1] 侯外庐:《从对待哲学遗产的观点方法和立场批判胡适怎样涂抹和诬蔑中国哲学史》,《哲学研究》,1955年第2期,第95—96页。

反对那种唯我独尊的国粹主义以至民族孤立的沙文主义,也反对那种民族自卑的虚无主义以至为殖民政策所服务的世界主义。"① 侯外庐的这一观点是马克思主义史学对待传统文化的正确态度,与历史虚无主义者全盘抹杀中国文化的优秀传统、疯狂为西方殖民主义摇旗呐喊的行径截然不同。经过七十年的历史洗涤后,侯外庐的这一观点更加发人深省,在新时代史学发展中尤其具有深刻的指导意义。

总之,侯外庐的《揭露美帝国主义奴才胡适的反动面貌》和《从对待哲学遗产的观点方法和立场批判胡适怎样涂抹和诬蔑中国哲学史》这两篇论文,分别从政治思想和学术思想两个方面对胡适进行了比较全面的批判,经纬交叉,相互发明,至今仍然不失为研究胡适思想的重要参考文献。

---

① 侯外庐:《从对待哲学遗产的观点方法和立场批判胡适怎样涂抹和诬蔑中国哲学史》,《哲学研究》,1955 年第 2 期,第 110 页。

第五章　侯外庐对钱穆史学的批评

侯外庐与钱穆（1895—1990）都是在中国近代史学史上具有深远影响力的历史学家。从年龄上看，钱穆生于1895年，侯外庐生于1903年，钱穆年长侯外庐8岁；从学术成名时间看，钱穆的成名作是1930年发表的《刘向歆父子年谱》，侯外庐早年从事《资本论》的翻译和经济学研究，在史学上的成名作则是1943年出版的《中国古典社会史论》；从研究方向上看，钱穆和侯外庐都是以中国思想史为其主要研究方向。按照常理，钱穆的史学成果对于侯外庐来说，是一个必须直接面对的"研究现状"，侯外庐不可能在著作中不提及钱穆，但是目前流行的侯外庐著作中却很难看到钱穆的身影。这是因为在1954年后，侯外庐对其旧作进行了修订和改编：《中国古典社会史论》在1948年增订为《中国古代社会史》（三联书店），1955年在人民出版社出了修订版，改为《中国古代社会史论》，从此《中国古典社会史论》和《中国古代社会史》皆不再流行；《中国古代思想学说史》于1944年由重庆文风书局出版，1946年重印，1950年由国际文化服务社出版了修正版，但这三个版本实际上只是一个版本，内容没有任何区别，1950年的所谓"修正版"只是增加了一个勘误表，并没有任何实质性的修订，这本书直到1998年才由辽宁教育出版社重新整理出版，所以《中国古代思想学说史》事实上也成为一部历史性的著作了；《中国思想通史》在新中国成立前后出版过一个只写到魏晋南北朝的两卷三册本，可以称之为《中国思想通史》（初版），1956—1957年侯外庐将之修订为新的《中国思想通史》的前三卷，《中国思想通史》（初版）随后便基本被学术史遗忘；《近代中国思想学说史》的情况更为复杂，1944年侯外庐在重庆三友书店出版了《中国近世思想学说史》，1947年侯外庐仅仅将其篇目略加调整，题目改为《近代中国思想学说史》，而内容没有任何变化，在生活书店出版，1956年侯外庐将其中的鸦片战争前部分修订为《中国早期启蒙思想史》，在人民出版社出版，后收录于《中国思想通史》作为第五卷，剩余部分则在侯外庐去世后于1993年由其学生黄宣民校订后在人民出版社出版，题目定为《中国近代启蒙思想史》，而完整的《近代中国思想学说史》直到2014年才在三联书店重新整理出版，可以说也是一部长期湮没在学术史发展中的著作。

新中国成立后，钱穆逃亡香港，继续从事反共、反新中国的文化活动，导致其在大陆学界的身份十分敏感。因此，侯外庐在上述修订旧作的过程中将涉及钱穆史学之处大多删去，仅保留极个别的批判文字。而由于这些修订著作在新中国史学界的流行，致使侯外庐和钱穆的史学关联被隐去，成为近代史学史发展中的一个断点。本书则从侯外庐著作的民国版本出发，力图钩沉出侯外庐对钱穆史学成果吸收与批评的史实，从而阐释马克思主义史学和非马克思主义史学的内在关联。

第一节 "历史研究"与"文化阐释"：钱穆学术的分期与定位

钱穆以儒学尤其是宋明理学为主旨的学术体系与蒋介石的政治思想一致，[①] 尤其是1942年接受蒋介石的召见后，钱穆在政治上甚至人格上都追随蒋介石。在解放战争后期，毛泽东曾指出："为了侵略的必要，帝国主义给中国造成了数百万区别于旧式文人或士大夫的新式的大小知识分子。对于这些人，帝国主义及其走狗中国的反动政府只能控制其中的一部分人，到了后来，只能控制其中的极少数人，例如胡适、傅斯年、钱穆之类，其他都不能控制了，他们走到了它的反面。"[②] 钱穆追随蒋介石到台湾后更是对蒋介石极尽阿谀奉承之能事，称其是"吾国历史人物中最具贞德之一人"。[③] 因此，钱穆在政治上无可取之处，固不待言。

但是，我们在分析钱穆史学之时，不能仅仅以其亲国民党的政治立场为标准，而是应该客观地分析其史学成就，尤

[①] 陈勇：《学者与领袖的互动：抗战时期的钱穆与蒋介石》，《湖南科技学院学报》，2019年第4期。

[②] 毛泽东：《丢掉幻想，准备斗争》，《毛泽东选集》第4卷，人民出版社，1991年，第1485页。

[③] 钱穆：《总统蒋公八秩华诞祝寿文》，《中国学术思想论丛》（十），《钱宾四先生全集》第23卷，台北联经出版事业公司，1998年，第44页。

其是分析其对中国马克思主义史学的影响。因为中国马克思主义史学作为新兴的史学流派，批判和继承之前学者的学术成就，是其能够成为中国现代史学"主径"的重要原因之一。

钱穆的学术思想可以分为前后两个阶段，他本人对自己学术变迁的认识也是很明确的。钱穆晚年在《湖上闲思录·再跋》中曾自述其学术思想的变迁："余自对日抗战期间，在云南宜良写成《国史大纲》一书以后，自念全部中国史中之大纲大节，已在书中揭举。……余之兴趣，遂从历史逐渐转移到文化问题上。……历史限于事实，可以专就本己，真相即明。而文化则寓有价值观，必双方比较，乃知得失。余在成都始写《中国文化史导论》一书，此为余对自己学问有意开新之发端。"[1] 钱穆在《纪念张晓峰吾友》一文中也说："余自《国史大纲》以前所为，乃属历史性论文。仅为古人伸冤，作不平鸣，如是而已。此后造论著书，多属文化性，提倡复兴中国文化，或作中西文化比较，其开始转机，则当自为《思想与时代》撰文始，此下遂有《中国文化史导论》一书，……是则余一人生平学问思想，先后转捩一大要点所在，……余前半生所言可谓属于历史性方面，皆有历史可证。此下属于文化性方面诸论文，则证明当在后世。"[2] 可见，钱穆认为自己的学术自《国史大纲》以前为"历史研究"阶段，而自《中国文化史导论》之后为"文化阐释"阶段，这个变化的时间在《国史大纲》出版的1940年左右。

---

[1] 钱穆：《湖上闲思录·再跋》，《钱宾四先生全集》第39卷，台北联经出版事业公司，1998年，第11页。

[2] 钱穆：《八十忆双亲师友杂忆合刊》，《钱宾四先生全集》第51卷，台北联经出版事业公司，1998年，第412—413页。

不过，钱穆自认为"文化阐释"是高于"历史研究"的，是"历史研究"的升华。李方桂曾对钱穆下过一个非常有趣的评语，他说："他搞的历史研究与我们不同，我们或多或少是根据史实搞历史研究。……他搞的是哲学，他是从哲学观点来谈论历史，因而跟我们搞的大不相同。"[1] 李方桂所说的钱穆"从哲学观点来谈论历史"的倾向在1940年以后表现尤为明显，因为钱穆始终把文化放在历史之上。

关于钱穆学术的这种两面性，杨翼骧曾说："学术著作中影响大的有《先秦诸子系年考辨》、《中国近三百年学术史》、《国史大纲》等等，其中《先秦诸子系年考辨》具有很高的学术价值。……但他40年代发表的政治论文，大多有利于国民党的统治，有反对共产主义思想的倾向，在当时，这样以学者身分为国民党政权帮腔的人并不很多，有较大的不良影响。"[2] 少时亲炙钱穆的李敖在钱穆去世后评价他道："一、钱穆在古典方面的朴学成就，大体上很有成绩，当然也闹大笑话。例如他考证孙武和孙膑为同一个人，并以此成名。但1972年山东临沂银雀山的古墓'孙子'出土，证明了孙武是孙武、孙膑是孙膑，证明了所谓朴学，不过乃尔！二、钱穆的史学是反动派的史学。他在《国史大纲》开宗明义，说一国之国民'对其本国已往历史略有所知者，尤必附随一种对其本国已往历史之温情与敬意'。'至少不会对其本国已往历史抱一种偏激的虚无主义，即视本国已往历史为无一点有价

---

[1] 李方桂：《李方桂先生口述史》，《李方桂全集》第13卷，清华大学出版社，2008年，第62页。

[2] 杨翼骧：《说中国近代的史学》，《学忍堂文集》，中华书局，2002年，第433页。

值,亦无一处足以使彼满意。'事实上,真正的历史家是不可以这样感情用事的。钱穆的史学却是搅成一团的产品,他似乎对'本国已往历史'太'满意'了,结果做了太多太多的曲解与巧辩。今天《中国时报》登'论民国以来史学,无出钱先生之右者'(龚鹏程语),全是胡说。民国以来的史学家,在解释上,高过钱穆的太多了。钱穆的老师吕思勉就出其右。老师前进,学生落伍,只有钱穆那种自成一家的迂腐,才有此怪现象!"[1]李敖对钱穆的批评,直接点到其代表作《国史大纲》,事实上也是如此,钱穆以《国史大纲》为其第一阶段即"历史研究"的殿军,实际上此书已开启下一阶段的特色,即不再以"历史研究"为目的,而是追求"文化阐释"。钱穆的学生余英时说他是"一生为故国招魂",虽是溢美之词,但却也符合实际——"故"(历史研究)与"魂"(文化阐释)是把握钱穆学术的两个基本路径,只不过钱穆想要把"故国之魂"附在"新国之躯"上,便是迂腐之论了。

虽然钱穆对自己学术变迁的叙述是比较符合实际的,但我们要指出的是,钱穆学术的这两个阶段有着本质的区别,而这种区别并非仅仅是他自述的"历史研究"和"文化阐释"的方向性区别。已故当代史家林甘泉曾说:"史学从记述、实证到诠释,是一个认识不断深入和提高的过程。记述和实证可以复原历史过程的某些现象,但历史的本质、价值和规律只能通过诠释才能得到说明。历史的诠释反映了一个史学家的历史观,所谓唯心史观和唯物史观的对立,通常就是在历

---

[1] 李敖:《我最难忘的一位学者——为钱穆定位》,《李敖大全集》第4卷,中国友谊出版公司,2010年,第307—308页。

史认识的这个层次上表现出来的。"① 钱穆前期的"历史研究"主要集中在"实证"领域，颇有传统朴学的特色，在历史考证学方面取得了比较重要的成就；而后期所谓的"文化阐释"阶段，则是主要地进入了"诠释"领域，而他所谓的"诠释"更主要的是在思想上祭出文化保守主义的旗帜，对中国历史文化的黑暗面多有回护之处，因此被闻一多称作是"最冥顽的讳疾忌医派"，②尤其是钱穆把蒋介石当作文化意义上的圣君，美化国民党的统治，攻击中国共产党及其领袖，这个阶段中他的学术成就是有限的。因此，对于钱穆史学的评价，应该从这两个方面去着手。自然，孤立地评价任何一方面都是不科学的，例如，钱穆前期的考证也因为受到其儒家教条的影响，有很多不实之处，而1940年以后的研究也并非完全没有学术价值，尤其是他在朱子学方面的研究至今仍然有一定的参考意义。但是，对于钱穆不同阶段的学术特色，我们在研究史学史时应该有所把握。

那么，侯外庐对钱穆的态度是怎样的呢？显然，作为中国共产党党员、中国马克思主义史学主要奠基人的侯外庐，与钱穆在政治和思想方面是截然对立的，钱穆可以说是侯外庐在学术上的主要论敌之一。侯外庐主编《中国思想通史》的目的之一就是"要以科学性取胜钱穆、冯友兰等的著

---

① 林甘泉：《我仍然信仰唯物史观》，萧黎主编：《我的史学观》，广东人民出版社，1997年，第102页。
② 闻一多：《关于儒道土匪》，《闻一多文集：散文·杂文卷》，群言出版社，2014年，第123页。

作"。① 侯外庐晚年回忆 20 世纪 40 年代中国思想学术界的情况时说："随着形势的发展，国民党反动派愈热衷于思想史上沉滓的利用，以售其欺蔽。在中国本位文化谬说的鼓倡之下，他们崇王阳明立诚之教，倡'复兴礼学'等等，喧嚣鼓噪，洋洋盈耳。究其实际，乃在堵塞马克思主义占领思想学术阵地的通道。于是屠刀禁令之外，书报检查之余，认为贞下起元，标榜新理学以应帝王者有之。自诩'于古今学术略有所窥，其得力最深者莫如宋明儒'，'自问薄有一得，莫匪宋明儒之所赐'者亦有之。"② 所谓"贞下起元，标榜新理学以应帝王者有之"指的是冯友兰的《贞元六书》、"新理学"哲学体系以及《新世训》中的"应帝王"篇。而"于古今学术略有所窥，其得力最深者莫如宋明儒"，"自问薄有一得，莫匪宋明儒之所赐"指的就是钱穆，这句话出自钱穆的《宋明理学概述》，③ 而这本书是钱穆在香港写成，并于 1953 年在台湾出版的。可见，即使是钱穆离开了大陆，侯外庐对其学术还是比较关注的。不过，侯外庐这里虽然用的是钱穆 50 年代的著作，但也能够代表钱穆在 40 年代的思想，因为毕竟按照钱穆的自述，自 1940 年《国史大纲》之后，他就进入了"文化阐释"阶段，而且这是他认为的学术升华。但按照马克思主义史学的看法，这恰恰是钱穆学术庸俗化的表现。但是，

---

① 侯外庐：《韧的追求》，张岂之主编：《侯外庐著作与思想研究》第 1 卷，长春出版社，2016 年，第 146 页。
② 侯外庐：《韧的追求》，张岂之主编：《侯外庐著作与思想研究》第 1 卷，长春出版社，2016 年，第 208—209 页。
③ 钱穆：《宋明理学概述·序》，《钱宾四先生全集》第 9 卷，台北联经出版事业公司，1998 年，第 8 页。

这并不代表侯外庐不重视钱穆的史学成果，恰恰相反，对钱穆史学成果的批判性吸收是侯外庐早年史学工作的一个重要方面。

恩格斯在写作《德国农民战争》时，利用了唯心主义史学家戚美尔曼的《伟大农民战争通史》中的大量史料，[①] 并明确指出："(《德国农民战争》——笔者注)并不奢望提供独立研讨过的材料。相反，关于农民起义和托马斯·闵采尔的全部材料，都是从戚美尔曼那里借用的。他那部书虽然有些缺点，但仍然不失为一部最好的真实的史料汇编。"[②] 在下文中我们将会看到，侯外庐也批判地吸收了钱穆在史料考证上的许多成果，这种态度，与恩格斯对待戚美尔曼的态度是完全一致的，是马克思主义史学对待非马克思主义史学的正确态度。正如列宁所说："马克思学说是人类在19世纪所创造的优秀成果——德国的哲学、英国的政治经济学和法国的社会主义的当然继承者。"[③] 而德国古典哲学、英国古典政治经济学和法国空想社会主义在本质上都是唯心主义文化形态，在历史观上都是唯心史观，这样看来，马克思和恩格斯恰恰是读着唯心史观的著作完成了唯物史观的构建。可见，一本唯物史观史学著作的创作，可以参考和借鉴唯心史观史学著

---

① 威廉·戚美尔曼（1807—1878），德国资产阶级进步历史学家、诗人，1841—1843年出版了史学名著《伟大农民战争通史》（三卷本），今译《伟大的德国农民战争》，北京编译社译，李逵六总校，商务印书馆，1982年。

② 恩格斯：《德国农民战争》，《马克思恩格斯文集》第2卷，人民出版社，2009年，第203页。

③ 列宁：《马克思主义的三个来源和三个组成部分》，《列宁选集》第2卷，人民出版社，2012年，第309—310页。

作的成果，这之间不但没有任何矛盾，而且是完全符合学术史发展规律的。本书所述侯外庐批判地吸收钱穆史学成果的案例只是中国马克思主义史学发展过程中的一个缩影，但我们可以由此管中窥豹，认识到中国马克思主义史学海纳百川的学术气魄。

《韩非子》中有一个家喻户晓的故事"买椟还珠"，事实上，钱穆史学也有"椟"和"珠"的分别。钱穆所谓的"文化阐释"看似高深莫测，实则只是"薰以桂椒，缀以珠玉，饰以玫瑰，辑以翡翠"的"木兰之柜"，迂腐甚至反动，在实践中并没有多大价值。在人民解放军响彻云霄的冲锋号下，钱穆只能躲在太湖边上掩耳"闲思"便说明了这一点。钱穆的《湖上闲思录》写于 1948 年春，而早在 1947 年 6 月 30 日，刘邓大军强渡黄河，发起了鲁西南战役，标志着解放战争进入了战略进攻阶段，此后国民党军节节败退。1947 年 12 月 25 日，毛泽东指出："中国人民解放军已经在中国这一块土地上扭转了美国帝国主义及其走狗蒋介石匪帮的反革命车轮，使之走向覆灭的道路，推进了自己的革命车轮，使之走向胜利的道路。这是一个历史的转折点。这是蒋介石的二十年反革命统治由发展到消灭的转折点。这是一百多年以来帝国主义在中国的统治由发展到消灭的转折点。"[①] 1948 年春，中国历史的走向已成定局，这就是钱穆在太湖上"闲思"的历史背景。而当他"闲思"完毕后，迎来的却是更加轰轰烈烈的"三大战役"。因此，从某种程度上说，相较于"批判的武器"，钱穆的文化理想更像是被"武器的批判"所批判的。

---

① 毛泽东：《目前形势和我们的任务》，《毛泽东选集》第 4 卷，人民出版社，1991 年，第 1244 页。

不过，钱穆早期的"历史研究"却在史料考证方面取得了重要的成就，为他所鄙夷的马克思主义史学的发展提供了助力——这是一个他始料不及的历史悖论。

侯外庐对待钱穆史学的方法论，恰恰表明了马克思主义史学何以能够最终成为中国现代史学"主径"的一种学术性格，即吸取其他史学流派的优点而摒弃其缺点，从而在学术"进化"的过程中脱颖而出。这一学术精神在当代史学思想纷呈的环境中更值得我们学习和继承。海纳百川、去粗取精，仍然是建设当代中国马克思主义史学学科体系、学术体系、话语体系的重要精神。

第二节　侯外庐《中国古典社会史论》对钱穆史学成果的吸收与批评

钱穆早年在中国古代史方面做了很多史料考证性的工作，代表作有《刘向歆父子年谱》（1930）、《国学概论》（1931）、《先秦诸子系年考辨》（1935）等。这一时期，侯外庐主要从事《资本论》的翻译和经济学研究，但在1934年以后也逐渐涉足史学。在1940年这个关键的年份，钱穆出版了他自述"历史研究"阶段的集大成著作《国史大纲》，而侯外庐则刚开始撰写其成名作《中国古典社会史论》，正式开始了对中国古代史的研究。此时，钱穆的史学成果成为侯外庐研究中国古代史时的重要参考，夯实了侯外庐史学的史料基础。《中国古典社会史论》虽然以社会史研究为主要内容，但也兼及思想史研究，尤其是先秦诸子问题。因此，在《中国古典社会史论》中，侯外庐吸收了钱穆《先秦诸子系年考辨》的相关考证成果。

1. 孔子弟子作宰情况

侯外庐在论述西周时期生产者的特征时认为"其游离之性如牛群羊群，大夫必为宰以治之（钱穆氏曾统计孔门弟子之作宰者）"，① 在论述周代自由民的时候，侯外庐又说："周代有'士'的一级，在西周为武士，在春秋则为邑宰，据钱穆氏计算，孔子的弟子作宰者：原思——宰，闵子骞——费宰，子游——武城宰，冉求——季氏宰，子羔——费宰，仲弓——季氏宰，子夏——莒父宰，子路——季氏宰，樊迟——冉求右。"② 侯外庐这里关于孔子弟子作宰的表述，源于钱穆《先秦诸子系年考辨》第二十九"孔子弟子通考"中的考证："孔子曰：'天下无行，多为家臣，仕于都，唯季次未尝仕。'其见于《列传》者，冉求为季氏宰。仲由为季氏宰，又为蒲大夫，为孔悝之邑宰。宰我为临淄大夫。端木赐常相鲁卫。子游为武城宰。子贱为单父宰。高柴为费郈宰。其见于《论语》者，原思为孔氏宰。子夏为莒父宰。可以见孔门之多为家臣。"③ 不过，"闵子骞——费宰"为侯外庐的误读，事实上钱穆并不认为闵子骞做过费宰，他说："时居费者乃公山不狃，闵子何尝为费宰？"④

---

① 侯外庐：《中国古典社会史论》，五十年代出版社，1943年，第96页。
② 侯外庐：《中国古典社会史论》，五十年代出版社，1943年，第112页。
③ 钱穆：《先秦诸子系年考辨》，商务印书馆，1935年，第76—77页。
④ 钱穆：《先秦诸子系年考辨》，商务印书馆，1935年，第76页。

2. 稷下学派成员

侯外庐在讨论中国古代贵族官学向平民私学的转变时，关注到了稷下学派的问题，并且引述了钱穆对稷下学派的考证："据钱穆先生考证，稷下先生，见于书者有淳于髡，孟柯（?），彭蒙，宋钘，尹文，慎到，接子，季真，田骈，环渊，王计，儿说，荀况，邹衍，邹奭，田巴，鲁仲连。"① 这个考证出自钱穆《先秦诸子系年考辨》第七十五"稷下通考"中，钱穆比较详细地统计了17名稷下学派的成员，对其国籍和年代都做了研究，并且列有一篇"稷下学士名表"。② 侯外庐所述的这17位稷下学者，就出自这个表格，不过"王计"为"王斗"（出自《战国策》）之误，但这个错误在侯外庐此后著作的版本中一直没有改正。

3.《左传》作者考证的质疑

侯外庐对钱穆的个别考证也有质疑，如他认为战国时代的政治家与春秋时代的政治家不同，他们不是开明的而是革新的，代表人物就是商鞅和吴起，因此他认为钱穆《左传》吴起作的观点不正确："吴起（钱穆先生谓《左传》成于吴起，非也。起之思想根本与《左传》相违）是一个战国时代扬弃了管仲子产的政治家。他舍身与楚国公族为难，越过了'惠人'阶段而走向'不别亲疏，不殊贵贱，一断于法，亲亲

---

① 侯外庐：《中国古典社会史论》，五十年代出版社，1943年，第139页。
② 钱穆：《先秦诸子系年考辨》，商务印书馆，1935年，第217—218页。

尊尊之恩绝'（太史公）的'刻薄寡恩'阶段。"① 侯外庐所述钱穆观点见于《先秦诸子系年考辨》第六十七"吴起传左氏春秋考"中，钱穆认为《左传》成于吴起，《左氏春秋》中的"左氏"指的是吴起的籍贯卫国"左氏"，② 他后来在《中国史学名著》中也说："《左传》或许和吴起有些关系。"③ 但是，钱穆的考证都只是从历史记载的枝叶中梳理，并没有把吴起的改革思想和《左传》的思想倾向联系起来论证。侯外庐则认为《左传》还是以孔子、子产、管仲等人代表的维护旧秩序下的改良思想为主，与吴起的彻底推翻旧制度的变法思想相左。

第三节 侯外庐《中国古代思想学说史》对钱穆史学成果的吸收与批评

《中国古代思想学说史》是侯外庐以社会史研究为基础而进行思想史研究的第一部系统性著作，他写作此书时参考了钱穆的《国学概论》《先秦诸子系年考辨》等书，具体有如下几处：

1. 六经在孔子之前

侯外庐在论述六经早在孔子之前就产生时说："《庄子·

---

① 侯外庐：《中国古典社会史论》，五十年代出版社，1943年，第132页。按：这段话又见于《中国古代思想学说史》，文风书局，1946年，第288页。
② 钱穆：《先秦诸子系年考辨》，商务印书馆，1935年，第179页。
③ 钱穆：《中国史学名著》，星星出版社，1972年，第41页。

天运篇》虽有'丘治《诗》《书》《礼》《易》《春秋》六经'之语,据钱穆先生云:'是谓六经先孔子有,虽《春秋》亦非孔子作也。以《易》与《诗》《书》《礼》《乐》并称,亦出秦火后阴阳家言。'(《国学概论》)'六经'之名乃王莽时所立,'平帝时,莽奏立《乐经》,随立六经祭酒'。(《汉书王莽传》)"① 此处考证出自钱穆的《国学概论》第一章"孔子与六经":"今以称简册,则亦汉人之说。其明称'六经'者,一见庄周书,后成于王莽。《庄子·天运篇》:'孔子谓老聃曰:丘治《诗》《书》《礼》《易》《春秋》六经,自以为久矣,孰知其故矣。'是谓'六经'先孔子有,虽《春秋》亦非孔子作也。以《易》与《诗》《书》《礼》《乐》并称,亦出秦火后阴阳家言。《汉书·王莽传》:'平帝时,莽奏立《乐经》,随立六经祭酒。'"②

2. 孔子无五十学《易》之说

侯外庐论述孔子和《易》的关系时说:"《论语》……'加我数年,五十以学《易》,可以无大过矣。'……《鲁论》作'加我数年以学,亦可以无大过矣'。钱穆氏亦断孔子无五十学《易》之说。"③ 侯外庐此处所引用的观点出自钱穆《国学概论》:"五十以学《易》,古论作'易',《鲁论》作'亦',连下读。比观文义,《鲁论》为胜。则孔子无五十学《易》之说也。"④

---

① 侯外庐:《中国古代思想学说史》,文风书局,1946年,第4页。
② 钱穆:《国学概论》,商务印书馆,1931年,第27页。
③ 侯外庐:《中国古代思想学说史》,文风书局,1946年,第5—6页。
④ 钱穆:《国学概论》,商务印书馆,1931年,第5页。

3. 诗书别类

侯外庐在论述"诗书"问题时，认为"诗书"并不是特指传世的《诗经》和《尚书》这两部文献，而是古代对两类文献的统称，他明确指出这一认识源自钱穆的观点："作者同意钱穆氏的诗，书别类之说。"① 并且引用了钱穆在《国学概论》里的原文，不过略有删减，考钱穆原文则为："《诗》《书》者，古人书籍之两大别也。不曰《诗》《书》，即曰'礼乐'。《诗》《书》言其体，'礼乐'言其用。《书》即'礼'也，《诗》即'乐'也。《诗》之为乐易明，《书》之为礼难晓。盖礼有先例之礼，有成文之礼。先例之礼，本于历史，《春秋》《世》《语》《故志》《训典》之类是也。成文之礼，本乎制度，《礼》《令》之类是也。而后王本朝之制度法令，亦即先王前朝之先例旧贯也。盖昔人尊古笃旧，成法遗制，世守勿替，即谓之'礼'。舍礼外无法令，舍礼外无历史。'史'、'礼'、'法'之三者，古人则一以视之也。"② 可见，侯外庐和钱穆一样不同意康有为等人"六经皆孔子作"的观点，事实上，钱穆和侯外庐的观点更接近于章学诚的六经皆史论，所谓"诗书"只是两类史料的统称，并非《诗经》和《尚书》这两部文献，更非两部私家著作。

4. 周礼与孔子学说

侯外庐在论述"礼"作为孔子的社会观是"对于西周制度的正义心"时，引述了钱穆关于礼是贵族生活方式的观点："钱穆说：'孔子生当东周之衰，贵族阶级犹未尽坏，其时所资学者则惟礼耳，礼者，要言之，则当时贵族阶级一切生活

---

① 侯外庐：《中国古代思想学说史》，文风书局，1946年，第8页。
② 钱穆：《国学概论》，商务印书馆，1931年，第21—22页。

之方式也，故云治国以礼。'"① 侯外庐所引用的钱穆这段话出自《国学概论》中对诸子百家不出于王官的论述，钱穆认为诸子之学不出于王官，但可以说是"王官之学衰而诸子兴"，② 孔子之学兴起的原因就在于其学到了西周贵族的礼。虽然这一点与侯外庐的观点事实上是不一致的，但是钱穆关于礼是西周贵族生活方式的观点却得到了侯外庐的认可。因此，侯外庐在引用钱穆论述的时候，并没有引用前面的"王官之学衰而诸子兴"，可见侯外庐对钱穆史学的吸收是有选择性的。

5.《老子》成书年代

侯外庐在论述春秋时代官学向私学转变时探讨了《老子》的时代问题，引述了各家对《老子》成书年代的怀疑，他说："钱穆以《老子》思想议论为晚世战国之遗绪为疑。"③ 钱穆这句话出自其《国学概论》，原文为："（老子）思想议论，实出战国晚世。大要在于反奢侈，归真朴，承墨翟、许行、庄周之遗绪，深言奢侈之有害无益。"④ 侯外庐在论述战国时代国民阶级活动的历史时又说："战国中叶的社会，旧死与新活皆苦，旧的还在抑制活的，而活的也不是孔墨的理想境地。见于《老子》书中的社会现象，颇有这样新旧为苦的语句。新的活动的国民，如：'大道甚夷，而民好径。朝甚除，田甚芜，仓甚虚，服文彩，带利剑，厌饮食，财货有余，是谓盗

---

① 侯外庐：《中国古代思想学说史》，文风书局，1946年，第126页。
② 钱穆：《国学概论》，商务印书馆，1931年，第34页。
③ 侯外庐：《中国古代思想学说史》，文风书局，1946年，第9页。
④ 钱穆：《国学概论》，商务印书馆，1931年，第53页。

夸。'（钱穆氏云，这是战国游士食客之现象）"[1] 侯外庐这里所引述的钱穆观点出自其《再论老子成书年代》[2] 一文："老子言民间之多欲则曰：'大道甚夷，而民好径。朝甚除，田甚芜，仓甚虚，服文彩，带利剑，厌饮食，财货有余；是谓盗夸，非道也哉！'夫曰朝甚除而田甚芜，则是在朝者尚贤好智，故在野者弃耕耘而谋仕宦。故除于朝则芜于野。服文彩，带利剑，厌饮食，财货有余，此辈皆来自田间；故曰野甚芜而仓甚虚。凡此亦战国晚期游士食客之风既盛，乃有之耳。"[3] 侯外庐基本上认可钱穆对老子这段话的解读。事实上，侯外庐与钱穆虽然历史观有别，但在老子问题上都主张《老子》成书于战国时期，他们在这个问题上都持"《老子》晚出论"。

6. 孟子年代

侯外庐在论述孟子生平之时，引述了钱穆对孟子年代的考证，他说："《孟子》一书，非出其本人手，故其著作年代难以考定。《孟氏谱》所定孟子生卒年代颇有问题。钱穆氏大体断其生年最早在周安王十三年，最晚在安王二十年，至其

---

[1] 侯外庐：《中国古代思想学说史》，文风书局，1946年，第162—163页。

[2] 《再论老子成书年代》最初发表于北京大学哲学系编的《哲学论丛》（北平著者书店，1933年）中；1935年，钱穆将其收入自己的《老子辨》（大华书局，1935年）中；1938年，罗根泽收入其所编的《古史辨》第6册（上海开明书店）之中；1957年，钱穆又将其收入其《庄老通辨》（香港新亚书院研究所）中。

[3] 钱穆：《再论老子成书年代》，《老子辨》，大华书局，1935年，第69页。

卒年，更未易测知，他享年甚高，然八十四岁之说则未可信。"① 侯外庐此处对钱穆孟子年代考证成果的引用，出自其《先秦诸子系年考辨》，在第六十三"孟子生年考"中，钱穆说："余考齐宣王梁惠王世次，《史》《策》既多误。诸家据以论孟子，则宜其治丝而益紊矣。今既于齐梁宋滕诸国世系年代，一一重为厘定，而孟子游仕先后，亦详加审核。参伍错综，斟酌情事，而定孟子生年，最早当在安王之十三年，最晚当在安王二十年。"② 而侯外庐所说的"《孟氏谱》所定孟子生卒年代颇有问题"则当指钱穆此条考证以驳《孟氏谱》入手，且谓："惟《谱》记生平既不足信，则其记卒年及寿数，未必尽可信。"③ 钱穆并没有在孟子卒年及其寿数上做文章，只是断定了其生年的时间段，这一做法是比较可信的。而侯外庐引用钱穆的考证成果，也证明其无意于考证孟子卒年和寿数，只要大致通过生年确定其活动的历史范围即可，双方在这一点上的认识是一致的。

7. 古文字演变规律

侯外庐在论述"古文"问题时说："许文以下言小篆、隶书成于秦，古文由此绝，据钱穆氏考，六国时已有小篆、隶书，李斯不过整理当时字体，乃改编，非改造。这一说法，是合于语言文字的发达史，一代文字的转变是经长时间的孳乳，并不是一个伟人制造的。"④ 此处观点出自《国学概论》，钱穆认为晚周便有古文和今文的区别，他说："盖晚周之际，

---

① 侯外庐：《中国古代思想学说史》，文风书局，1946年，第206页。
② 钱穆：《先秦诸子系年考辨》，商务印书馆，1935年，第173页。
③ 钱穆：《先秦诸子系年考辨》，商务印书馆，1935年，第172页。
④ 侯外庐：《中国古代思想学说史》，文风书局，1946年，第17页。

通行文字，本有二别。一为古文，即宣王以下东周相传之文字也。一为今文，则六国以来新兴之文字也。盖简策之用既广，文字之变日繁，其日就孳乳而渐处于简易，固非人力之所能制也。"① 钱穆又根据郦道元《水经注》、王应麟《困学纪闻》中的相关记载认为六国时已经有了小篆和隶书，秦统一后对当时已经流行的文字进行了统一规范："逮秦并天下，李斯作《仓颉篇》，赵高作《爰历篇》，胡毋敬作《博学篇》，其书亦取当时用字，编纂章句，以便习诵，于当时字体，特有所整理去取，以改编字书，非改造字体也。"②

第四节　侯外庐主编《中国思想通史》（初版）第一卷对钱穆史学成果的吸收

《中国思想通史》（初版）③ 第一卷作者为侯外庐、杜国庠（杜守素）和赵纪彬（纪玄冰），而侯外庐事实上负主编责任。书中撰写初稿的分工不同，但钱穆史学的影响仍然存在其中，可见以侯外庐为核心的《中国思想通史》作者群对钱穆史学的成绩仍然是重视的。

1. 延续《中国古代思想学说史》中所引钱穆对孟子生年

---

① 钱穆：《国学概论》，商务印书馆，1931年，第74—75页。
② 钱穆：《国学概论》，商务印书馆，1931年，第75页。
③ 本书所述为新中国成立前撰写的两卷三册本《中国思想通史》，为区别后出的五卷六册本《中国思想通史》，特将之称为《中国思想通史》（初版）。关于《中国思想通史》成书过程的考证，详见笔者所著《侯外庐与中国马克思主义史学》（福建教育出版社，2022年）第六、七、八章。

的考证

《中国思想通史》（初版）指出："孟子一书，非出其本人之手，故其著作年代难以考定。梁任公断为'公孙丑万章之徒所编定'（见《要籍解题》），亦多推理之辞，无直接正面实据。《孟氏谱》所定孟子生卒年代颇有问题。钱穆氏大体断其生年最早在周安王十三年，最晚在安王二十年，至其卒年，更未易测知，他享年甚高，然八十四岁之说则未必可信。"[①]这段文字与上文侯外庐《中国古代思想学说史》中讨论孟子年代的文字大致相同，唯一不同处只是增加了对梁启超观点的批评，此处钱穆观点的出处已见于上文。

2. 孔门弟子后辈别立宗派

《中国思想通史》（初版）在论述孔子后学思想时说："据钱穆考辨，孔门弟子有前后辈之别，前辈者问学于孔子去鲁之先，计有子路、冉有、宰我、子贡、颜渊、闵子骞、冉伯牛、仲弓、原宪、子羔、公西华等十一人；后辈者从游于孔子返鲁之后，计有子游、子夏、子张、曾子、有若、樊迟、漆雕开、澹台灭明等八人。大抵前辈浑厚朴实，其淡于仕进者蕴而为德行，极之为具体而微；后辈则有棱角，务声华，其不博文学者矫而为玮奇，极之而别立宗派（见《先秦诸子系年》页七五至七六）。今按《韩非子·显学篇》'儒分为八'之说，其可考者如子张氏之儒，漆雕氏之儒，皆在后辈；《荀子·非十二子》篇所斥子张氏之贱儒，子夏氏之贱儒，子游氏之贱儒，亦在后辈。所以钱氏以'别立宗派'专属孔门后

---

① 侯外庐、杜守素、纪玄冰：《中国思想通史》卷一，新知书店，1947年，第298页。

辈，可谓于古有据的论断。"①《中国思想通史》（初版）所引钱穆考证出自《先秦诸子系年考辨》第二十九"孔子弟子通考"："余考孔门弟子，盖有前后辈之别。前辈者，问学于孔子去鲁之先，后辈则从游于孔子返鲁之后。如子路，冉有，宰我，子贡，颜渊，闵子骞，冉伯牛，仲弓，原宪，子羔，公西华，则孔门之前辈也。游，夏，子张，曾子，有若，樊迟，漆雕开，澹台灭明，则孔门之后辈也。虽同列孔子之门，而前后风尚，已有不同。由，求，予，赐志在从政，游，夏，有，曾，乃攻文学，前辈则致力于事功，后辈则研精于礼乐。"②又说："大抵先进浑厚，后进则有棱角。先进朴实，后进则务声华。先进极之为具体而微，后进则别立宗派。先进之淡于仕进者，蕴而为德行。后进之不博文学者，矫而为瑰奇。此又孔门弟子前后辈之不同，而可以观世风之转变，学术之迁移者也。"③

3. 儿说与公孙龙的学术渊源

《中国思想通史》（初版）引述了钱穆对儿说的考证："所谓'白马'之说，《韩非子》曾云：'儿说，宋人；善辩者也。持白马非马也，服齐稷下之辩者。乘白马而过关，则顾白（'白'字疑衍）马之赋。'（《外储说左上》）。儿说的确实生卒年代，已无可考；惟钱穆及伍非百二氏，皆云儿说年辈，系上承惠施，下接公孙龙，公孙龙所持白马论，或得自儿说的启发（见钱穆著《先秦诸子系年》及伍著《公孙龙子发

---

① 侯外庐、杜守素、纪玄冰：《中国思想通史》卷一，新知书店，1947年，第278页。
② 钱穆：《先秦诸子系年考辨》，商务印书馆，1935年，第75页。
③ 钱穆：《先秦诸子系年考辨》，商务印书馆，1935年，第76页。

微》)。是白马之论，亦有师承。"[1] 伍非百的观点出处且勿论，钱穆的观点则出自《先秦诸子系年考辨》第一百三十"宋元王儿说考"："儿说弟子为宋元王解闭，则儿说亦与元王同时，而年不后于元王可知。是时惠施卒逾十年，下距公孙龙说燕尚十五年，儿说年辈，盖在施龙两人间。上承惠施，下接公孙龙。公孙龙白马非马之论，殆自儿说启之。"[2]

第五节　侯外庐《近代中国思想学说史》对钱穆史学成果的吸收与批评

钱穆不仅在先秦学术思想史领域有重要的著作《先秦诸子系年考辨》，在广义的近代思想史中，同样有影响深远的著作《中国近三百年学术史》(1937)。同样的，侯外庐在相应的领域也有代表作《近代中国思想学说史》，而且，钱穆的《中国近三百年学术史》也是侯外庐在写作《近代中国思想学说史》时的重要参考书，此外钱穆的《刘向歆父子年谱》《国学概论》等著作也对侯外庐写作《近代中国思想学说史》产生了一定的影响。

1.《明夷待访录》成书时间

侯外庐肯定了钱穆对《明夷待访录》成书时间的考证，他说："据钱穆先生考，《明夷待访录》成于五十四岁，为梨洲最后政治成绩，五十八岁始兴证人书院，此后即转入理学

---

[1] 侯外庐、杜守素、纪玄冰：《中国思想通史》卷一，新知书店，1947年，第353页。

[2] 钱穆：《先秦诸子系年考辨》，商务印书馆，1935年，第367页。

研究，是也。"① 此处当指钱穆在《中国近三百年学术史》中根据全祖望的跋文得出的观点："《待访录》成于梨洲五十四岁，实为梨洲政治兴味最后之成绩。五十八岁重兴证人书院讲学，此后兴趣，则转入理学方面。"②

2. 黄宗羲与陈确的学术关系

侯外庐肯定了钱穆对黄宗羲给陈确写的墓志铭的考证以及二人学术关系的阐释，他说："梨洲虽然说乾初'于圣学已见头脑，深中诸儒之病'，但亦辩解其'主张太过'，可谓'余技'犹存。据钱穆先生考，梨洲的乾初墓志铭，凡三易其稿，最后一稿已不执己见，而《学案·序》之'工夫所至，即其本体'说，则采纳乾初之学而成。钱氏考证，甚合历史。"③ 钱穆在《中国近三百年学术史》中对黄宗羲给陈确写的三稿进行了对比研究，最终认为："大凡一种学术思想之特起，于其前一时期中，无不可寻得其先存之迹象。而即其特提与重视，已足为别辟一新局面之朕兆矣。故余谓梨洲晚年《学案》一序，所谓'盈天地皆心，心无本体，工夫所至即是本体'云云，不得不谓是一极大转变，又不得不谓其受同时乾初之影响者甚深。"④

3. 采用钱穆提供的罕见史料《求仁录》

由于客观环境的限制，侯外庐在写作《近代中国思想学

---

① 侯外庐：《近代中国思想学说史》上册，生活书店，1947年，第104页。

② 钱穆：《中国近三百年学术史》，商务印书馆，1937年，第33页。

③ 侯外庐：《近代中国思想学说史》上册，生活书店，1947年，第160页。

④ 钱穆：《中国近三百年学术史》，商务印书馆，1937年，第45—46页。

说史》时没有见到潘平格（用微）的著作《求仁录》，因此，其所用材料间接来自钱穆的《中国近三百年学术史》，侯外庐明确指出："(《求仁录》)作者未见，据钱穆氏节录文字，与唐敬楷著《清儒学案小识》慈溪潘先生条引文，要旨亦具。惟《学案小识》一书，殊浅陋，他条未可参考。"① 由于潘平格的著作《求仁录》十分罕见，因此钱穆在《中国近三百年学术史》中专门列有一节"潘用微《求仁录》大意"，他说："《求仁录》凡分十卷。（一辨清学脉上，二辨清学脉下。三致知格物上，四致知格物下。五浑然一体中条理。六孝弟。七读书。八问学。九笃志力行上，十笃志力行下。）其书极少见。第一、第二两卷为全书总纲，兹摘其要旨如次。（以其书少见，故钞摘较详。）"② 钱穆这种公开罕见史料的做法颇为可取，为侯外庐等后来学者的研究提供了便利。

4. 黄宗羲与潘平格的学术关联

侯外庐在比较黄宗羲和潘平格思想时，提出黄宗羲晚年有接近潘平格可能的观点，这里也引用了钱穆的观点："梨洲与用微，做学态度不同，在学术上梨洲晚年思想有变，有与用微接近之可能（参看钱穆著《近三百年学术史》第六五页）。"③ 考钱穆原文观点为："梨洲与定庵、季野书辨潘氏学术，大概亦在康熙八年至十二年前后五年之内，即梨洲六十岁至六十五岁之五年也。此距《明儒学案》成书尚两年。梨

---

① 侯外庐：《近代中国思想学说史》上册，生活书店，1947年，第160页。
② 钱穆：《中国近三百年学术史》，商务印书馆，1937年，第55页。
③ 侯外庐：《近代中国思想学说史》上册，生活书店，1947年，第164页。

洲见解仍主江右归寂一派,宜于潘用微极致不满。然若比读梨洲《子刘子行状》与《先师蕺山文集序》,已证梨洲于师门宗旨,认识有变。若更进而读其《明儒学案序》,成于梨洲最后临卒之一年者,其开端即曰'盈天地皆心,心无本体,工夫所至,即其本体',则不啻为潘氏之说作辨护、作发挥,若梨洲早见如此,决不与姜万多此一番论辨也。"①

5. 理学的封建性质

侯外庐在论述理学的封建性质时,也引用了钱穆的观点:"钱穆先生还说,'清末治程朱率恶言革命'。"②考钱穆《中国近三百年学术史》中的原文是:"近儒首尊东原者自太炎,特取其排程朱,以清末治程朱率恶言革命也。"③虽然钱穆指出了清末程朱理学家们反革命的事实,但并没有在此多加发挥,而侯外庐则对清末理学家代表倭仁反自由言论进行了引述,这里实际上又体现了钱穆和侯外庐的分歧,因为按照钱穆的自述:"余本好宋明理学家言,而不喜清代乾嘉诸儒之为学。"④钱穆如果继续批判程朱理学的反革命性质,岂非站到了国民党的对立面?毕竟在国民党的历史叙事中,清末革命仍然是其合法性的主要来源。侯外庐此处对钱穆观点的引用,颇有入室操戈之意。

6. 黄宗羲的学术转向

---

① 钱穆:《中国近三百年学术史》,商务印书馆,1937年,第64—65页。
② 侯外庐:《近代中国思想学说史》上册,生活书店,1947年,第385页。
③ 钱穆:《中国近三百年学术史》,商务印书馆,1937年,第359页。
④ 钱穆:《八十忆双亲师友杂忆合刊》,《钱宾四先生全集》第51卷,台北联经出版事业公司,1998年,第159页。

侯外庐肯定了钱穆提出的黄宗羲学术转变的观点："（黄宗羲）虽然习于传统门户之见，'以正谊明道之余技，犹流连于枝叶'（全谢山评语），争求王学正统，实则他已经扬弃了王阳明的玄学，而走入客观的唯心论，在许多方面他已经是一位反宋明理学的导源人了。钱穆先生在这点论断甚近：'梨洲讲学，初不脱理学家传统之见，……然此特就其争门面争字句处看则然耳；其实梨洲平日讲学精神，早已创辟新局面，非复明人讲心性理气、讲诚意慎独之旧规，苟略其场面，求其底里，则梨洲固不失为新时代学风一先趋也。'（《中国近三百年学术史》，28 页）"① 侯外庐的引文略有删节，考钱穆原文为："梨洲讲学，初不脱理学家传统之见。自负为蕺山正传，以排异端阐正学为己任。至其晚年而论学宗旨大变，备见于其所为《明儒学案序》。然此特就其争门面争字句处看则然耳，其实梨洲平日讲学精神，早已创辟新局面，非复明人讲心性理气讲诚意慎独之旧规。苟略其场面，求其底里，则梨洲固不失为新时代学风一先驱也。"② 但钱穆所说黄宗羲的学术转变，主要指其扭转理学的空疏学风，而侯外庐则进一步指出黄宗羲思想的本质是早期启蒙思想，这就体现了侯外庐和钱穆不同的历史观所造成的历史阐释之差异。

7.《孟子字义疏证》与《绪言》之关系

侯外庐引用了钱穆对戴震《孟子字义疏证》与《绪言》关系的研究成果："东原的知识论，《绪言》初稿与《疏证》，最大不同的地方是'理'字在社会哲学上的运用，《绪言》没

---

① 侯外庐：《近代中国思想学说史》上册，生活书店，1947 年，第 130 页。

② 钱穆：《中国近三百年学术史》，商务印书馆，1937 年，第 28 页。

有说明，而《疏证》详论之（这一点为钱穆先生指出，不敢掠美，兹注）。"[1] 侯外庐这里指的是钱穆在《中国近三百年学术史》中分析了戴震《孟子字义疏证》与《绪言》的区别，他认为："以情欲言理，实《疏证》中创见，东原为《绪言》时，犹未得此说也。"[2] 钱穆所谓"情欲"就是侯外庐所说的"社会哲学"，即关于人本身的理念，而非形而上学的、黑格尔式的"无人身的理性"。[3]

8.《文史通义》的成书时间

侯外庐引用了钱穆对章学诚《文史通义》成书时间的考证："《文史通义》一书是他的代表作，自他三十五岁起开始写作……，至'稍刊一二'之年（五十九岁，据钱穆考），中经二十四年的光景，限于'惊世骇俗'，当力求'近情'，恐尚不至言所欲言者。"[4] 钱穆在《中国近三百年学术史》中叙述章学诚学术时编有一节"实斋文字编年要目"，其中"乾隆三十七年壬辰（1772）实斋年三十五"一条谓："是年始著《文史通义》。有《侯国子监司业朱春浦先生》《与严冬友侍读》两书，皆云'录呈三篇'，其目不可考。又《戊午钞存》有《上辛楣宫詹书》，亦在是年，已言'《文史》、《校雠》，与时异趋，欲有所挽救'。盖其时议论尚未入细，而识趣大端已

---

[1] 侯外庐：《近代中国思想学说史》上册，生活书店，1947年，第415页。
[2] 钱穆：《中国近三百年学术史》，商务印书馆，1937年，第348页。
[3] 马克思：《哲学的贫困》，《马克思恩格斯文集》第1卷，人民出版社，2009年，第599页。
[4] 侯外庐：《近代中国思想学说史》上册，生活书店，1947年，第424页。

立。"① 其"嘉庆元年丙辰（1796）实斋年五十九"条又谓："《文史通义》其时已有刻本，据柯氏《钞本目录》原题注下有'已刻'二字者，盖即指此时刻本而言。"② 侯外庐所本即此。

9. 章学诚对乾嘉考据学的批判

侯外庐引用了章学诚的两段话用以说明其对乾嘉考据学的批判，第一段是："或曰，联文而后成辞，属辞而后著义，六书不明五经不可得而诵也。然则数千年来，诸儒尚无定论，数千年人不得诵五经乎？故生当古学失传之后，六书七音，天性自有所长，则当以专门为业，否则粗通大义而不凿，转可不谬乎古人，而五经显指，未尝遂云霾而日食也。（《说文字原课本书后》，《文史通义》外篇二）"第二段是："就经传而作故训，虽伏生大儒，不能无强求失实之弊。……离经传而说大义，虽诸子百家未尝无精微神妙之解，以天机无意而自呈也。（《吴澄野太史历代诗抄商语》，《校雠通义》外篇）"侯外庐随即指出："第一段话，钱穆先生谓'明对由字以通其词，由词以通其道之说而发'，第二段话，谓'明对求道必于六经之说而发'，所述极是。"③ 钱穆在《中国近三百年学术史》中曾说："《通义》《校雠》两书则为挽救经学流弊而作，其意甚显白。经学家最大理论，莫若谓道在《六经》，通经所以明道，此自亭林唱'经学即理学'之说以来，迄东原无变，实斋始对此持异议。曰：'或曰：联文而后成辞，属辞而后著

---

① 钱穆：《中国近三百年学术史》，商务印书馆，1937年，第418页。
② 钱穆：《中国近三百年学术史》，商务印书馆，1937年，第425页。
③ 侯外庐：《近代中国思想学说史》上册，生活书店，1947年，第428页。

义，六书不明，《五经》不可得而诵也。然则数千年来，诸儒尚无定论，数千年人不得诵《五经》乎？故生当古学失传之后，六书七音，天性自有所长，则当以专门为业，否则粗通大义而不凿，转可不甚谬乎古人，而《五经》显指，未尝遂云霾而日食也。'(《说文字原课本书后》，《文史通义·外篇二》)此即明对'由字以通其词，由词以通其道'之说而发也。又曰：'就经传而作训故，虽伏郑大儒，不能无强求失实之弊，以人事有意为攻取也……离经传而说大义，虽诸子百家，未尝无精微神妙之解，以天机无意而自呈也。'(《吴澄野太史历代诗钞商语》《校雠通义·外篇》)，此则明对'求道必于六经'之说而发也。"[1]侯外庐对钱穆关于章学诚的这两段话的解释完全认可。

10. 对钱穆驳康有为学说的认可

除了以上对《中国近三百年学术史》研究成果的吸收外，侯外庐还肯定了钱穆《刘向歆父子年谱》对康有为《新学伪经考》的驳斥，他说："近人钱穆氏有《刘向、刘歆父子年谱》一书，乃专对康氏《伪经考》而反驳之作，序言刘歆遍伪诸经有不可通者二十八点，书中引汉文献证康氏之武断者颇可参考。"[2]

但是，侯外庐的《近代中国思想学说史》在历史观与写作目的上都与钱穆的《中国近三百年学术史》有较大差异。在对历史的具体论断上，侯外庐和钱穆又有以下若干分歧。

---

[1] 钱穆：《中国近三百年学术史》，商务印书馆，1937年，第381—382页。

[2] 侯外庐：《近代中国思想学说史》下册，生活书店，1947年，第699页。

1. 王夫之"继善成性论"的内涵

王夫之在《周易外传》中提出了"继善成性论",对此,钱穆解释道:"船山此论,以今意译之,道为天演之现象,善则天演淘汰中继续生存之适应,而性则仅是生物于适应中所得之几种生理也。故性贵于养而期其成,而所以为养者贵于择之精而执之固。若一任其自然,则其所性必有君子之所勿性焉者。然船山此论,与荀子性恶所谓'化性起伪'者不同。船山言善先于性,并不言性本不善,故其养性而期于成也,亦主导而不主抑。"[①] 侯外庐则批评钱穆道:"(王夫之)有一名论,谓之'继善成性论',贯彻此理,但了解首先亦要把他的术语弄清楚,否则必望文生义。钱穆先生这一点便解释错了,……船山此旨,与生物进化论风马牛不相及,成器者人也,其他生物不能成器,只能备器,与佛兰克林言'人为造工具的动物'相似。创造者人也,其他生物无创造能动的精神,只有生化的适应性,与哲人所云'历史是人类创造者'相似。"[②] 侯外庐所说的"哲人"指的是马克思,所谓"历史是人类创造者"指的是马克思的"人们自己创造自己的历史"的经典论断。[③] 侯外庐认为王夫之的"继善成性论"指的是人类社会的发展,而不认同钱穆对其自然演化的解释。

2. 黄宗羲的思想转变

侯外庐指出:"梨洲的思维过程,钱穆先生就梨洲和陈乾

---

① 钱穆:《中国近三百年学术史》,商务印书馆,1937年,第99—100页。

② 侯外庐:《近代中国思想学说史》上册,生活书店,1947年,第52页。

③ 马克思:《路易·波拿巴的雾月十八日》,《马克思恩格斯文集》第2卷,人民出版社,2009年,第470页。

初论辩的关系上,考证梨洲思想转变最后亦放弃其理学枝叶(请参看钱著《近三百年学术史》36—51页),结论亦近似历史,说:'此番议论(指梨洲对陈乾初否定《大学》的让步),乃与《学案》序文开首数语全相一致。可知梨洲晚年,于其往昔牢执坚守之见解,为理学传统所必争者,已渐放弃。其于乾初论学宗旨,倾倒之情,亦与年俱进也。然《大学》乃宋明六百年理学家发论依据之中心,梨洲以王学传统自负,至此乃不免谓更改与废置(指《大学》)相去亦不甚远,此见学术思想走到尽头处不得不变,仅有豪杰大力亦无如何。乾初说经卓越,固为开风气之先,而梨洲之虚心善变,其思想上之逐层转换,逐层迁移,正足以说明理学将坠未坠时对于学者心理上所生一种最深刻精微之变化,诚为考究当时学术史者一番极有意思之资料也。'(见钱著上揭书,51页)'最深刻精微'之语颇难捉摸,著者认为这是悲剧历史的思维矛盾。"[1] 侯外庐对钱穆《中国近三百年学术史》的引文略有出入,"梨洲以王学传统自负"原文为"梨洲以正学传统自负","乾初说经卓越"原文为"乾初说经卓卓"。[2] 实际上,钱穆这里所表现的,正是其弟子余英时后来提出的思想史的"内在理路"史观,侯外庐这里说的"'最深刻精微'之语颇难捉摸",实际上就委婉地指出了其神秘主义的唯心史观本质,因为这种历史观把思想史看成是脱离历史实际而孤立存在的形而上学的生命体,因此其本身才有"内在"的演变理路。正如此处,钱穆对黄宗羲思想的解释并没有说清楚"最

---

[1] 侯外庐:《近代中国思想学说史》上册,生活书店,1947年,第136—137页。

[2] 钱穆:《中国近三百年学术史》,商务印书馆,1937年,第51页。

深刻精微之变化"的根本原因是什么，而侯外庐则指出："梨洲此说，离开宋儒'理为先天'之玄学，犹说'性体周流'，与泛神论者的神在人间的流行说相当，这是商业资本主义时代的拆散哲学所具的色彩，'主宰'已不在天国，分化而为流行性体，时在心中。"[①] 侯外庐这种解释就把思想史上的抽象概念落到社会史的实处了，是马克思主义"抽象上升到具体"的方法论的表现，与钱穆的解释相对比，我们就能很清晰地认识到唯物史观与唯心史观在方法论上的本质区别。

3. 顾炎武"理学即经学"的含义

侯外庐在分析顾炎武"理学即经学"的命题时指出："亭林在这里是分别一个古今思想史的异同离合，古人没身于经世之学而明理，今人则舍历史制度（六经之所指）与客观现实（当世之务）而空谈性理，那么宋明以来的思想便与前代有别，即支配于禅学（钱穆先生颇有误解，他说：'经乃古代官书，亦惟训诂名物考礼考史而止，经学中又何来有理学？亭林此言，实两无所据。……亭林则只以知耻立行，而别标博学于文。将学行分两橛说，博学遂与心性不涉，自与朱子分途。'（见钱著《国学概论》第九章，83页）因为真正把学行分为两橛者是宋儒，如所谓'道学'与'儒林'的分家，……这在亭林看来仅是一种时代思想，而不是所谓'统'。亭林的古今学术变迁观点已经超出了宋明儒者的'绝学'争统观点。"[②] 侯外庐引文的页码有误，不是83页，而

---

① 侯外庐：《近代中国思想学说史》上册，生活书店，1947年，第139页。
② 侯外庐：《近代中国思想学说史》上册，生活书店，1947年，第168页。

是276—277页，考钱穆原文为："经乃古代官书，亦惟训诂名物考礼考史而止，经学中又何来有理学？亭林此言，实两无所据，远不如浙东'言性命者必究于史'一语之精卓矣。实斋为梨洲亭林二人辨析学术异同，可谓特具只眼。顾谓亭林原于朱子，则似矣而尚有辨也。朱子言格物穷理，仍不忘吾心之全体大用，不脱理学家面貌。亭林则只以知耻立行，而别标博学于文。将学行分两橛说，博学遂与心性不涉，自与朱子分途。"[①] 钱穆把"经学"和"理学"看成是截然不同的两个概念，因为他所理解的"理学"就是"宋明理学"，这说明钱穆的认识受其"余本好宋明理学家言"观念的局限，因此他仅仅把六经看成古代文献。显然，顾炎武的"理学"概念并不是狭义的"宋明理学"，而是一种更抽象的概念，"六经"也不仅仅指的是古代文献，更重要的是其反映的历史制度。因此，侯外庐所说的"古人没身于经世之学而明理"更加符合顾炎武的真意，所谓"理学即经学"只是要从历史制度中发现"理"即历史发展的规律。

4. 顾炎武复古思想的解读

侯外庐运用唯物史观对顾炎武的复古思想进行了解释，并批评了钱穆的观点："亭林的国富论即国民之富，只有在废除超经济的任意剥夺，而令各自为于经济的自私生产，始有'富国之荚'，他开矿'唯主人有之'的私有比喻，实在即财产神圣的意味。而他的县令单位制则和他的拥护氏族组织相关联，颇像凯纳的《经济表》（重农学派的经济理论），把资本的流通放在封建农村的框子里去发挥，其内容反而是新的

---

① 钱穆：《国学概论》，商务印书馆，1931年，第276—277页。

市民的要求，亭林则把地方自治的理想放在过时的氏族框子里去发挥，内容与表面的不一致，正是一般十七世纪以来思想家的特色，说明了旧的与活的之盘根错节关系。启蒙运动之所以然，主要是提出有新的内容之问题，他的问题之解决法常是不脱离已死的形式。钱穆谓亭林有地方自治的思想，语甚正确，惜未明白其道理。"[1] 钱穆在论述顾炎武政治理想时说："亭林固亦染受宋明理学精神，而特不尚心性空谈，能于政事诸端，切实发挥其利弊，可谓内圣外王，体用兼备之学也。兹举其较大之论点言之，则有郡县分权及地方自治之主张。"[2] 又说："（顾炎武）在上则慕封建，在下则睎宗法。虽激于世变，然怀古之情既深，而不悟世运之不可反，则终为书生之见也。惟主分权，重自治，固不失为正论。"[3] 侯外庐认为，钱穆虽然指出了顾炎武有"地方自治"的思想，但由于其不懂得历史发展的原理，因此是知其然而不知其所以然，钱穆并没有理解顾炎武复古思想的本义，不懂得早期启蒙思想家新旧纠结的复杂思维，即不知道顾炎武这里"地方自治"虽然披着古旧外衣，但却蕴含着新的资本主义萌芽的内涵。因此，侯外庐反对钱穆把顾炎武的复古思想说成是"书生之见"，而只是早期启蒙思想在与旧的封建文化没有完全脱离时的特殊历史现象，他说："十七世纪的亭林，正在启蒙时代，新的曙光将现，即遭外族的侵凌，故在理想上更可能成为远景的，而几千年的旧制传统根深蒂固，在路径上则

---

[1] 侯外庐：《近代中国思想学说史》上册，生活书店，1947年，第203—204页。
[2] 钱穆：《中国近三百年学术史》，商务印书馆，1937年，第146页。
[3] 钱穆：《中国近三百年学术史》，商务印书馆，1937年，第149页。

更可能和农村公社结缘,如帝俄的'米尔'之于民粹思想。亭林的氏族基础论以及寓'封建'宗法于郡县(即地方官吏世袭)论,是一个特色。……《文集》中亦常着重氏族组织的宗法论(如原姓论),这亦不是'书生之见'(钱穆先生评),而是思想家的历史局限。宗教改革时代之上帝新诠,在中国则为先王新诠,亭林尽其通经之能事而解释三代先王。国民统一时代之农村公社新释,在中国则为宗法新释,亭林的氏族宗法的理论实为代表。"[1] 因此,侯外庐认为顾炎武试图把旧有的氏族宗法制度进行维新,从而改造为新的资本主义生产单位,这种现象是有历史依据的,不是如钱穆所说的仅仅是一种主观想象。

5. 颜元"请画二堂"的历史内涵

李塨在《颜习斋先生年谱》中记载了颜元讲过的一个譬喻:"请画二堂,子观之:一堂上坐孔子,剑佩觽玦杂玉,革带深衣,七十子侍。或习礼,或鼓琴瑟,或羽籥舞文,干戚舞武,或问仁孝,或商兵农政事,服佩亦如之,壁间置弓矢、钺戚、箫磬、算器、马策、各礼衣冠之属。一堂上坐程子,峨冠博服,垂目坐如泥塑,如游、杨、朱、陆者侍,或返观打坐,或执书吾伊,或对谭静敬,或搦笔著述,壁上置书籍、字卷、翰砚、梨枣。此二堂同否?"[2] 关于这段话的解读,侯外庐与钱穆不同,他认为颜元"请画二堂"的说法只是一个寓言,即把封建社会和新的资本主义社会作了观念中的对比:

---

[1] 侯外庐:《近代中国思想学说史》上册,生活书店,1947年,第212页。

[2] 李塨纂,王源订:《颜习斋先生年谱》,商务印书馆,1937年,第42页。

"这不必是完全合乎历史的图画,而是习斋的讽刺画(钱穆先生云:'此可谓为孔孟程朱划一极清晰之界线,其情形真可画,使人千载如觌面也。'见氏著前引书160页。颇以此画为真实界线)。在习斋的二堂画里所指,不过是要说两个简洁的世界,一个是如修道院,那里都是失掉人性的教条,阴森森黯然无光;一个是如工作室,那里是满足人性的活动,光明照耀在青天,一个他攻击得体无完肤,别一个他赞扬得至善至美。"[①] 侯外庐所述钱穆观点见于《中国近三百年学术史》:"其所谓孔孟、程朱,判然两途者,习斋又为之明白分辨。年谱载……此可谓为孔孟、程朱划一极清晰之界线,其情形真可画,使人千载如觌面也。"[②] 钱穆认为颜元"请画二堂"仅仅是把历史上的孔孟和程朱做了区别,而侯外庐则认为颜元并不是简单地描述历史上的孔子,而是用他自己的理想打扮了孔子,是一种托古改制,所体现的是具有人文色彩的、憧憬新社会的启蒙思想。

6. 戴震思想的评价

侯外庐认为钱穆关于戴震思想的认识有几个错误,最重要的有两点:其一,"他反驳东原批评宋儒之人性论,多见卫道之主观态度"[③] 其二,"他论东原,多证东原思想的转变及其模仿荀子与惠栋的论断,似乎除了转变没有其独创的价

---

① 侯外庐:《近代中国思想学说史》上册,生活书店,1947年,第221页。
② 钱穆:《中国近三百年学术史》,商务印书馆,1937年,第160页。
③ 侯外庐:《近代中国思想学说史》上册,生活书店,1947年,第391页。

值"。① 侯外庐所述钱穆反驳戴震人性论的卫道立场,指的是钱穆在《中国近三百年学术史》援引方东树《汉学商兑》、朱熹《四书章句集注》驳斥戴震的观点,钱穆一方面认为:"东原辨理欲,虽语多精到,而陈义稍偏,颇有未圆。"② 另一方面又认为朱熹对孟子的解释"解义明白,无可非难",③ 进而指责戴震思想与孔孟儒学不合:"东原之所指为性者,实与荀卿为近,惟东原以孟子性善之意移而为说耳。推而上之,及于《论语》,其言亦并不与东原之意合。"④ 又说:"孟子言性善,亦惟谓此一境界,其原亦本之人心之心性,并非由外烁我,并不谓人心中惟有此一境界。……孟子书中亦明明分说两种境界,而东原必归之于一,又不归之于仁义,而必归之于食色,是东原之言近于荀子之性恶,断然矣。"⑤ 显然,钱穆这些观点都是站在宋明理学的封建意识形态立场上对戴震进步的启蒙思想的批驳,同时与侯外庐提出的"启蒙思想论"也是相对立的。此外,钱穆在《中国近三百年学术史》中列有"东原思想之渊源"一节,认为戴震近承惠栋《易微言》、远袭荀子性恶论,⑥ 但钱穆唯独不去解释戴震思想的社会根源,这实际上还是余英时后来总结的"内在理路"的表现,即研究思想史不从实际的社会存在中出发而仅仅从思想史的

---

① 侯外庐:《近代中国思想学说史》上册,生活书店,1947年,第391页。
② 钱穆:《中国近三百年学术史》,商务印书馆,1937年,第359页。
③ 钱穆:《中国近三百年学术史》,商务印书馆,1937年,第360页。
④ 钱穆:《中国近三百年学术史》,商务印书馆,1937年,第362页。
⑤ 钱穆:《中国近三百年学术史》,商务印书馆,1937年,第363页。
⑥ 钱穆:《中国近三百年学术史》,商务印书馆,1937年,第355—358页。

材料即意识形态领域中孤立地寻求其所谓的发展"理路"。这种方法对思想史的解读表面上看是"内在"的，而实际上却是"外在"的。就好比台式电脑出故障后不去修理主机而去修理显示器一样，这也是侯外庐与钱穆在历史观上对立的体现。

7. 清代学术与宋明理学的关系

侯外庐认为，在清学与宋学关系问题上，钱穆仅仅是抓住了历史的量变，没有能够说明历史的质变："钱穆先生……说：'治近代学术者，当何自始，曰，必始于宋。何以当始于宋，曰，近世揭橥汉学之名以与宋学敌，不知宋学则无以平汉宋之是非。……故不识宋学即无以识近代也。'（氏著，绪论首段）按钱先生辩解晚明遗老已有清学的发轫，颇合量变的研究，……然谓清初大儒之寝于宋学，即为宋学的延长，而无批判的质变，则亦矫枉过正了。"[①] 又说："清初反理学的思潮，的确是在理学母胎里生成起来（如习斋先求之于陆王，后服膺于程朱），渐渐量变以至背离，……质变为一种新学术……钱先生举阳明'拔本塞源之论'，似亦作晚年定论看，谓'与习斋所论无异致'，仅在一非功利一是功利一点区别阳明与习斋，著者认为这是否认了他们中间'质'的不同，未敢同意。"[②] 侯外庐前一段引文原文为："治近代学术者当何自始？曰：必始于宋。何以当始于宋？曰：近世揭橥汉学之名以与宋学敌，不知宋学，则无以平汉宋之是非。且言汉

---

① 侯外庐：《近代中国思想学说史》上册，生活书店，1947年，第241—242页。
② 侯外庐：《近代中国思想学说史》上册，生活书店，1947年，第242—243页。

学渊源者，必溯诸晚明诸遗老。然其时如夏峯、梨洲、二曲、船山、桴亭、亭林、蒿庵、习斋，一世魁儒耆硕，靡不寝馈于宋学。继此而降，如恕谷、望溪、穆堂、谢山乃至慎修诸人，皆于宋学有甚深契诣。而于时已及乾隆，汉学之名，始稍稍起。而汉学诸家之高下浅深，亦往往视其所得于宋学之高下浅深以为判。道咸以下，则汉宋兼采之说渐盛，抑且多尊宋贬汉，对乾嘉为平反者。故不识宋学，即无以识近代也。"[1] 这是钱穆《中国近三百年学术史》中的第一段话，提出了"不识宋学无以识近代"的命题，即以宋学（理学）为基本立场批判清代学术，可以说是其全书的精神所在。钱穆在论述颜元思想时也认为其与王阳明没有本质区别，只是关于功利的认识不同："自汉以来，训诂、记诵、词章之学，习斋所深斥者，阳明已先及；虞廷盛治，礼乐政教、水土播植，习斋所力倡者，阳明亦同之；各就其性分之所近，专治一艺以成才，而靖献于天下，阳明、习斋所论无异致。习斋之见，何以自别于阳明？惟阳明深非功利，习斋则澈骨全是功利，此为两人之所异耳。"[2] 总之，侯外庐认为钱穆只是发现了从宋明理学到清代学术的量变过程，但却不知道其中已经发生了从中古封建神学向近代早期启蒙思想转变的质的变化。相反，钱穆的做法是试图以宋明理学统一清代学术，从而抹杀宋明理学与清代学术的本质区别。当然，钱穆不懂辩证法，他不可能发现宋明理学到清代学术的本质变化，而其所崇拜的理学的主观理念也不允许他发现这一点，可谓既是"不能也"，又是"不为也"。

---

[1] 钱穆：《中国近三百年学术史》，商务印书馆，1937年，第1页。
[2] 钱穆：《中国近三百年学术史》，商务印书馆，1937年，第191页。

第六章　侯外庐对冯友兰史学的批评

冯友兰（1895—1990）早年即以"哲学家"自命，似乎不太认可自己"历史学家"的身份，他在《中国哲学史》自序中的第一句话就是"吾非历史家"。冯友兰说："吾非历史家，此哲学史对于'哲学'方面，较为注重。其在'史'之方面，则似有一点可值提及。……吾于写此哲学史时，对于中国古代史，亦往往有自己之见解。积之既久，乃知前人对于古代事物之传统的说法，亦不能尽谓为完全错误。……吾亦非敢妄谓此哲学史中所说之中国古史，即真与事实相合。不过在现在之'古史辨'中，此哲学史，在'史'之方面，似有此一点值提及而已。"[①] 可见，冯友兰虽然当时在主观上不承认自己是历史学家而认为自己是哲学家，但也不得不承认自己的哲学史写作以对中国古代史的理解为前提，不得不承认自己哲学史的写作有着"古史辨"的史学史背景。

此后，冯友兰在哲学史方面的著述颇丰，他最后一部著作也是大部头的七卷本《中国哲学史新编》。1989年12月，

[①] 冯友兰：《中国哲学史》上册，《三松堂全集》第2卷，河南人民出版社，2001年，第243—244页。

94岁高龄的冯友兰写了一副对联："阐旧邦以辅新命，极高明而道中庸。"① 1990年夏，他又做了一副对联："三史释今古，六书纪贞元。"② 冯友兰这两副对联中的上联"阐旧邦以辅新命"和"三史释今古"指的都是史学即哲学史研究，下联"极高明而道中庸"和"六书纪贞元"则指的是其哲学体系。可见，冯友兰晚年对自己的定位就是"哲学史家"和"哲学家"——"哲学史家"甚至还要排在"哲学家"前面。冯友兰的女儿作家宗璞也说："先父冯友兰先生作为哲学家、哲学史家已经载入史册。他自撰的莹联'三史释今古，六书纪贞元'，概括了自己的学术成就。"③ 因此，本书把侯外庐对冯友兰的批评放在"史学批评"的题目之下也是完全符合事实的。

第一节　冯友兰学术思想的"紧跟"特征

如果说侯外庐一生中有一个最大的论敌的话，那么这个人无疑地是冯友兰。甚至我们可以说，对冯友兰的批判，是贯穿《中国思想通史》的一条重要的学术线索。笔者在《侯外庐与中国马克思主义史学》一书的第六章"侯外庐主编《中国思想通史》（初版）的学术意义"的第三节"一条被修订版遮蔽的学术线索——对冯友兰的批判"中，详细地考证

---

① 冯友兰：《九十四岁自寿联》，《三松堂全集》第14卷，河南人民出版社，2000年，第567页。
② 冯友兰：《九十五岁预寿联》，《三松堂全集》第14卷，河南人民出版社，2000年，第569页。
③ 宗璞：《那青草覆盖的地方》，《宗璞散文》，人民文学出版社，2022年，第186页。

了侯外庐在新中国成立前撰写的《中国思想通史》(初版)中对冯友兰史学、哲学的批评,其中有不少内容可与本章相互发明,而在新中国成立后编写的《中国思想通史》第四卷中,也贯穿着对冯友兰"抽象继承法"的批判。值得注意的是,在《中国思想通史》第五卷中虽然没有批判冯友兰的内容,但是,在其前身《中国近代思想学说史》中,侯外庐却罕见地肯定了冯友兰关于清代思想史的一个观点。侯外庐指出:"诚然清初的哲学家,如像颜习斋傅青主,清中叶学者如戴东原等,都曾明白攻击过所谓'理学';但是,客观上他们所反对的,并不是理学一般,而乃是旧有的唯心论的理学。正因如此,所以他们便一方面反对着宋儒的理学,而在另一方面却又对角线的建立起自己的新的哲学。他们这种新的理学,和儒学的旧理学比较起来,确乎具有着唯物论的倾向,或者说大体上是属于唯物论阵营的。关于这一点,近人冯友兰先生曾说:'明清诸反程朱者,如王船山颜习斋等,虽反程朱之理学,而仍亦讲理;其所讲之理,亦即程朱所讲者。他们所以反对程朱者,即以为程朱所讲之理,"如有物焉",在于"事上",而他们则以为理即事物之理,不在"事上"而在"事中"。……今须指出者,即此等反理学之人,亦并非不讲理。(《新理学》,七七页)'按冯氏为客观唯心论者,而此处所说,则甚为正确。这就是说,我们由此可以知道,事实上虽有反对理学的哲学家存在,但这一事实并不能作为理学非哲学的证据,它只是证明着在理学或道学内部,也和在所谓哲学内部同样,包含着唯心论与唯物论两大相反的阵营。"[1]

---

[1] 侯外庐:《近代中国思想学说史》下册,生活书店,1947年,第870页。

侯外庐在这里表达的观点是说，冯友兰虽然是唯心主义哲学家、哲学史家，但这并不代表他的观点完全错误，侯外庐也肯定了冯友兰对于颜元等清初思想家在理学内部运用理学的话语体系来反对理学的思想特点。当然，冯友兰的解释是错误的，他并不能发现这是唯物论与唯心论的分歧，而为理学的表面话语所迷惑了。

关于冯友兰在民国进步青年学生中的形象，他在西南联大的学生汪子嵩曾回忆道："冯先生除了讲中国哲学史外，还上了些大课，那是国民党在高校开的'政治思想课'，但是冯先生讲的不是政治思想课，他是讲他的伦理学。因为冯先生刚好写了一本伦理学的书，叫《新世训》，讲的是做人的道理，没有什么政治说教的内容。他讲的课是一二年级的必修课，但是我们这些进步学生一般来讲不喜欢去听，总觉得他是在讲政治课。"[1] 冯友兰在西南联大的另一位学生何兆武也回忆说："今天的中青年学者大概已很难体会半个世纪以前的青年们对冯先生的那种反感了；那大抵是因为他过分紧跟当权派的缘故。"[2] 又说："当年我们作学生的大多对冯先生的印象不佳，主要还是由于政治的原因。冯友兰对当权者的政治一向紧跟高举，像他《新世训》的最后一篇《应帝王》鲜明地表现出想作'王者师'的心态。在我们看来，一个学者这样做不但没有必要，而且有失身份。"[3] 何兆武以擅于批评

---

[1] 汪子嵩口述，张建安采写：《往事旧友，欲说还休》，生活·读书·新知三联书店，2015年，第31—32页。

[2] 何兆武：《历史理性批判散论自序》，《历史理性批判散论》，湖南教育出版社，1994年，第12页。

[3] 何兆武口述，文靖执笔：《上学记》（增订版），人民文学出版社，2016年，第155—156页。

人物闻名,他对冯友兰的描述真可谓入木三分。据冯友兰本人的回忆:"蒋介石在重庆办了一个中央训练团,叫他手下的人,轮流集中受训,每半年为一期。训练的目的,是培养他们对于蒋介石的个人崇拜、盲目服从的感情。训练以后,发给每个受训的人一把短刀,上刻'不成功便成仁'六个字,鼓励他们为他拼命。其中比较重要的人,蒋介石还叫他们和他自己单独照一张相片,在相片中,蒋介石坐在椅子上,那个人恭恭敬敬地站在椅子后面。他想借此同那些人培养一种封建关系。训练团中,也开了一些知识性的课程,聘请当时各大学的教授担任。我也被聘请担任一门,题目是'中国固有道德'。时间是每届中两三个星期不等。再加上教育部的学术评议会开会,我到重庆的次数就多了,每年总要去一两次。1943年,我利用清华第二次休假的机会,一半的时间到重庆,为国民党的中央政治学校教了一点课;另一半时间到成都华西大学,作几次临时讲演。"[①] 据此,冯友兰所讲"中国固有道德",大概也就不言而喻了,无非就是为蒋介石的"力行哲学"帮腔,欲作"帝师"罢了。当代学者吕厚轩在评论蒋介石的哲学思想时说:"蒋介石在构建力行哲学时对儒家思想的改造和利用,有两个突出的特点:一是对王阳明'知行合一'和'致良知'哲学思想的继承与改造,提出'力行'的重要;一是不断强调《大学》和《中庸》两部儒家经典的重要,并将其改造为他所谓的《科学的学庸》,试图给《大学》和《中庸》披上科学的外衣,增强其说服力,把其中的

[①] 冯友兰:《三松堂自序》,《三松堂全集》第1卷,河南人民出版社,2001年,第97页。

政治哲学定为一尊。"[1] 照这样看来，蒋介石正是冯友兰所谓"中国固有道德"的继承人了。关于这一点，胡适有一个评论颇为有趣，他在1943年10月12日的日记中写道："这几天读张其昀君借给我看的《思想与时代》月刊……这是张君主编的，钱是蒋介石先生拨助的，其中主重人物为张其昀、钱穆、冯友兰、贺麟、张荫麟。他们没有'发刊词'，但每期有启事，'欢迎下列各类文字：1. 建国时期主义与国策之理论研究。2. 我国固有文化与民族理想根本精神之探讨。……'这两条就是他们的宗旨了。此中很少好文字。……张其昀与钱穆二君均为从未出国门的苦学者，冯友兰虽曾出国门，而实无所见。他们的见解多带反动意味，保守的趋势甚明，而拥护集权的态度亦颇明显。"[2] 可见，此时冯友兰等人"拿蒋钱财，替蒋消灾"，为蒋介石政权倾心服务的"专业性"连胡适也是自愧不如的。

1949年10月5日，也就是新中国成立后不久，冯友兰就给毛泽东写信，声称自己要改过自新：

> 在你及中国共产党的领导下，中华人民共和国成立了。你们为中国人民开辟了一个新天地，为中国历史开了一个新纪元。这是关系全人类四分之一的生死荣辱的一件大事，当然（也）是全世界的一件大事。
>
> 我参加了你在天安门就职的典礼，我感到近几日来群众的欢乐。一切的新气象以及自北京解放以来的所见

---

[1] 吕厚轩：《接续"道统"：国民党实权派对儒家思想的改造与利用（1927—1949）》，山东人民出版社，2013年，第93页。

[2] 胡适：《胡适日记》，《胡适全集》第33卷，安徽教育出版社，2003年，第524页。

所闻，使我深切相信你所说的，中国人不但是站起来了，并且一个文化的高潮即将来临，使中国以具有高度文化的民族的姿态出现于世界。

在参加这几日的庆祝的时候，我于欢喜之中，感觉到十分愧悔，因为在过去我不但对于革命没有出过一分力量，并且在对日抗战时期，与国民党发生过关系，我以前所讲的哲学，有唯心及复古的倾向。这些在客观的社会影响上说，都于革命有阻碍。

各方面对于我的批评我都完全接受，但是我也要表示，我愿意随着新中国的诞生，努力改造我自己，作一个新的开始，使我能跟着你及中国共产党，于新中国的建设中，尽一份的力量。

我愿意在我自己的岗位上，以努力工作庆贺新中国的诞生。你们对于中国的改造，不但使中国的将来，已经决定，并且使中国的过去，也需要重新解释。我计划于五年之内，如政协共同纲领所指示的，以科学的历史的观点，将我在二十年前所写的《中国哲学史》，重新写过，作为一个新编。诚如你所说的，我们不但要知道中国的今天，还要知道中国的昨日。

我愿以此项工作迎接将要来临的文化高潮，并响应你的号召。[①]

对于冯友兰的这种政治投机行径，毛泽东看得是十分清楚的。因而在给冯友兰的回信中，毛泽东毫不客气地指出："我们是欢迎人们进步的。像你这样的人，过去犯过错误，现

[①] 冯友兰：《致毛泽东（1949年10月5日）》，《三松堂全集》第14卷，河南人民出版社，2000年，第636—637页。

在准备改正错误，如果能实践，那是好的。也不必急于求效，可以慢慢地改，总以采取老实态度为宜。"① 虽然毛泽东一针见血地揭露了冯友兰"不老实"的投机心态，但冯友兰并没有就此老实下去，而是在特殊时期继续发挥"应帝王"的学术专长，成为"梁效"写作班子的顾问——冯友兰在特殊时期的所作所为，参看王永江和陈启伟写的《评梁效某顾问》，②本书不再赘述。

关于冯友兰在特殊时期的表现，侯外庐也曾有过解读。侯外庐晚年助手朱学文曾回忆道："有一天我到侯先生家里去，翻看他订的《人民日报》，里边登了冯友兰的一首诗，我看到'聊发少年狂，奔走在马前'一句，特别痛恨，大骂无耻。当时只要具备正常心理的读书人都非常厌恶评法批儒那一套，这么大的学者怎么至于'聊发少年狂'？还要'奔走在马前'？我真是觉得怒不可遏。侯先生板着脸对我说：'你错了。冯友兰做的事情，不是他的品德决定的，是他做的学问决定的。儒学，是所有的当政者都要用的。'一句话点悟了我，让我心服口服。"③ 侯外庐对冯友兰的评价可谓不刊之

---

①　毛泽东：《给冯友兰的信（一九四九年十月十三日）》，中共中央党史和文献研究院编：《建国以来毛泽东文稿》第1册，中央文献出版社，2023年，第89页。

②　王永江、陈启伟：《评梁效某顾问》，《历史研究》，1977年第4期。

③　朱学文口述，牟坚整理：《侯外庐先生的晚年思绪》，《中华读书报》，2013年12月11日，第007版。按：朱学文回忆有误，冯友兰的诗是"愿奋一支笔，奔走在马前"而非"聊发少年狂，奔走在马前"。这首诗是冯友兰在1974年12月写的《七十九岁生日自寿》，全诗为："水击三千里，人生二百年，尚未及半数，不为晚着鞭。尊儒风未患，批孔战方酣，愿奋一支笔，奔走在马前。"（《三松堂全集》第14卷，河南人民出版社，2001年，第1119页）

论，中国传统的"学而优则仕"虽然因为封建社会的解体而不复存在，但这一传统在近代某些学者中仍然有根深蒂固的残余。冯友兰曾经自述家世道："祖父名玉文，字圣征，有三个儿子。我的父亲行二，名台异，字树侯。伯父名云异，字鹤亭。叔父名汉异，字爽亭。父亲后来成了清光绪戊戌（1898年）科进士。伯父、叔父都是秀才。在祖父教育下，我们这一家就成为当地的书香之家，进入了'耕读传家'的行列。"① 当然，家世出身不能决定一个人的思想，侯外庐和冯友兰都出身于封建地主官僚家庭，但二人日后的思想发展方向却不相同。不同于侯外庐对自己出身的批判，冯友兰则继承了自己封建地主文人"学而优则仕"的家世传统，"紧跟"当权者的"需求"——至于什么人当权，那是无所谓的，这可以说是冯友兰中国哲学史研究的一个重要特征。当然，冯友兰学术思想中也不可能每一处都是要"货与帝王家"，但是，一旦抓住其这一学术特征，对理解冯友兰的哲学、史学确实是一把钥匙，可以说是"虽不中，亦不远矣"。

当代学者张海晏（张海燕）曾经比较了侯外庐与冯友兰的性格及其人生境遇，他说："作为20世纪中国哲学思想史领域的奠基者，冯友兰与侯外庐两位先生的学术立场和人生轨迹则颇异其趣。在基本学术观点上冯友兰的'变'与侯外庐的'不变'，便形成鲜明对照。冯友兰一生经历了满清、民国和新中国的创立和改革开放初期，基本的学术观点和价值

---

① 冯友兰：《三松堂自序》，《三松堂全集》第1卷，河南人民出版社，2001年，第5页。

倾向屡有变换，今日之'是'总是在否定昨日之'非'。"①冯友兰与侯外庐确实是中国近代两类知识分子的典型代表，一则"紧跟"形势，一则坚韧地守护着自己的学术信仰，其间消息，足以为后人长久思考。

第二节　侯外庐对冯友兰先秦思想史研究的批评

先秦哲学史是冯友兰用力较深的一个研究方向，张荫麟在评论冯友兰的《中国哲学史》时说："这部书的特长是在对于诸子及大部分之经传，确曾各下过一番搜绎贯穿的苦功，而不为成见所囿。"② 早在1934年出版的《中国古代社会与老子》当中，侯外庐就对冯友兰先秦哲学史研究中表现出的唯心史观给予了初步的批评。

冯友兰在《中国哲学史》的第八章"《老子》及道家中之《老》学"的"楚人精神"一节中指出："李耳为楚人。而《论语》中所记'隐者'之流，据《史记》亦多孔子在楚时所遇。……盖楚人为新兴民族，本无较高文化，……楚人慕周之文化者，须至北方留学，方能得之。然楚人虽不沾周之文化之利益，亦不受周之文化之拘束；故其人多有极新之思想。"③ 在冯友兰看来，老子是楚国人，而楚国是所谓的"新

---

① 张海晏：《冯友兰的"变"与侯外庐的"不变"》，《中华读书报》第7版"人物"，2013年8月21日。
② 张荫麟：《评冯友兰〈中国哲学史〉上卷》，王仁宇编：《民国学者论冯友兰》，人民出版社，2019年，第73页。
③ 冯友兰：《中国哲学史》上册，《三松堂全集》第2卷，河南人民出版社，2001年，第404—405页。

兴民族"，因此老子就具有新思想。然而，所谓"新兴民族"中的"新"到底是什么意思？它有什么具体的社会史的内涵？老子的"极新之思想"又有什么具体的含义？这些问题冯友兰避而不谈、阙而不论，这并不是冯友兰故意不这样做，而是他的唯心主义历史观不允许他这样做。唯心史观之所以是唯"心"的，就是说它把历史解释到观念层次就结束了，认为这就是最根本的解释了。因此，冯友兰所论的老子，终究是个观念上、精神上的老子，并没有实际的历史内涵。对于冯友兰的这种解释，侯外庐自然是不满意的，他明确地指出："这段话稍近理，然没有说明为什么文化阶段不同，如老子的思想就一反'周公孔子之道'，而有另一系统的那样思想？"① 这些疑问是从唯心史观的角度永远不能解答的。

侯外庐后来写作《中国古典社会史论》时，并没有花篇幅去批判冯友兰，这是因为冯友兰在社会史方面不是专长，成果也不多，更重要的是，此时侯外庐对冯友兰的态度是比较缓和的。侯外庐撰写《中国古典社会史论》是在1940年皖南事变后，这一时期冯友兰虽然已经撰写了《贞元六书》中的《新理学》《新事论》和《新世训》，② 但是还没有表现出明显的为蒋介石政权服务的倾向，因此，侯外庐在批评包括冯友兰等近代史家时说："忠实于研究态度的人，他们对于周代社会的现象方面，无力透视，可能轻下规定结论，然而因了忠实于材料，则敢于接近真实的东西，亦就可能获得部分

---

① 侯外庐：《中国古代社会与老子》，国际学社，1934年，第3页。
② 冯友兰的"贞元六书"的出版时间：《新理学》1939年5月，《新事论》1940年5月，《新世训》1940年7月，《新原人》1943年6月，《新原道》1945年4月，《新知言》1946年12月。

的真理。这是向上阶段的古典派学者所具有的通例，比之著于背诵教条而敢于否认材料的学人，特高一筹。我以为王国维是前项学者的代表，顾颉刚冯友兰（见其著《中国哲学史》言周代社会一节）以至张荫麟亦具雅度。"① 在这一时期，侯外庐还是把冯友兰划分为和王国维一样的"古典派"的哲学史家，可谓是尊重有加的。

对于冯友兰的研究，侯外庐也并不是完全没有批评，他指出了冯友兰对于孔子思想的误解："仁是二人之道合一的意思，正说明了春秋时代古典社会的两种人类的悲剧。孔子以悲天悯人之怀，调和二道，为君子之道设置了一个形而上学的道德律，这是毫无疑问的。这种成果，和墨子的兼爱显然有别。但是此一道使他一道归，有方君子而感化无方小人，所以说：'克己复礼为仁，一日克己复礼，天下归仁矣。'（孔子答其弟子问仁，各有不同，答颜子此说，为最高标准。意思是克己而达于恢复周礼，人别虽有二，但不至因二以裂。冯友兰先生没有理解这层，所以把礼与仁混同了。）"② 侯外庐这里所批评的是冯友兰在《中国哲学史》中关于孔子思想的观点："《论语》中言仁处甚多，总而言之，仁者，即人之性情之真的及合礼的流露，而即本同情心以推己及人者也。"③ 又说："人之性情之真的流露，本不必即可顺之而行而无不通。故孔子注重'克己复礼为仁'。然礼犹为外部之规

----

① 侯外庐：《中国古典社会史论》，五十年代出版社，1943年，第21页。

② 侯外庐：《中国古典社会史论》，五十年代出版社，1943年，第153—154页。

③ 冯友兰：《中国哲学史》上册，《三松堂全集》第2卷，河南人民出版社，2001年，第315页。

范。除此外部之规范外,吾人内部尚自有可为行为之标准者。若'能近取譬'推己及人。己之所欲,即施于人;'己所不欲,勿施于人'。则吾人之性情之流露,自合乎适当的分际。故'直'尚有行不通处,而仁则无行不通处。故仁为孔子'一贯'之道,中心之学说。故《论语》中亦常以仁为人之全德之代名词。曰:'求仁而得仁,又何怨?'(《述而》,《论语》卷四,页四)曰:'若圣与仁,则吾岂敢?'(《述而》,《论语》卷四,页九)曰:'无求生以害仁。有杀身以成仁。'(《卫灵公》,《论语》卷八,页三)此所谓仁皆指人之全德而言也。"[1] 可见,冯友兰认为"仁"指的是所谓内在的符合礼的"真性情",是人的全部道德,不过这种"真性情"是抽象的,没有历史依据的。在冯友兰的描述中,孔子的"仁"与"礼"只是内外之别,本质上是统一的。但是,侯外庐所述在于指出春秋时期已经产生了"国民阶级"这个"新人类",他们有自己的道德律也就是"仁",但是,由于此时国民阶级的力量还不足以推翻氏族贵族的统治,因此其代表思想家孔子的思想是改良主义的。也就是说孔子把"仁"这个新兴国民阶级的道德律归于传统正义的"周礼"之名义下,以求取得道德的合法性。当然,这是一种变革时代的阶级调和论,内部仍然有着事实上不可调和的矛盾,而冯友兰只是看到了二者的统一,所以侯外庐才说"冯友兰先生没有理解这层,所以把礼与仁混同了"。

1940年代以后,冯友兰的唯心主义哲学体系逐渐完善,侯外庐曾回忆说:"抗战胜利前后,冯友兰先生相继发表五种

---

[1] 冯友兰:《中国哲学史》上册,《三松堂全集》第2卷,河南人民出版社,2001年,第317页。

著作——《新理学》《新世训》《新事理》《新原人》《新原道》,提出一整套'新形上学'体系和新道统,宣传历史唯心主义。"① 侯外庐与冯友兰之间亦即唯物史观与唯心史观之间的矛盾也日益加剧,侯外庐又回忆道:"我记得,当时我们这些同志,个个都把唯心主义哲学家冯友兰、贺麟视为对立面。每次聚会,一碰头就谈冯友兰、贺麟,分析他们的政治动向,研究他们的每一篇新文章。这个情况,所有的同志都认为是天经地义的。"② 这一点,首先就表现在侯外庐1941—1942年写作的《中国古代思想学说史》中,可以说,在某种程度上讲,《中国古代思想学说史》就是针对冯友兰等学者中国哲学史研究的"翻案"。对于这一点,侯外庐晚年回忆道:"我写《中国古代思想学说史》的时候,在选择人物的过程中,确实比较有意识地要表现自己与旧学者之间旗帜的区别与方法的不同。但是,从一开始,我就要求自己严格遵循科学态度,那就是,科学地剖析每一个人物,决不单纯为了区别旗帜而简单评判任何一个历史人物。我们和旧学者之间,研究思想史的态度、方式乃至结论迥然不同,这是由各自的哲学观点的差异所决定的,所以做这项工作用不着任何的矫揉造作。用马克思主义的科学方法,有理有据地恢复被唯心史家歪曲了的历史本来面目,我们的论述越有充分的说服力,唯心史家就越站不住脚。学术上的斗争,我认为只能这样进行。基于这样一种观点和态度,我细细研究过冯友兰先生《中国

---

① 侯外庐:《韧的追求》,张岂之主编:《侯外庐著作与思想研究》第1卷,长春出版社,2016年,第151页。
② 侯外庐:《韧的追求》,张岂之主编:《侯外庐著作与思想研究》第1卷,长春出版社,2016年,第97页。

哲学史》所论及的每一个人物,在写《中国古代思想学说史》时,对冯友兰所肯定的人物进行过有针对性的批判,例如对孔子、孟子,特别是老子,都是例子。当时,我用这种研究方式与旧学者的思想体系斗争,周恩来同志是赞成的。后来,这种方式一直沿用到解放后,我在编写《中国思想通史》第二、三、四卷时,对玄学家向秀、郭象的批判,对宋明理学家的批判,继续是针对冯友兰《中国哲学史》的。这种批判,符合历史唯物主义与历史唯心主义斗争的需要,但决不是随心所欲的。"[1] 侯外庐之后主编《中国思想通史》的目的之一也是"要以科学性取胜钱穆、冯友兰等的著作"。[2]

在《中国古代思想学说史》中,侯外庐再次批评了冯友兰用"楚人精神"解释老子思想的唯心史观。他说:"研究思想史要注意'史'的线索,若以地理因素而说明思想的起源,乃机械观。我们研究孔墨主要看其显然的历史,而并不否认'邹鲁人士'之文化影响,同样地研究老子,亦不否认其为楚民族的传统,然若以'楚人精神'代替了历史源流,则为错误。"[3] 联系到上文的内容,我们很容易就能看到侯外庐这里是在暗中批判冯友兰,并且把《中国古代社会与老子》中对冯友兰的批评更加深化了,因为在《中国古代社会与老子》中,侯外庐只是指出了冯友兰是"知其然而不知其所以然",而在这里,则直接指出了他的历史观的错误,即地理决定论

---

[1] 侯外庐:《韧的追求》,张岂之主编:《侯外庐著作与思想研究》第1卷,长春出版社,2016年,第98—99页。

[2] 侯外庐:《韧的追求》,张岂之主编:《侯外庐著作与思想研究》第1卷,长春出版社,2016年,第146页。

[3] 侯外庐:《中国古代思想学说史》,岳麓书社,2010年,第135页。

的唯心史观。

侯外庐在探讨诸子学起源时批评了胡适和冯友兰的观点,这是因为胡适的《中国哲学史大纲》和冯友兰的《中国哲学史》是侯外庐研究思想史之前的两部最流行的著作,当时学界就往往将二者进行比较。如陈寅恪在冯友兰《中国哲学史》审查报告中说:"今日所得见之古代材料,或散佚而仅存,或晦涩而难解,非经过解释及排比之程序,绝无哲学史之可言。然若加以联贯综合之搜集,及统系条理之整理,则著者有意无意之间,往往依其自身所遭际之时代,所居处之环境,所熏染之学说,以推测解释古人之意志。由此之故,今日之谈中国古代哲学者,大抵即谈其今日自身之哲学者也。所著之中国哲学史者,即其今日自身之哲学史者也。其言论愈有条理统系,则去古人学说之真相愈远;此弊至今日之谈墨学而极矣。今日之墨学者,任何古书古字,绝无依据,亦可随其一时偶然兴会,而为之改移,几若善博者能呼卢成卢,喝雉成雉之比;此近日中国号称整理国故之普通状况,诚可为长叹息者也。今欲求一中国古代哲学史,能矫附会之恶习,而具了解之同情者,则冯君此作庶几近之。"[①] 从"今日自身之哲学史""墨学""整理国故"等学术特征不难看出陈寅恪这里暗示的"附会之恶习"指的就是胡适的《中国哲学史大纲》。而金岳霖在他写的审查报告中则毫不掩饰地说:"胡适之先生的《中国哲学史大纲》就是根据于一种哲学的主张而写出来的。我们看那本书的时候,难免一种奇怪的印象,有的时候简直觉得那本书的作者是一个研究中国思想的美国人;

---

① 陈寅恪:《冯友兰〈中国哲学史〉审查报告之一》,王仁宇编:《民国学者论冯友兰》,人民出版社,2019年,第43页。

胡先生于不知不觉间所流露出来的成见，是多数美国人的成见。……冯先生的态度也是以中国哲学史为在中国的哲学史；但他没有以一种哲学的成见来写中国哲学史。成见他当然是有的，主见他当然也是有的。据个人所知道的，冯先生的思想倾向于实在主义；但他没有以实在主义的观点去批评中国固有的哲学。"① 冯友兰晚年撰写回忆录时也直接揭示了这一点，他说："陈寅恪和金岳霖的两篇审查报告都把我的《中国哲学史》同胡适的《中国哲学史大纲》做比较。这是因为在当时，这一类的书，只有这两部。"②

基于这种原因，侯外庐在评价冯友兰的哲学史研究的时候，也与胡适进行了对比，他说："《汉书·艺文志》诸子出于王官之说，牵强附会之处颇多；胡适之曾以常识辨之，造为'诸子不出于王官论'，前者似伪中有信，后者则信中有伪。因为，西周官学确是史实，作者认为孔墨显学由官学转化之途径，迹线可循，诸子发展了孔墨之学，亦源流昭著，但谓诸子出于王官，则伪；春秋到战国的社会史，产生了诸子学术，另有研究的正确说明，胡先生是知道些近代历史学的 ABC，其批评古人固裕如其辞，但谓古代官学与子学没有递嬗蜕化之史事，亦伪。在这里，古代官学之制，冯友兰氏颇看出一点消息，但其所谓之'贵族'，应规定以'古代的'三字，而道理亦至复杂，未必即此而已。他说：'古代本为贵族政治，有政权者即有财产者，即有知识者，政治上经济上

---

① 金岳霖：《冯友兰〈中国哲学史〉审查报告》，王仁宇编：《民国学者论冯友兰》，人民出版社，2019 年，第 51 页。

② 冯友兰：《三松堂自序》，《三松堂全集》第 1 卷，河南人民出版社，2001 年，第 195 页。

之统治阶级即知识阶级，所谓官师不分者即此而已。'（《中国哲学史》第一篇）冯先生承认胡适先生批评他的哲学史'是正统派的'，但他亦不愿意满足于正统派，说：'吾之正统派的观点，乃"合"而非"正"也。'上面的论断便是既主要观点在正统派而又不是正统派的。"① 侯外庐对胡适的诸子不出于王官论进行了部分的肯定，即指出诸子不可能完全是从王官学中发展出来的，但是又指出了其武断之处，即诸子学也不可能凭空产生，而没有任何历史上的依据，所以侯外庐说胡适的观点是"信中有伪"。而侯外庐在批评冯友兰关于诸子起源的观点时重点揭示了两个方面，一是其指出诸子学诞生之前学术为贵族垄断，这与侯外庐本人的中国古代社会史的亚细亚生产方式理论是相契合的，所以侯外庐说"冯友兰氏颇看出一点消息"。另一方面，侯外庐又指出冯友兰自认是"合"的"正统派"，这个说法见于冯友兰《中国哲学史》下册的自序一，原文是："此书第一篇出版后，胡适之先生以为书中之主要观点系正统派的。今此书第二篇继续出版，其中之主要观点尤为正统派的。此不待别人之言，吾已自觉之。然吾之观点之为正统派的，乃系用批评的态度以得之者。故吾之正统派的观点，乃黑格尔所说之'合'，而非其所说之'正'也。"② 胡适关于冯友兰《中国哲学史》中"正统论"的观点当时似乎没有见诸文字，1953年，由冯友兰的美国学

---

① 侯外庐：《中国古代思想学说史》，岳麓书社，2010年，第3页。
② 冯友兰：《中国哲学史》下册，《三松堂全集》第3卷，河南人民出版社，2001年，第3页。

生宾夕法尼亚大学教授德克·卜德(Derk Bodde,1909—2003)[①]翻译的《中国哲学史》英译本由普林斯顿大学出版社出版,胡适为其撰写了一篇英文书评发表在《美国历史评论》(The American Historical Review)1955年7月号上。

[①] 关于德克·卜德的学术思想,参见程志华:《中国文化的特质、基础及可有贡献——德克·卜德关于汉学的基本认识》,《河北大学学报(哲学社会科学版)》2021年第5期。冯友兰晚年回忆了德克·卜德与《中国哲学史》英译本的出版,他说:"有一个荷兰裔的美国人布德(Derk Bodde)在燕京大学做研究生,来清华听我的课。那时候,《中国哲学史》上册,已经由神州国光社出版。布德用英文翻译我的《中国哲学史》,请我看他的翻译稿子。到1935年左右,他把上册都译完了。那时候,有一个法国人Henri Vetch,在北京饭店开了一个贩卖西方新书的书店,名叫'法国书店'。他听到布德有一部稿子,提议由他用法文书店的名义在北京出版。布德和我同意了,他拿去于1937年出版。这时日本侵略中国的战争爆发了,我随清华到长沙去。布德也回美国去。到1945年日本投降,我在昆明接到布德的来信说,他在美国宾夕法尼亚大学,已经向洛氏基金请到一笔款子,算是捐给这个大学。这个大学用这笔款请我于1946年去当个客座教授,讲中国哲学史,主要是同他合作,继续翻译《中国哲学史》的第二部分。我答应了,于1946年9月到宾夕法尼亚大学,继续翻译工作。……到1947年暑假,布德的翻译工作没有完成,但是我的任期已满。……《中国哲学史》的翻译工作又中断了。1948年布德申请了一笔奖学金,到中国来了。于是我们又继续《中国哲学史》的翻译工作。我当时认为,原来写的魏晋那一段太简略,又补充了一些,交他翻译。所以这一段和中文本有一点不同。布德住在北京,经过平津战役,在围城之中,继续他的翻译工作,到朝鲜战争爆发的时候,他已经翻译完毕。他看见中美关系不好,恐怕交通断绝,就带着稿子回美国去了。此后音信不通。一直到1972年邮政通了,我才知道,这部《中国哲学史》英文稿,包括以前在北京出版的那一部分,都已经由普林斯顿大学出版社于1952年出版。"(冯友兰:《三松堂自序》,《三松堂全集》第1卷,河南人民出版社,2001年,第195—196页)

在这篇书评中，胡适对冯友兰《中国哲学史》的"正统派"特征作了说明，据周质平的译文为："大略说来，传统的'正统'观点是：（一）'道'是由孔子拓展出来的，他是上古时期先圣遗绪伟大的传承者；（二）'道'受到异端如上古时期墨翟和杨朱，以及中古时期佛教和道教的蒙蔽和驱离；（三）'道'长时期的潜藏在经书之中，直到十一世纪开始的理学运动才受到理学家的重新阐发。"[①] 不仅如此，胡适还在1955年1月24日的日记中更加直接地写下了自己对冯友兰所谓"正统派"的看法，他说："写完冯友兰《中国哲学史》书评。……为此事重看冯书两遍，想说几句好话，实在看不出有什么好处。故此评颇指出此书的根本弱点，即是他（冯）自己很得意的'正统派'观点（见自序二）。'正统派'观点是什么？他自己并未明说，但此书分两篇，上篇必须以孔子开始，力主孔子以前无私人著述，力主孔子'以能继文王周公之业为职志'，'上继往圣，下开来学'。下篇必须叫做'经学时代'，也是此意。（但更不通！）陈寅恪（审查报告二）说的比他清楚：'中国自秦以后，迄于今日，其思想之演变历程，至繁至久，要之，只为一大事因缘，即新儒学之产生及其传衍而已！'此即所谓'正统派'观点也。"[②] 冯友兰晚年也专门回忆了这个问题，按照他本人的说法："我认为，在诸子出于王官论中，有些说法，诚然是汉儒附会揣测之辞，往往是望文生义，牵强附会。比如说，墨家'出于清庙之守'，

---

① 周质平：《胡适与中国现代思潮》，南京大学出版社，2002年，第61—62页。

② 胡适：《胡适日记》，《胡适全集》第34卷，安徽教育出版社，2003年，第337—338页。

这是没有什么理由的。但是，就诸子出于王官论的主要意思说，说诸子出于王官，也是'事出有因'。……但如果把出于王官，理解为在原来的王官部门中，诸子一伙的哲学思想都已完全成立了，那是不可能的，那是'查无实据'。就诸子的起源这个问题说，说出于王官是'正'；胡适的说法，不出于王官是'反'；我的说法，可以说既出又不出于王官，这是'合'。"① 当然，冯友兰式的"正统派"观点的表现不仅仅是在诸子起源问题上，我们所要指出的是，冯友兰所谓"正统派"的本质就是延续了传统的封建意识形态又有所"维新"的观点，这个出发点与侯外庐以马克思主义理论指导的历史研究也是迥异的。

  在论述孔墨关系的时候，侯外庐认为冯友兰的观点比胡适接近于真理，但也有问题。侯外庐说："在孔、墨的论争时代，问题非常一贯，所争者为先王之制。观念上的先王体系是路德路线呢，或是孟彩尔路线呢？冯友兰氏以'孔子对于传统制度的信仰'，'墨子反贵族而因及贵族的周制'，而区别孔墨，比胡适氏的论断稍近头绪，但亦并未与历史符合。作者以为孔、墨是在氏族贵族与显族贵族二者之间，展开了先王理想（尧舜）的争论，问题非常现实。"② 胡适的实验主义（实用主义）本质上是一种主观主义的不可知论，这一点冯友兰在晚年也是承认的，冯友兰早年在美国留学时也接触过实验主义（实用主义），他晚年回忆时说："实用主义的特点在于它的真理论。它的真理论实际上是一种不可知论。它认为，

---

 ① 冯友兰：《三松堂自序》，《三松堂全集》第1卷，河南人民出版社，2001年，第197页。
 ② 侯外庐：《中国古代思想学说史》，岳麓书社，2010年，第18页。

认识来源于经验，人们所能认识的，只限于经验。至于经验的背后还有什么东西，那是不可知的，也不必问这个问题。这个问题是没有意义的。因为无论怎么说，人们总是不能超出经验范围之外而有什么认识。要解决这个问题，还得靠经验。所谓真理，无非就是对于经验的一种解释，对于复杂的经验解释得通。如果解释得通，它就是真理，就对于我们有用。有用就是真理。所谓客观的真理是没有的。"① 冯友兰这个说法是比较准确的，因此，胡适在解释中国哲学史上的孔子和墨子的关系时，完全从主观主义出发："儒墨两家根本上不同之处，在于两家哲学的方法不同，在于两家的'逻辑'不同。……孔子所说是一种理想的目的，墨子所要的是一个'所以为之若之何'的进行方法。孔子说的是一个'什么'，墨子说的是一个'怎样'，这是一个大分别。"② 胡适这样就把孔墨之别完全说成了主观上的区别，而冯友兰之所以高明于胡适的地方，就在于他多少受了一点唯物史观的影响，当时学者甚至就把他归于唯物史观学派。例如张岱年评价冯友兰的《中国哲学史》时说："最可注意的一点，即此书是很能应用唯物史观的。并且此书之应用唯物史观，不是机械的应用，而是活的应用。著者很倾向于唯物史观，在书中有明白的表示，如说：'盖人之思想皆受其物质的精神的环境之限制。'（四三九页）所以书中述哲学思想之变化，常先述其社会的根源。如论子学时代哲学所以大盛的原因，此书所说显

---

① 冯友兰：《三松堂自序》，《三松堂全集》第1卷，河南人民出版社，2001年，第179页。

② 胡适：《中国哲学史大纲》，上海古籍出版社，1997年，第109—110页。

然与梁任公胡适之等所说不同。此书把子学时代思想大盛之原因归于当时政治社会经济上之大变动。著者以为春秋战国时代为中国社会进化史上之一大过渡时期，政治制度、社会组织、经济制度上皆有根本的大变动：贵族政治崩溃，农奴解放，商人抬头。所有旧制度都被破坏，形成一个大解放时代，所以思想极呈蓬勃灿烂之气象。"① 郭湛波在评价冯友兰的思想时也将其归于唯物史观一派。② 张岱年等人的观点未必准确，但也确实指出了冯友兰与唯物史观确实有一定的关系。冯友兰在 1935 年发表的《秦汉历史哲学》一文中曾说："依照唯物史观的说法，一种社会的经济制度要一有变化，其他方面的制度，也一定跟着要变。……唯物史观的看法，以为社会政治等制度，都是建筑在经济制度上的，实在是一点不错。"③ 客观地说，冯友兰对马克思主义唯物史观确实是有了解的，但这个了解的程度只是相对于胡适等人而言，冯友兰的唯物史观水平（至少在民国时期）也就停留在皮毛阶段，他晚年回忆《中国哲学史》的写作时也自称："随着马克思主义在中国的传播，在历史工作中，唯物史观也流传开了。对于中国社会史、中国经济史的研究，正在展开，各方面不同的意见，开始论战。我没有参加这些论战，也没有跟着研究。但是，唯物史观的一般原则，对于我也发生了一点影响。就是这一点影响，使我在当时讲的中国哲学史，同胡适的《中

---

① 张季同：《冯著〈中国哲学史〉的内容和读法》，王仁宇编：《民国学者论冯友兰》，人民出版社，2019 年，第 53 页。

② 郭湛波：《近五十年来中国思想史》，山东人民出版社，1997 年，第 150 页。

③ 冯友兰：《秦汉历史哲学》，《三松堂全集》第 11 卷，河南人民出版社，2001 年，第 323—324 页。

国哲学史大纲》有显著的不同。"[1] 从上文中我们不难看出，冯友兰确实受了唯物史观的"一点影响"。然而，就是这么"一点影响"，冯友兰对中国哲学史的见解就已经超过了胡适，所以侯外庐才批评冯友兰为"比胡适氏的论断稍近头绪"，但同时又指出其"亦并未与历史符合"。这是因为冯友兰对唯物史观的理解仅仅是"经济基础决定上层建筑"这样的教条，并没有达到运用唯物史观分析社会生产方式的水平，没有对特定历史时代的生产资料所有制、生产者的特征予以考察。因此，冯友兰虽然因为受到唯物史观的"一点影响"能够比胡适多看到一些历史现象，但是他同样无力解释这些历史现象背后的实质。不过，我们从这里也可以看出，侯外庐史学批评的标准在于历史学家是否接近唯物史观、其学术成果是否符合历史真相。这二者实际上是完全统一的，因为否定唯物史观的学者，就不可能在主观上去探讨历史现象背后的实质，而只能在观念中兜圈子，因而也就难以发现历史真相。

在对冯友兰的庄子研究批评方面，侯外庐指出："因为他否定物质，所以把万物的暂时存在，当做了没有真实的一个形影，万物只有从这个形影到那个形影的转变罢了。'特犯人之形而犹喜之。若人之形者，万化而未始有极也，其为乐可胜计耶？'(《大宗师》) 万物的存在只形影（不是形式，冯友兰著《哲学史》有误。在哲学上真实与假想对言，本质与现象对言，内容与形式对言，各有所指）或假象，故有罔两（影外之微阴）与景（影）的问答，庄子把这喻万物的幻灭暂

---

[1] 冯友兰：《三松堂自序》，《三松堂全集》第 1 卷，河南人民出版社，2001 年，第 186 页。

存。"① 侯外庐此处所指冯友兰原文为："凡物皆无不好，凡意见皆无不对，此《齐物论》之宗旨也。推而言之，则一切存在之形式，亦皆无不好。所谓死者，不过吾人自一存在之形式转为别一存在之形式而已。如吾人以现在所有之存在形式为可喜，则死后吾人所得之新形式，亦未尝不可喜。"② 侯外庐认为庄子根本是否定物质的，因此他把物质现象看作是"形影"，好比镜子中的影像，本质上是虚幻的。而冯友兰使用的则是"形式"一词，侯外庐认为"形式"一词从哲学术语上来说应该与"内容"相对，无所谓真假，而"形影"一词可以表示"假象"的意思，较之于"形式"一词更加准确。

关于冯友兰孟子思想的研究，侯外庐批评道："争利的世界与孟子的主张——这不但小人行险侥幸，而不素乎贫贱，而且君子亦与民争利。上下交利，说明了'货币的行军'将代替着氏族礼的制度，地域单位冲破了血缘氏族单位。（这是古典社会史的关键，未可忽视，冯友兰氏之引用'农奴'历史概念，比胡适氏之一般历史观念，是进步甚多，但他却误用了概念，故他研究思想史和历史是没有一贯说明的。）"③ 冯友兰在论述孟子的经济思想时说："此就原有之井田制度，转移观点，将其变为含有社会主义性质的经济制度也。所谓转移观点者，盖古代土地为国君及贵族所私有，农民受土地于贵族，为之做'助耕之氓'，为之做农奴。故原有之井田制度，乃为贵族之利益。依孟子之理想，乃土地为国家所公有，

---

① 侯外庐：《中国古代思想学说史》，岳麓书社，2010年，第155页。
② 冯友兰：《中国哲学史》上册，《三松堂全集》第2卷，河南人民出版社，2001年，第462—463页。
③ 侯外庐：《中国古代思想学说史》，岳麓书社，2010年，第172页。

人民受土地于国家而自由耕种之。"[①] 侯外庐认为冯友兰较之于胡适来说有从特定社会的生产方式入手解释哲学思想的倾向，这确实是受了唯物史观的"一点影响"，但也因为仅仅是"一点影响"，冯友兰的很多概念是混乱的，例如"农奴"一词一般指的是中世纪时代的缺乏部分人身自由的农业生产者，恩格斯曾经明确指出："随着在文明时代获得最充分发展的奴隶制的出现，就发生了社会分成剥削阶级和被剥削阶级的第一次大分裂。这种分裂继续存在于整个文明期。奴隶制是古希腊罗马时代世界所固有的第一个剥削形式，继之而来的是中世纪的农奴制和近代的雇佣劳动制。这就是文明时代的三大时期所特有的三大奴役形式；公开的而近来是隐蔽的奴隶制始终伴随着文明时代。"[②] 显然，"农奴"对应的是中世纪的封建社会，冯友兰如果要把孟子之前的社会生产者说成是"农奴"，那就必须先论证这一时代是封建社会。在《中国哲学史》中，冯友兰也曾提到"封建"，但只是传统的"封邦建国"的话语，并非社会形态的话语。而在侯外庐看来，这一时期中国还处于奴隶社会，因此劳动者是"奴隶"而非"农奴"。不惟侯外庐所批评的"农奴"问题，冯友兰此处把孟子思想说成是"社会主义性质的经济制度"，显然也是不合理的，原因是"社会主义"必然是对"资本主义"的否定，孟子无论如何也不可能是资本主义产生以后的历史人物。可见冯友兰在社会发展史方面的知识是比较混乱的，这还是因为

---

① 冯友兰：《中国哲学史》上册，《三松堂全集》第2卷，河南人民出版社，2001年，第356页。
② 恩格斯：《家庭、私有制和国家的起源》，《马克思恩格斯文集》第4卷，人民出版社，2009年，第195页。

他对唯物史观仅仅有皮毛式的了解,并没有熟悉其中的概念,更无从谈起运用唯物史观去研究历史了。

侯外庐主编的《中国思想通史》(初版)第一卷中也有对冯友兰的批评,基本上继承了《中国古代思想学说史》,但也有进一步的发展,即不仅仅是针对其《中国哲学史》,而是扩展到他的"贞元六书"了。

冯友兰在《中国哲学史》中论述惠施和公孙龙时说:"惠施之观点,注重于个体。个体常变;故惠施之哲学,亦可谓为变之哲学。公孙龙之观点,注重于共相。共相不变;故公孙龙之哲学亦可谓为不变之哲学。"[①]《中国思想通史》(初版)第一卷则指出:"逻辑上的分析方法,是就个体以发见共相,亦即由具体的差别性开始,而引出万物一体的抽象同一性的结论。惠施的合同异学派,正是如此。"[②] 也就是说,惠施并不是不要"共相",只是从具体的个体出发去寻求共相,因而,《中国思想通史》(初版)第一卷进一步批评冯友兰道:"冯友兰不知此义,竟以为惠施只注重个体而不注重共相,个体常变,故其哲学为变之哲学。实则,注重于个体固易有动的观点,但个体为彼此互异的具体差别的存在,如真的不兼注重于共相,则惠施的'合同异'观点,即莫由而出。"[③]

冯友兰在他的《新理学》中,对公孙龙的哲学非常推崇,他说:"哲学对于实际虽无所肯定,而对于真际则有所肯定。

[①] 冯友兰:《中国哲学史》上册,《三松堂全集》第2卷,河南人民出版社,2001年,第448页。

[②] 侯外庐、杜守素、纪玄冰:《中国思想通史》卷一,新知书店,1947年,第350页。

[③] 侯外庐、杜守素、纪玄冰:《中国思想通史》卷一,新知书店,1947年,第350页。

晋人虽有'不着实际'之倾向,而对于真际并未作有系统底肯定。所以晋人虽善谈名理,而未能有伟大底哲学系统。在中国哲学史中,对于所谓真际或纯真际,有充分底知识者,在先秦推公孙龙,在以后推程朱。他们对于此方面之知识,不是以当时之科学底理论为根据,亦不需用任何时代之科学底理论为根据,所以不随科学理论之变动而变动。"① 《中国思想通史》(初版)第一卷则认为,公孙龙的哲学是战国群雄纷争之下的意识形态产物:"如果爱勒亚学派的芝诺,其静止的世界观反映着希腊古代的贵族奴主保守性,则离坚白学派的公孙龙,其静止的多元宇宙观,无疑的是反映了战国末年的多元诸侯力政,相峙不下,互无统属,对于行将到来的帝国统一进程,遂行着'拖住'的保守作用。"② 《中国思想通史》(初版)第一卷进一步指出,如果说公孙龙哲学代表了分裂的一面,那么荀子和韩非子哲学就代表着统一的一面:"明白了此点,就可以理解荀子与韩非所以特别反对诡辩思想的社会史上的具体意义。"③ 在阐释了公孙龙哲学的历史意义后,《中国思想通史》(初版)第一卷顺势解释了冯友兰推崇公孙龙哲学在当时的"历史意义":"冯友兰的新理学对于公孙龙思想,特别的强调,并向客观唯心论方面尽力引申,在'化腐朽为神奇'的手法里,使与柏拉图的实在论相接种,其

---

① 冯友兰:《新理学》,《三松堂全集》第4卷,河南人民出版社,2001年,第14页。
② 侯外庐、杜守素、纪玄冰:《中国思想通史》卷一,新知书店,1947年,第367页。
③ 侯外庐、杜守素、纪玄冰:《中国思想通史》卷一,新知书店,1947年,第367页。

为变相的保守观念，则尤其昭然明显，无可疑者。"[1] 言外之意，是在说冯友兰的"新理学"，也只不过是对旧中国的一种保守文化。而公孙龙的哲学之所以能够为冯友兰所推崇，也在于他们都是唯心主义的形而上学，因此，《中国思想通史》（初版）第一卷指出："冯友兰推崇此派对于真际或纯真际有充分底知识，以其所说不以当时代之科学底理论为根据，亦不需要任何时代之科学底理论为证明，故亦不随科学知识之变动而变动，而自有永久存在之价值，至今仍有哲学底兴趣（均见《新理学》）云云，此在实在论或客观唯心论底立场上，固可如此说；但我们站在唯物论辩证逻辑立场上，则对此派不作如此评价。"[2] 可见侯外庐及其学术同志，在史学批评领域，有着鲜明的马克思主义立场。

第三节　侯外庐对冯友兰汉代思想史研究的批评

侯外庐晚年回忆《中国思想通史》（初版）第二卷的编写时说道："我国封建社会诸朝代思想家众多，胡适、冯友兰等人研究两汉以后思想家、哲学家，只偏重于儒学诸家，而我们一致认为，中世纪思想史，必须着重研究异端思想和正统儒学的斗争，无神论和有神论的斗争，唯物主义和唯心主义的斗争，表彰中国思想史上唯物论的光辉传统。正统儒学的

---

[1] 侯外庐、杜守素、纪玄冰：《中国思想通史》卷一，新知书店，1947年，第367页。

[2] 侯外庐、杜守素、纪玄冰：《中国思想通史》卷一，新知书店，1947年，第379—380页。

代表人物可以说是现成的,而许多异端思想家、无神论思想家、唯物主义思想家,则有待我们去发掘。在当时,我们把王充、王符、仲长统、范缜……系统地列入学术思想的史册,还曾遭到过一些人的白眼。开创性的工作总得有人去做,问题在于我们能不能用辩证唯物主义和历史唯物主义的武器,把两大思想体系斗争的全貌写出,我们能不能以足够的确实的史料使人信服。"① 又说:"冯友兰的《中国哲学史》,论述两汉、南北朝的哲学思想部分不足九万字,总觉简略。《中国思想通史》第二、三卷②对两汉和魏晋南北朝时期的思想,论述了其发展脉络,论述了其主潮与支流,论述了其全面的基本情况。"③ 可见,侯外庐在撰写《中国思想通史》(初版)第二卷时,也是针对着冯友兰的《中国哲学史》的。

冯友兰在论述董仲舒的"天"的观念时认为:"董仲舒所谓之天,有时系指物质之天,即与地相对之天;有时系指有智力有意志之自然。有智力有意志之自然一名辞,似乎有自相矛盾之处;然董仲舒所说之天,实有智力有意志,而却非一有人格之上帝,故此谓之为自然也。"④ 《中国思想通史》(初版)第二卷则针锋相对地指出:"冯氏此说,绝非事实!此因董仲舒《春秋繁露》里所说的'天',虽有指物质的事物

---

① 侯外庐:《韧的追求》,张岂之主编:《侯外庐著作与思想研究》第1卷,长春出版社,2016年,第220页。
② 侯外庐此处是按照《中国思想通史》修订版的分卷而言,修订版的第二、三卷相当于初版第二卷的上、下册。
③ 侯外庐:《韧的追求》,张岂之主编:《侯外庐著作与思想研究》第1卷,长春出版社,2016年,第224页。
④ 冯友兰:《中国哲学史》下册,《三松堂全集》第3卷,河南人民出版社,2001年,第15页。

与自然的全体者……，但此等'天'字，皆不关重要；其所指'道之大原'所从'出'的'天'，则明明是一'有智力有意志''有人格之上帝'。"① 毋宁说，董仲舒的天是由自然的天而论证"有人格之上帝"，把"人格"本身论证为自然，显然，冯友兰的观点忽略了这一点。

冯友兰把王充列为古文经学思想家，且评价不高，他说："此等古文经学家，对于当时思想界之贡献，为扫除今文经学家'非常可怪'之论，使儒家学说与阴阳家学说离开。其贡献为消极的。至于在积极方面，则此派经学家，殊不如其在消极方面之大也。与此派经学家相应之思想家，为扬雄王充。此二人在其积极方面，虽皆无甚新见。"② 又，冯友兰对王充《论衡》评价道："王充《论衡》一书，即就道家自然主义之观点，以批评当时一般人之迷信。《论衡》一书，对于当时迷信之空气，有摧陷廓清之功；但其书中所说，多攻击破坏，而少建树，故其书之价值，实不如近人所想象之大也。"③ 对于这一点，侯外庐在回忆录里还专门提到了，他说："我记得，赵纪彬同志曾请教过冯友兰先生，为什么在他的著作《中国哲学史》中没有王充的一席之地。冯友兰先生说：王充批评这个不对，那个不对，但他并没有自己的思想。"④ 侯外

---

① 侯外庐、杜守素、纪玄冰、邱汉生：《中国思想通史》第二卷上册，三联书店，1950年，第101页。

② 冯友兰：《中国哲学史》下册，《三松堂全集》第3卷，河南人民出版社，2001年，第71—72页。

③ 冯友兰：《中国哲学史》下册，《三松堂全集》第3卷，河南人民出版社，2001年，第81页。

④ 侯外庐：《韧的追求》，张岂之主编：《侯外庐著作与思想研究》第1卷，长春出版社，2016年，第220页。

庐这里引述赵纪彬说的王充在冯友兰《中国哲学史》中"没有王充的一席之地"表述不尽准确,因为冯友兰毕竟在《中国哲学史》下册中有第四章"古文经学与扬雄王充"来讲述王充的思想,但是,冯友兰对王充思想的评价非常低。事实上,由于自身形而上学唯心主义哲学思想的作怪,冯友兰对历史上哲学家的评价标准就是越是形而上学就越高,反之则越低。当然,这是侯外庐等马克思主义史学家所反对的。

因此,侯外庐批评冯友兰,重在指出他不能把王充看成是一个儒家的古文经学家:一方面,王充明确说过自己不是儒家,《中国思想通史》(初版)第二卷指出:"冯友兰著《中国哲学史》以王充之学仅出于经古文学派,而经古文乃是儒家之一支,王充则明言其学'违儒家之说,合黄老之义',故以王充为儒家亦同样错误。"① 另一方面,承藉与师事都不是确定一位思想家思想特点的主要依据,不能因为王充与古文经学有学术上的渊源关系,就断定其为古文经学家,因为思想史的发展有从量变到质变的辩证运动,如果一个思想家的思想总是与他的老师相同,那就事实上否定了思想史的运动发展,这就解释了王充出于儒家但反对儒家的现象,《中国思想通史》(初版)第二卷指出:"王充虽非经古文家而却与经古文家有渊源关系,前述他承藉桓谭,师事班彪,皆其明证;但'承藉'于某或'师事'于某,均不足以定其学派性,所以墨子受儒者之业,学孔子之术,而墨子思想非儒家学派,马克思承藉于黑格尔与费尔巴哈,而马克思既非黑格尔学派,亦非费尔巴哈学派。冯友兰的错误,在于不知学派发展的辩

---

① 侯外庐、杜守素、纪玄冰、邱汉生:《中国思想通史》第二卷上册,三联书店,1950年,第256页。

证法，不知思想的由量变质规律；此一错误，与其《新理学》里抹煞思想有'突变'的纯量观点，正相呼应，故其评充的错误亦特别不可饶恕。"①

第四节　侯外庐对冯友兰魏晋玄学研究的批评

在魏晋玄学的研究方面，侯外庐和冯友兰的主要分歧在郭象方面，他说："冯友兰先生《中国哲学史》中，'对河南郭象'及其《庄子注》是推崇备至的，而我们对《庄子注》的唯心主义和有神论是持批判态度的。"② 侯外庐曾经在批判胡适的时候，突然笔锋一转，谈到了冯友兰的郭象研究："更令人发笑不置的，是他（胡适——笔者注）捧他同乡先哲戴东原，为了祭神如神在，不惜倒是颠非，说东原是清代哲学的'大本营'，比康有为尊孔的封建头脑略略技巧一点而已，康有为成为'国师'是对人家说他承绪于孔子，胡适的'国师'地位，大概也在于'戴以是传于胡'吧？'实验'需神灵，其妄可知。惟此风一开，害人不浅，冯友兰的'新理学'就不得不捧出了他的同乡郭象玄学二程洛学来卖死人头了。"③ 可见侯外庐对胡适与冯友兰这种卖弄封建"乡贤"的"学术研究"表示明确的反对。

---

① 侯外庐、杜守素、纪玄冰、邱汉生：《中国思想通史》第二卷上册，三联书店，1950年，第256页。
② 侯外庐：《韧的追求》，张岂之主编：《侯外庐著作与思想研究》第1卷，长春出版社，2016年，第223—224页。
③ 侯外庐：《胡适、胡其所适》，《野草文丛》，1948年第9期，第24页。

在对郭象的研究中,侯外庐揭露了郭象的抄袭案。1948年,侯外庐避难到香港后,在陈君葆①的帮助下,借到了保存有向秀、郭象两家《庄子注》的张湛《列子注》,经过一系列研究,侯外庐发现了一个问题:"张湛引文有一规律,凡向、郭注本相同者,都认为是向注,只有为向注本所略,而郭注本有所补易者,才认为是郭著。"②由此,侯外庐经过详细的论证,证实了《世说新语·文学》和《晋书·郭象传》中记载的郭象抄袭向秀的情况是真实存在的。

在此基础上,侯外庐批评了郭象《庄子注》的唯心主义以及冯友兰研究郭象哲学时体现出来的唯心主义。侯外庐指出,冯友兰与郭象都有"忘善恶而居中"的唯心主义哲学,他说:"庄注'忘善恶而居中'之说,只有新理学者崇奉之。没有能在实际检证的此种'居中'道理,就是狂言'无会'的,而所谓'独应'者,就是主观的。"③侯外庐又批判了《庄子注》及冯友兰新理学在玄虚的形而上学掩盖下的行径,他说:"郭象之义,即庄子入俗容迹的现实思想,晋人依此发为'若有意若无意'之寄迹实践伦理,其'理'自最高的境界可以堕为最低的直应,在思想史上最不足称道,而新理学者的'无字天书'则目为好消息。凡把人道与天道混而同之的思想,没有不在理论上'其旨玄妙',而同时又在实践上

---

① 陈君葆(1898—1982),广东省香山县人(今中山市),教育家、文学家、政治活动家,著有《水云楼诗草》《水云楼词》《陈君葆日记》等。

② 侯外庐:《韧的追求》,张岂之主编:《侯外庐著作与思想研究》第1卷,长春出版社,2016年,第224页。

③ 侯外庐、杜守素、纪玄冰、邱汉生:《中国思想通史》第二卷下册,三联书店,1950年,第729页。

'其行诞妄'。"[1] 联系到冯友兰后来"不老实"的反复无常，侯外庐这里的评价可谓有先见之明。

第五节　侯外庐对冯友兰"抽象继承法"的批评

在《中国思想通史》修订版第一、二、三卷中，为适应新中国成立后的文化事业，团结非马克思主义学者，侯外庐几乎把《中国思想通史》（初版）中批评冯友兰的言论都删去了，仅有的部分言论也用隐晦的方式予以表达。[2] 但是，在《中国思想通史》第四卷中，侯外庐又重新对冯友兰进行了批判，这和当时"中国哲学遗产继承问题"的争论有关，同时也和当时"反右"的政治形势有一定关系。

据汪子嵩的回忆，冯友兰的"抽象继承法"的提出源自北大"中国哲学史"课程的教学工作，他说："1954年，由冯友兰和张岱年先生共同重开'中国哲学史'课程。这门课是集体准备的，在备课过程中发生了不少问题，要按照苏联日丹诺夫对哲学史规定的教条讲授中国哲学史，会遇到许多无法讲清的难题。为了解决这些难题，冯友兰先生后来提出他著名的'抽象继承法'。"[3] 这可以说是冯友兰"抽象继承

---

[1] 侯外庐、杜守素、纪玄冰、邱汉生：《中国思想通史》第二卷下册，三联书店，1950年，第760页。

[2] 程鹏宇：《侯外庐与中国马克思主义史学》，福建教育出版社，2022年，第95—101页。

[3] 汪子嵩口述，张建安采写：《往事旧友，欲说还休》，生活书店出版有限公司，2015年，第83页。

法"的萌芽。1956年11月,冯友兰在中国人民大学哲学系做了题为"中国哲学史中思想的继承性问题"的演讲,不久,冯友兰将这次演讲记录稍加整理后于1957年1月8日在《光明日报》上发表,题为《中国哲学遗产底继承问题》,正式地提出了对中国哲学遗产的"抽象继承法"。冯友兰对"抽象继承法"的表述是:"我们近几年来,在中国哲学史底教学研究中,对中国古代哲学似乎是否定的太多了一些。否定的多了,可继承的遗产也就少了。我觉得我们应该对中国的哲学思想,作更全面的了解。在中国哲学史中有些哲学命题,如果作全面了解,应该注意到这些命题底两方面的意义:一是抽象的意义,一是具体的意义。过去我个人对中国哲学史中的有些哲学命题差不多完全注意它们底抽象意义,这当然是不对的。近几年来我们才注意这些命题底具体意义。当然,注意具体意义是对的,但是只注意具体意义就不对了。在了解哲学史中的某些哲学命题时我们应该把它底具体意义放在第一位,因为这是跟作这些命题的哲学家所处的具体社会情况有直接关系的。但是它底抽象意义也应该注意,忽略了这一方面,也是不够全面。"[①] 冯友兰的意思是说,在继承哲学遗产的时候,可以舍去其"具体的意义",而继承其所谓的"抽象的意义"。冯友兰后来又发表《再论中国哲学遗产底继承问题》(《哲学研究》,1957年第5期)一文,他一方面回应了胡绳等学者的批评意见,另一方面坚持自己的观点,并十分自信地说:"我承认,专靠这个方法,未必能解决哲学遗产中的继承问题;但是,不用这个方法,就不能解决哲学遗产中的继

[①] 冯友兰:《中国哲学遗产底继承问题》,《三松堂全集》第12卷,河南人民出版社,2001年,第94页。

承问题，也不能作哲学史研究工作。"[1] 冯友兰的这两篇文章，在当时哲学界引发了"中国哲学遗产继承问题"的争论。[2] 此时，侯外庐正在筹备《中国思想通史》第四卷的编纂工作，因此，通过《中国思想通史》第四卷来回应这场学术争论，成为侯外庐在编写第四卷时的一个重要的计划。

侯外庐对冯友兰"抽象继承法"的批评主要有以下几个观点：

1. 同样的哲学遗产在不同阵营的哲学家手中会发生不同的继承效果

侯外庐认为："文化遗产的继承决不是如资产阶级学者所胡说的什么抽象的东西，因为对遗产继承的态度和观点也存在着唯心主义和唯物主义之间两条路线的斗争。"[3] 他举例说，唯心主义哲学家韩愈利用《国语》等典籍来证明其"性情的天命论"；[4] 相反，唯物主义哲学家柳宗元却作《非国语》，用同样的材料得出唯物主义的命题。所以，侯外庐认为："在对先行者材料的态度和观点上就显示出唯物主义与唯心主义两条路线的斗争。韩愈的有神论是一种继承，而柳宗

---

[1] 冯友兰：《再论中国哲学遗产底继承问题》，《三松堂全集》第12卷，河南人民出版社，2001年，第132页。

[2] 参见《哲学研究》编辑部编：《中国哲学史问题讨论专辑》，科学出版社，1957年。

[3] 侯外庐主编：《中国思想通史》第四卷上册，人民出版社，1959年，第341页。

[4] 侯外庐主编：《中国思想通史》第四卷上册，人民出版社，1959年，第341页。

元的无神论又是一种继承,谁也没有什么'抽象的继承'。"①同样,在讨论王夫之和王阳明对佛学遗产的继承时,侯外庐也指出:"(王夫之的思想——笔者注)是以唯物主义的正确观点批判了佛学在'能'、'所'关系问题上的颠倒意识。王阳明的'心之所发便是意'和'吾心之能作者为所'是异名而同实的谬论。这里,便分明地表现出哲学上的两条对立的路线,丝毫没有什么'抽象的继承法'。"② 这说明同样的哲学遗产在不同阵营的哲学家手中的继承效果是不同的。

2. 不同阵营的哲学家在继承哲学遗产的时候会选择本阵营的理论

侯外庐认为继承哲学遗产是依据一定的社会阶级的,唯物主义传统和唯心主义传统各自依靠自己特定的社会基础而继承发展。他举例说,韩愈在选择继承哲学遗产的时候,继承了孟子到董仲舒的唯心主义传统,而排斥了荀子到扬雄的唯物主义传统,"这就不是偶然的,而在道、性的理论方面,是有其共呼吸的关系的";③ 反之,刘禹锡却选择了荀子的唯物主义哲学,侯外庐指出:"就刘禹锡来说,在《唐故吕君集纪》(《刘集》卷二三)一文中,曾推崇其'政治革新'的战友之一吕温'以谪似贾生,能明王道似荀卿',并特依'贾生之书首过秦而荀卿亦后其赋'的编纂体例,手定《唐故衡州

---

① 侯外庐主编:《中国思想通史》第四卷上册,人民出版社,1959年,第341—342页。
② 侯外庐主编:《中国思想通史》第四卷下册,人民出版社,1960年,第888页。
③ 侯外庐主编:《中国思想通史》第四卷上册,人民出版社,1959年,第342页。

刺史吕君集》，恳切要求'后之达解者，推而广之，知予之素交，不相索于文字之内'。此一史实，确足证明刘禹锡与荀子的学派渊源。"① 侯外庐又进一步指出："从旧'原道'到'新原道'，在道统上也有着一脉相承的反动本质联系着。其间的继承性更不是什么'抽象的东西'在那里作怪，而是由于社会的根源和理论的根源所决定的。"② 这也就是说，冯友兰的新理学也是基于剥削阶级的意识形态，这和韩愈的唯心主义哲学是有共同点的。

3. 不能根据师承关系或所继承的思想材料来判定哲学家的思想阵营

侯外庐指出，尽管哲学家在继承哲学遗产的时候，一般会选择本阵营的遗产，但是，在面对历史上的哲学遗产继承的时候，关键还是要分析思想家本身的思想阵营，而不是简单地根据其师承关系或所继承的思想材料就判断其思想内涵。他举例说："永嘉学派先驱者的一些师承关系，只是表明它所以出发的'先行思想资料'（恩格斯语）。这些'资料'在一定的历史条件之下，只能提供论题而不能规定论点，只能赋予表现形式而不能决定发展方向。如果仅仅着眼于'资料'的形式，而不重视在思想发展史上的'改造'，那就会陷于历史唯心主义的'道统心传'或所谓'抽象继承法'的泥沼。"③ 这就是说，研究思想史时关键是要对思想家本身的思

---

① 侯外庐主编：《中国思想通史》第四卷上册，人民出版社，1959年，第369页。

② 侯外庐主编：《中国思想通史》第四卷上册，人民出版社，1959年，第342页。

③ 侯外庐主编：《中国思想通史》第四卷下册，人民出版社，1960年，第751—752页。

想实质进行分析,而不是简单地通过所继承的材料来判断其思想的实质。

4. 表面上概念的相似或一致不是判断哲学性质的依据

侯外庐认为,在不同历史条件、阶级条件下,尽管有一些相似的哲学范畴出现,也不能判断其本质上是一致的。侯外庐举例说,王阳明的"行"和毛泽东的"实践"在形式上看是相似的,但却有本质上的不同,他指出:"我们所说的'行'(即实践)乃是变革现实的活动。……实践是真理的标准,在斗争中检证人们的认识,才是矛盾统一的过程,而王阳明却在前提中早已否定了认识过程的对立面。王阳明既然否认了客观事物的存在,用闭门参悟的心理活动来代替实践;既然规定了'行'在于防止矛盾,不使'一念'存于胸中,那么他就不得不进而主张'七情'也不可有了。"[1] 因此,侯外庐指出:"我们不能把王阳明所说的'行'和一般的实践的概念混同起来,决不能看到字面上的相同,便用什么'抽象继承法'去'继承'王阳明的'知行合一'说的'抽象意义。'"[2] 侯外庐在比较张载、程颢和王艮的"民胞物与""万物一体"思想时也说:"同样说的是'民胞物与''万物一体',但是出诸张载、程颢之口与出诸王艮之口,其思想本质是不同的。统治阶级的民胞物与,万物一体,是唯统治阶级独尊的一切民物,为统治阶极利益服务的民物。王艮的民胞物与、万物一体是民物与我一切平等的民物。同样的语言既

---

[1] 侯外庐主编:《中国思想通史》第四卷下册,人民出版社,1960年,第900页。
[2] 侯外庐主编:《中国思想通史》第四卷下册,人民出版社,1960年,第900页。

表达了不同的思想本质,就不复成为共同的语言,也就很明白了。从这里也可以明白,历史遗产没有什么'抽象的继承法'。"① 总之,侯外庐认为哲学遗产的继承不能只看表面的名词与概念,而是应该分析其内涵与实质。

5. 冯友兰"抽象继承法"的根本错误在于脱离历史去讨论哲学

侯外庐指出冯友兰的根本错误,是脱离具体的历史实际去抽象地讨论"哲学本身"的发展。这跟所谓的"内在理路""轴心突破"等唯心史观在本质上是一回事,② 因为在马克思看来:"任何真正的哲学都是自己时代精神的精华。"③ 哲学不能脱离它的时代而独立发展,跳不出它的罗陀斯岛。而冯友兰的观点恰恰就是犯了这种错误,侯外庐指出:"按照这种'抽象继承法',哲学不是一定时代的产物,而是有一个称为'道学运动'的精灵变戏法似地时而附在某些哲学家的身上,时而又附在另一些哲学家的身上,循环来复,心传不绝!这样,也就不再有唯物主义对唯心主义的斗争了。对于这种荒谬的唯心主义论点,我们应当予以批判。"④ 侯外庐认为这是冯友兰唯心主义哲学的根本错误。

---

① 侯外庐主编:《中国思想通史》第四卷下册,人民出版社,1960年,第975页。

② 程鹏宇:《试论侯外庐"国民思想晚出论"对中国思想史起源的解释力》,《唯物史观与马克思主义史学新视野》下册,中国社会科学出版社,2016年。

③ 马克思:《第179号〈科伦日报〉社论》,《马克思恩格斯全集》第1卷,人民出版社,1956年,第121页。

④ 侯外庐主编:《中国思想通史》第四卷下册,人民出版社,1960年,第609页。

6. 冯友兰"抽象继承法"本质上是反动的

侯外庐进一步指出了冯友兰"抽象继承法"的反动性："如果我们根本不对不同时代、不同阶级、不同的党派性的哲学思想进行科学分析，而用'抽象继承法'的观点去形式地对待问题，那么，王阳明的哲学可以和法西斯哲学接种，而又可以把他所说的'心、意、知、物只是一件'同马克思主义哲学的世界观、方法论与逻辑的统一相混淆，从而断言它们'很相似'，这就要陷于随心所欲的武断。'抽象继承法'就是企图抽空哲学思想的具体阶级内容，而以概念上、字面上的某些'相似'来牵强比附不同哲学思想的'继承性'。这是'新理学方法'的拙劣的再版，其目的是要混淆哲学史上唯物主义和唯心主义的界线，抹杀哲学的党性原则，从而企图以某种形式来保留和抬高中国历史上的唯心主义体系。因此，这种'方法'从根本上说是反动的。"[①]

总之，侯外庐认为，冯友兰"抽象继承法"的根本问题，在于脱离历史实际和现实的实践活动，抽象地讨论形而上的哲学遗产，本质上就是维护旧文化的合法性，使之成为超验的"放之四海而皆准"的抽象真理。这种抽象真理，一方面是脱离现实实践因此不能指导现实实践工作的，另一方面也有可能成为掩盖某一特权阶级的特殊利益的工具，成为其意识形态的说教。侯外庐对冯友兰"抽象继承法"的批评，尽管在形式上或多或少地受到了当时"极左"政治风气的影响，但在本质上是符合马克思主义基本原理的，符合唯物主义与唯心主义斗争的规律，符合新中国建立后的社会实践，在思

---

① 侯外庐主编：《中国思想通史》第四卷下册，人民出版社，1960年，第909—910页。

想史、史学史上作出了一定的学术贡献，是十七年史学中的理论成就之一。如果考虑到面对当今复杂的意识形态局面时，侯外庐对冯友兰"抽象继承法"的批评就更加值得我们认真审视和研究了。

第七章　侯外庐对陈寅恪史学的批评

　　侯外庐与陈寅恪（1890—1969）都是在中国近代史学史上影响深远的历史学家，不过，众所周知的是，前者是中国马克思主义史学的主要奠基人（"五老"）之一，而后者则以"不宗奉马列主义"著称于史界，[①] 是极具影响力的非马克思主义史学家。二人在学术理念上可谓南辕北辙，且在生活上几乎没有任何交集。因此，很少有学者将他们放在一起进行比较研究。但是，笔者在阅读侯外庐著作的时候，却发现他在行文中对陈寅恪的史学有所批评，本书特就此予以发微，从侯外庐的眼中观察陈寅恪的形象，从而为唯物史观与文化

　　[①]　陈寅恪：《对科学院的答复》，《讲义及杂稿》，三联书店，2002年，第464页。

史观的比较提供一个视角。①

第一节　侯外庐与陈寅恪在历史观上的分歧

据笔者的研究，侯外庐的著作中第一次提及陈寅恪仅仅是作为学术成果引用的。在《近代中国思想学说史》下册中有这样一段话："所谓'格义'，据近人陈寅恪先生的研究，系开始于魏晋，当时支遁道安等讲说佛经，曾引外典（如《庄子》等书）为连类，比附解明以通其义，这就是所谓格义方法的原义（见中央研究院历史语言研究所集刊《庆祝蔡元培先生六十五岁纪念论文集》）。"② 但是，这部分内容的初稿恰恰不是侯外庐而是赵纪彬写的，所以这次提及也不能完全归于侯外庐之手，更重要的是这次对陈寅恪的提及不涉及对其史学的评价问题。

本书所要讨论的是另外两处，不过，这两处侯外庐均没有明确提到陈寅恪的名字，因此，本书所述似乎有"索隐"

---

① 关于唯物史观和文化史观的关系，参见龚书铎：《唯物史观、文化史观随想》，《光明日报》2002年1月29日。关于陈寅恪的文化史观，参见徐国利：《中国学术文化精神的现代诠释与陈寅恪的文化保守主义史观及史学》，《江淮论坛》2019年第1期；彭华：《陈寅恪的文化史观》，《史学理论研究》1999年第4期；苏志宏：《论王国维、陈寅恪的文化史观》，《中州学刊》1999年第2期；任嘉禾：《浅析王国维与陈寅恪的"民族文化史观"》，《内蒙古社会科学（文史哲版）》1988年第1期。

② 侯外庐：《近代中国思想学说史》下册，生活书店，1947年，第867页。

嫌疑。然而以侯外庐与陈寅恪的关系来看，这种隐秘式的评论实际上是有其原因的：一方面，侯外庐与陈寅恪在历史观上截然相反，这就注定他们在具体的历史论述中会出现相左的现象，也就是说，侯外庐与陈寅恪在学术上的对立是客观存在的，如果他们之间出现学术上的互相批评并不令人诧异；另一方面，新中国成立后，中国共产党实行了团结旧知识分子的政策，[1]毛泽东指出要"有步骤地谨慎地进行旧有学校教育事业和旧有社会文化事业的改革工作，争取一切爱国的知识分子为人民服务"，[2]而陈寅恪恰是党中央团结的对象，在历史学界的地位独特。1955年中国科学院选学部委员时，毛泽东曾支持选陈寅恪，时任中国科学院党组书记的张稼夫曾回忆道："在这个工作中，矛盾最尖锐的是研究隋唐五代史的历史学家陈寅恪，他是这个学科的权威人士，不选进学部委员会不行，他下边一班人也会有意见。如果把他选进学部委员会，他却又一再申明他不信仰马克思主义。我们只好请示毛主席。毛主席批示：'要选上。'这样，陈寅恪就进了哲学社会科学的学部委员会。"[3]基于这种原因，侯外庐也不可能直接指名道姓地批判陈寅恪。事实上，侯外庐在修订《中国思想通史》之时把他一生中最大的论敌冯友兰的名字也隐去了，这一点也是新中国成立后出于团结非马克思主义学者

---

[1] 储著武：《当代中国文化建设史论（1949—1956）》，中国社会科学出版社，2018年，第200—201页。

[2] 毛泽东：《为争取国家财政经济状况的基本好转而斗争》，《毛泽东文集》第6卷，人民出版社，1999年，第71页。

[3] 张稼夫：《庚申忆逝》，山西人民出版社，1984年，第131页。

的需要。① 此外，侯外庐个人的性格相对沉稳，他在《中国思想通史》等著作中对同时代学者的批评都是十分谨慎和委婉的，加之侯外庐与陈寅恪本无私交可言，更不便直接批评其学术。但正因为如此，我们才更有必要把侯外庐对陈寅恪的批评从极其隐秘之处挖掘出来，从而明了二人学术旨趣不同的具体所在。

本书无意于全面比较侯外庐与陈寅恪的学术观点，也不是说侯外庐的观点正确而陈寅恪的观点错误。我们不是历史虚无主义者，对于中国近代史学史上的非马克思主义史学家的史学遗产，我们同样应该进行科学的批判和继承。不能仅仅因为其非马克思主义的历史观就否定其学术价值，而是应该看到其在自身领域作出了独到的历史贡献、有其学术史的合理性。文化本身是一种基于经济基础的历史现象，从文化史观的角度可以比较直接地发现文化变迁的态势，这是陈寅恪史学之所以在史学史上具有深远影响的重要原因。这种对文化变迁态势的发掘为进一步从唯物史观的视角探索其历史内涵奠定了基础，因此，从某种程度上说，优秀的非马克思主义史学反而是中国近代史学走向马克思主义史学的重要环节，张岂之先生就曾指出："王国维、陈寅恪在他们的时代，在吸取传统史学的优点，建立新史学方面取得了很高成就。他们的研究成果成为从传统史学向马克思主义史学发展的桥梁。"② 笔者也曾撰文指出，顾颉刚领导的古史辨运动是中国

---

① 程鹏宇：《侯外庐与中国马克思主义史学》，福建教育出版社，2022年，第95—101页。
② 张岂之：《王国维、陈寅恪的学术研究与马克思主义史学》，《清华大学学报（哲学社会科学版）》1995年第1期，第12页。

马克思主义史学的先声。① 应该说，这一判断是于史有据的。

此外，我们还应该认识到，即使是主观上秉承唯物史观的历史学家也不可能在客观上始终得出完全正确的结论。例如，中国马克思主义史学"五老"在很多具体问题上有很大的分歧，中国马克思主义史学史上的各种争鸣也说明史学家在运用唯物史观研究历史的过程中，还会受到除了历史观之外的学术环境、史料丰富程度、自身知识结构和学术经历等诸多因素的影响，因此他们在学术观点上也会得出不同的结论，甚至某些结论被后来的学术发展证明是错误的。因此，如何正确运用唯物史观仍然是当代史学家需要长期思考的一个问题。然而，这些问题的存在同样不能否认历史观会对史学家的研究产生根本性的影响，历史观的科学与否仍然是决定历史学家的学术研究结论科学与否的最关键的因素。

正因为历史观在史学中处于如此重要的灵魂地位，所以史学史的研究更要抓住历史学家的历史观做文章。白寿彝先生曾说："分析批判各种不同的历史观，这是我们研究史学遗产时首先要担当起来的重要的工作。当然，过去无论哪一种历史观都不可能跟马克思主义历史观相比。但分析批判这形形色色的历史观，对于掌握历史理论的发展规律，锻炼我们的识别能力，丰富我们的理论，提高我们的水平，都是不可少的。"② 本书所述侯外庐与陈寅恪观点的不同便是体现了他

---

① 程鹏宇：《从恩格斯论鲍威尔的观点看顾颉刚的学术地位——纪念恩格斯诞辰200周年》，《理论与史学》第6辑，中国社会科学出版社，2020年。

② 白寿彝：《谈史学遗产》，《白寿彝史学论集》上册，北京师范大学出版社，1994年，第472—473页。

们二人历史观的分歧，即研究历史是要用"唯物史观"还是要用"文化史观"的问题，这一问题不应该被回避。在当今学界，由于特定的社会背景，唯物史观与文化史观的争论可能在相当长的一段时间内仍然存在，但不回避并正确面对这一现象，旗帜鲜明地应对来自不同历史观的挑战，反而能够激励当代中国马克思主义史学家们进一步完善自己的学说，树立自己的学风，坚定马克思主义的理论自信，更好地发挥马克思主义的科学性为建设新时代的新文化服务。我们今天回顾侯外庐对陈寅恪史学的批评，也正是为历史观问题的比较研究提供一个具体的视角，以供当代学者进一步思考。

第二节　侯外庐对陈寅恪关于魏晋鼎革解释的批评

在《中国思想通史》第三卷中，侯外庐有这样一段话："曹魏以及晋初的屯田制，就是根据法律的规定把生产资料的关系以及社会劳动组织更约束于军事体制的影响之下，从而使支配社会财产的方式和多寡更受军事裁决权的约束，即更封建化。应该肯定，它是汉代土地国有制的延续和扩大。这一方面有利于曹魏的中央集权，另一方面也如王莽的'王田'制，遭到豪族地主的反抗。以儒学豪门起家的司马晋之篡魏并不是偶然的。"[①] 这里，侯外庐运用他创立的封建土地国有论对曹魏集团和司马晋集团之间矛盾进行了阐释，即皇族地主与豪族地主的矛盾、皇族土地所有制与豪族土地占有制的

---

① 侯外庐、赵纪彬、杜国庠、邱汉生：《中国思想通史》第三卷，人民出版社，1957年，第4—5页。

矛盾。值得一提的是，侯外庐这里忽然提起司马晋的"儒学"背景，似乎与陈寅恪的相关论述有关。

1950年，陈寅恪发表了《崔浩与寇谦之》一文，① 他在其中提出了这样的观点：曹魏和司马晋之间的斗争，只不过是文化斗争，即有文化、有教养的儒家（士族）和没文化、没教养的法家（宦官、寒族）之间的斗争。陈寅恪说："汉祚将倾，以常情论，继之者似当为儒士阶级'四世三公'之汝南袁氏，而非宦寺阶级'坠阄遗丑'之沛国曹氏，然而建安五年官渡之战，以兵略运粮之偶然关系，袁氏败而曹氏胜，遂定后来曹魏代汉之局，论史者往往以此战为绍、操二人或汉、魏两朝成败兴亡之关键，斯固然矣，而不知此战实亦决定东汉中晚以后掌握政权儒士与阉宦两大社会阶级之胜负升降也。东汉儒家大族之潜势力极大，虽一时暂屈服于法家寒族之曹魏政权，然百足之虫，死而不僵，故必伺隙而动，以恢复其旧有之地位。河内司马氏，虽即承曹睿之庸弱，渐握政权，至杀曹爽以后，父子兄弟相继秉政，不及二十年，遂成帝业。当司马氏作家门时，自亦有本出身寒族依附曹魏之人，投机加入司马氏之党，……但司马氏佐命功臣大都属于东汉之儒家大族，观司马氏将移魏鼎之际，其三公为王祥、何曾、荀𫖮……，而此三人者，当时皆以孝行著称……。盖东汉儒家以孝治天下，非若魏武帝出自阉宦寒门，其理国用人以才能为先，而不仁不孝亦在拔擢之列者可比。……东汉与曹魏，社会风气道德标准改易至是，诚古今之巨变。……而所以致此者，固由于魏武一人之心术，而其所以敢冒举世

---

① 原载《岭南学报》第11卷第1期，1950年12月。

之大不匙者，则又因其家世传统少时薰习有以成之也。""司马氏之帝业，乃由当时之儒家大族拥戴而成，故西晋篡魏亦可谓之东汉儒家大族之复兴。"① 这样，司马氏与曹氏的矛盾就被说成了文化矛盾，司马晋夺取曹魏的政权也被看成是儒家的复兴。

1956年，也就是侯外庐修订《中国思想通史》前三卷期间，陈寅恪发表了《书〈世说新语〉文学类"钟会撰〈四本论〉始毕"条后》，②重申了他在《崔浩与寇谦之》中的观点，由于时间上的这种巧合，我们有理由怀疑这是侯外庐批评陈寅恪的导火索。陈寅恪在《书〈世说新语〉文学类"钟会撰〈四本论〉始毕"条后》中认为："魏为东汉内廷阉宦阶级之代表，晋则外廷士大夫阶级之代表。故魏、晋之兴亡递嬗乃东汉晚年两统治阶级之竞争胜败问题。……司马仲达……乘曹氏子孙孱弱昏庸之际，以垂死之年，奋起一击。二子师、昭承其遗业，终于颠覆魏鼎，取而代之，尽复东汉时代士大夫阶级统治全盛之局。此固孟德当时所不及料，而仲达……实由其坚忍阴毒，有迥出汉末同时儒家迂缓无能之上者。"③ 可见，陈寅恪仍然在此文中坚持了《崔浩与寇谦之》中的观点，把司马晋推翻曹魏的政变看成是"有文化"的儒家士大夫对"没文化"的阉宦的复辟，二者之间的矛盾仍然是文化矛盾。

---

① 陈寅恪：《崔浩与寇谦之》，《金明馆丛稿初编》，生活·读书·新知三联书店，2001年，第143—144、145页。
② 原载《中山大学学报（社会科学版）》1956年第3期。
③ 陈寅恪：《书〈世说新语〉文学类"钟会撰〈四本论〉始毕"条后》，《金明馆丛稿初编》，生活·读书·新知生活·读书·新知三联书店，2001年，第48—49页。

根据上述材料的对比，我们有理由怀疑侯外庐"以儒学豪门起家的司马晋之篡魏并不是偶然的"一语是对陈寅恪观点的异议。在侯外庐看来，司马晋的本质并不在于"儒学"而是在于"豪门"，即他所说的"豪族地主阶级"，也就是说，司马晋与曹魏之间的矛盾本质上是豪族地主阶级（表现为豪族土地占有制）与皇族地主阶级（表现为皇族土地所有制）之间的阶级矛盾。

综上所述，对于"魏晋之间的矛盾本质"这个问题的答案，陈寅恪认为是文化矛盾而侯外庐认为是阶级矛盾，这种区别反映的则是二人历史观的不同。

第三节 侯外庐对陈寅恪"阶级"观的批评

在《中国思想通史》第四卷中，侯外庐论述唐代豪族时说："唐代豪族标榜品第，虽然不象南朝那样严格，但仍然区分品第和凡庶。这不仅涉及政治地位，而且涉及和政治关系相结合的土地占有的关系，……他们正是以经义来反对进士的浮华的。这一套东西有其历史的渊源，而归根结底就是封建地主对封建的追思、怀念、回忆底诗篇，是他的梦幻的本质，他的政治的重要性等等发生的作用，其目的是在于通过旧的文化传统以维持宗法关系的族望和谱牒，使等级制度维系于血缘自然关系之下，而不至僭乱。"[①] 这是对唐代豪族地主阶级的分析，但是，侯外庐突然笔锋一转，又说了这样一

---

① 侯外庐主编：《中国思想通史》第四卷上册，人民出版社，1959年，第98页。

段话:"有些学者论唐代政治,曾将门阀豪族和新起庶族说成是两个阶级,这是完全错误的。他们不是两个阶级,而是同属于地主阶级中的不同等级或阶层。"① 在同时代的学者中,符合侯外庐所说的学术特征的"有些学者"主要就是陈寅恪。

陈寅恪在行文中一向喜欢用"阶级"一词指代不同的政治、文化集团,当代学者胡戟认为:"陈的论著中,无论早期、晚期,仍均按汉语传统把阶级当做等级的意义运用,除了在《东晋南朝之吴语》中用为'社会阶级'、'士族阶级',在《唐代政治史述论稿》中用为'士大夫阶级',……《东晋南朝之吴语》一文中还用为'北语阶级'、'吴语阶级'。"② 熟悉陈寅恪著作的学者应该不难发现他的这一学术特征,因此,我们可以推断出侯外庐所说的"论唐代政治,曾将门阀豪族和新起庶族说成是两个阶级"的"有些学者"指的就是陈寅恪。

中国马克思主义史学家一般使用的是列宁对"阶级"的定义:"所谓阶级,就是这样一些大的集团,这些集团在历史上一定的社会生产体系中所处的地位不同,同生产资料的关系(这种关系大部分是在法律上明文规定了的)不同,在社会劳动组织中所起的作用不同,因而取得归自己支配的那份社会财富的方式和多寡也不同。所谓阶级,就是这样一些集团,由于它们在一定社会经济结构中所处的地位不同,其中

---

① 侯外庐主编:《中国思想通史》第四卷上册,人民出版社,1959年,第99页。
② 胡戟:《陈寅恪与中国中古史研究》,《历史研究》2001年第4期,第154页。

一个集团能够占有另一个集团的劳动。"[1] 侯外庐所说的"阶级"就是在这个话语体系中的，是根据经济地位的不同所划分出来的集团。而陈寅恪所说的"阶级"是政治、文化意义上的，学术界有学者就指出陈寅恪史学中有一个"文化阶级"的概念："家族、地域、血统的关系，形成陈寅恪所谓的文化阶级。文化阶级一词对于了解陈寅恪思想的全貌，极为重要。因为陈寅恪不从物质生产的角度来揭示历史变化的原因，也与传统史家的正统说不同。"[2] 因此，陈寅恪所使用的"阶级"概念与侯外庐所使用的"阶级"概念是不同的，前者是政治、文化意义上的，而后者是经济意义上的，反映了他们对人类社会不同集团划分标准的分歧，而这种分歧正是文化史观与唯物史观两种历史观相左的具体表现，是两种话语体系的冲突。

第四节 侯外庐对陈寅恪血统文化论的批评

在批评"有些学者"观点的时候，侯外庐还指出："如果不分析豪族和庶族两者斗争的社会经济背景，不可避免地陷于唯心主义，以致从血统关系、文化关系上层建筑方面来歪曲唐代历史发展的规律，甚至站在封建统治阶级的立场对古

---

[1] 列宁：《伟大的创举》，《列宁选集》第4卷，人民出版社，2012年，第11页。
[2] 戴旭旺：《陈寅恪的"文化阶级"简析》，《安顺学院学报》2009年第2期，第23页。

老阀阅等级的衰微,万分惋惜。"[1] 侯外庐这里指出的两个问题即"从血统关系、文化关系上层建筑方面来歪曲唐代历史发展的规律"和"站在封建统治阶级的立场对古老阀阅等级的衰微,万分惋惜",依旧是暗指陈寅恪。

侯外庐所说的从"血统关系、文化关系"论唐代历史,指的是陈寅恪关于李唐氏族的研究。陈寅恪认为李氏家族原本就是赵郡或广阿县的汉族,但属于社会等级不高的家族,文化水平较低,因此在风俗习惯上受到少数民族的影响。李虎入关以后,才把自己的籍贯改为陇西,并冒称是十六国时期西凉开国君主李暠的后裔。后来又因为宇文泰出身武川镇而改称自己是武川人。总之,陈寅恪通过复杂的论证最终得出的结论是:"李唐氏族若仅就其男系论,固一纯粹之汉人也。……李唐一族之所以崛兴,盖取塞外野蛮精悍之血,注入中原文化颓废之躯,旧染既除,新机重启,扩大恢张,遂能别创空前之世局。故欲通解李唐一代三百年之全史,其氏族问题实为最要之关键。"[2] 这就把唐代历史的关键归结于李唐一族的血统和文化上了,认为血统和文化是决定历史发展的根本因素。

很明显,陈寅恪在这里表达的是一种血统文化决定论的文化史观,而侯外庐则主张从分析社会经济背景入手去解释历史,体现的是唯物史观的学术路径。在这里,双方历史观上的分歧就十分明朗了。

---

[1] 侯外庐主编:《中国思想通史》第四卷上册,人民出版社,1959年,第99页。
[2] 陈寅恪:《李唐氏族之推测后记》,《金明馆丛稿二编》,生活·读书·新知三联书店,2001年,第344页。

第五节　侯外庐对陈寅恪门阀士族观的批评

侯外庐所说的"对古老阀阅等级的衰微，万分惋惜"，指的是陈寅恪在其名著《隋唐制度渊源略论稿》和《唐代政治史述论稿》中对门阀士族地主阶级的美化及对其衰落的惋惜。

在《隋唐制度渊源略论稿》中，陈寅恪赞扬了门阀士族对保存"文化"和创造隋唐盛世的贡献，他认为汉代学校和博士制度废弛以后，学术就被地域性的大家族垄断了，世家大族具有保存文化的作用。① 具体来说："关陇之区，既承继姚秦之文化，复享受北魏长期之治安，其士族家世相传之学术必未尽沦废，故西北一隅偏塞之区，值周隋两朝开创之际，终有苏氏父子及牛辛诸贤者，以其旧学，出佐兴王，卒能再传而成杨隋一代之制，以传之有唐，颇与北魏河西学者及南朝旧族俱以其乡土家世之学术助长北魏之文化，凝铸混和，而成高齐一代之制度，为北朝最美备之结果以传于隋唐者，甚相类也。"② 事实上，陈寅恪的《隋唐制度渊源略论稿》就是要说明整个南北朝虽然战乱分裂，但由于门阀士族保有所谓的"文化"，才造就了隋唐的盛世——这当然是文化史观的具体表现。

在《唐代政治史述论稿》中，陈寅恪进一步美化了士族

---

① 陈寅恪：《隋唐制度渊源略论稿》，生活·读书·新知三联书店，2001年，第20—23页。
② 陈寅恪：《隋唐制度渊源略论稿》，生活·读书·新知三联书店，2001年，第47页。

地主阶级，他认为门阀士族的地位不但不是由其经济地位决定的，甚至不是由其政治地位决定的，反而是由其"家学及礼法"这种文化因素决定的，他说："所谓士族者，其初并不专用其先代之高官厚禄为其唯一之表征，而实以家学及礼法等标异于其它诸姓。……士族之特点既在其门风之优美，不同于凡庶，而优美之门风实基于学业之因袭。故士族家世相传之学业乃与当时之政治社会有极重要之影响。"[①] 陈寅恪又指出李唐皇室非门阀士族出身，文化水平有限，远不及所谓"山东士族"："唐代皇室本出自宇文泰所创建之关陇胡汉集团，即朱元晦所谓'源流出于夷狄，故闺门失礼之事不以为异'者，固应与山东士族之以礼法为门风者大有不同。及汉化程度极深之后，与旧日士族比较，自觉相形见绌，益动企羡攀仰之念。然贵为天子，终不能竞胜山东旧族之九品卫佐，于此可见当日山东旧族之高自标置，并非无因也。"[②] 而所谓的山东士族的根基也并不是其经济地位，而是文化程度："山东士族之所以兴起，实用儒素德业以自矜异，而不因官禄高厚见重于人。降及唐代，历年虽久，而其家风礼法尚有未尽沦替者。"[③] 这样一来，文化就成为决定社会阶级地位的根本因素，门阀士族之所以能够享有较高的社会地位，就是因为其文化程度高。

庶族地主在陈寅恪眼中则是浮华放浪、不守礼法的形象，

---

① 陈寅恪：《唐代政治史述论稿》，生活·读书·新知三联书店，2001年，第259—260页。
② 陈寅恪：《唐代政治史述论稿》，生活·读书·新知三联书店，2001年，第265页。
③ 陈寅恪：《唐代政治史述论稿》，生活·读书·新知三联书店，2001年，第267页。

他说:"唐代士大夫中其主张经学为正宗、薄进士为浮冶者,大抵出于北朝以来山东士族之旧家也。其由进士出身而以浮华放浪著称者,多为高宗、武后以来君主所提拔之新兴统治阶级也。其间山东旧族亦有由进士出身,而放浪才华之人或为公卿高门之子弟者,则因旧日之士族既已沦替,乃与新兴阶级渐染混同,而新兴阶级虽已取得统治地位,仍未具旧日山东旧族之礼法门风,其子弟逞才放浪之习气犹不能改易也。"[1] 又说:"唐代新兴之进士词科阶级异于山东之礼法旧门者,尤在其放浪不羁之风习。故唐之进士一科与倡伎文学有密切关系。"[2] 总之,陈寅恪在历史评价方面对门阀士族是称誉的,但对庶族地主是贬损的。

另一方面,陈寅恪对门阀士族的衰微表示了惋惜,如他认为唐代门阀士族衰落的表现就是与新兴庶族地主阶级"无异",显然是对门阀士族与庶族地主之间这种"旧时王谢堂前燕,飞入寻常百姓家"的沧桑表示惋惜。陈寅恪指出:"经术乃两晋、北朝以来山东士族传统之旧家学,词彩则高宗、武后之后崛兴阶级之新工具。至孤立地冑之分别,乃因唐代自进士科新兴阶级成立后,其政治社会之地位逐渐扩大,驯致旧日山东士族如崔皋之家,转成孤寒之族。若李(珏)杨之流虽号称士族,即使俱非依托,但旧习门风沦替殆尽,论其实质,亦与高宗、武后由进士词科进身之新兴阶级无异。"[3]

---

[1] 陈寅恪:《唐代政治史述论稿》,生活·读书·新知三联书店,2001年,第261页。

[2] 陈寅恪:《唐代政治史述论稿》,生活·读书·新知三联书店,2001年,第281页。

[3] 陈寅恪:《唐代政治史述论稿》,生活·读书·新知三联书店,2001年,第268页。

同时，陈寅恪又认为优秀的门阀士族能够凭借其"文化"与新兴庶族地主斗争，但衰落的门阀士族却只能与后者同化："凡山东旧族挺身而出，与新兴阶级作殊死斗者，必其人之家族尚能保持旧有之特长，如前所言门风家学之类，若郑覃者，即其一例也。亦有虽号为山东旧门，而门风废替，家学衰落，则此破落户之与新兴阶级不独无所分别，且更宜与之同化也。"① 很明显，陈寅恪在这里是表达了一种"对古老阀阅等级的衰微，万分惋惜"的感情，无论怎样看，这都是一种具有主观倾向性色彩的观点。事实上，当代学者孙明君也指出："即使是从陈寅恪的论述中也可以看到，士族阶级的门风并不一定能够用'优美'一词予以概括，但陈先生还是坚持使用了这样的字眼，并给予了崇高的礼赞，从中我们不难体会他对士族阶级的偏爱与回护之情，其心情可以理解，但是似乎与历史事实不尽相符。"② 这一论述是比较符合陈寅恪史学特点的。

客观地说，陈寅恪本人出身于晚清"门阀士族"，对封建士族文化有着难以割舍的感情，用他自己的话说，"凡一种文化值衰落之时，为此文化所化之人，必感痛苦，其表现此文化之程量愈宏，则其所受之苦痛亦愈甚"，③ 于是，他把自己的这种苦痛通过其史学研究表现了出来，使得其史学研究表现出了浓厚的主观色彩。这一点，何兆武——既是陈寅恪的

---

① 陈寅恪：《唐代政治史述论稿》，生活·读书·新知三联书店，2001年，第276页。

② 孙明君：《陈寅恪"士族阶级"说述评》，《清华大学学报（哲学社会科学版）》2010年第5期，第155—156页。

③ 陈寅恪：《王观堂先生挽词并序》，《诗集·附唐篔诗存》，生活·读书·新知三联书店，2001年，第12页。

学生，又是侯外庐的学生——对陈寅恪的评语，可谓不刊之论，他说："陈先生自称是'平生为不古不今之学，思想囿于咸丰同治之世，议论近乎湘乡南皮之间'，就典型地代表着新旧文化交替方生方死之际一个学人的矛盾心情；他似乎毕生都在把自己惋时抚事的感伤寄情于自己的学术研究之中，这样就使他的历史观点也像他的诗歌一样，浓厚地染上了一层他自己内心那种感慨深沉的色调。一个人的思想和理论，毕竟首先而且根本上乃是时代现实的产物，而不是前人著作的产物。"[①] 何兆武先生对陈寅恪的评价是从唯物史观的角度出发，这一点恐怕是陈寅恪生前始料不及的。他一生以文化史观评论历史，却不曾想到他自己的历史要被自己的学生用唯物史观来评论。而当代史家乔治忠更是一针见血地指出："陈寅恪的家世条件和学术际会，使他较为容易地在学界取得一席之位，但同时也制约了他思想的进步，导致他成为倾向于文化保守主义的学者，还导致形成过多从人物出身门第出发研究历史的思维定式。有人赞称陈寅恪是'贵族史学家'，其实做学问表现为'贵族'理念，利大还是弊大？需要辩证裁定。研究历史如果恪守一种贵族意识，其影响求实和求是宗旨的贯彻，应当说是难以避免的。"[②] 行文至此，陈寅恪一生的历史观和史学研究让人颇有"秦人不暇自哀，而后人哀之"的叹息；然而，以此推论，又有"后人哀之而不鉴之，亦使后人而复哀后人也"的忧虑。

[①] 何兆武：《历史理性批判散论自序》，《历史理性批判散论》，湖南教育出版社，1994年，第8页。

[②] 乔治忠：《陈寅恪治史，有成就也有局限》，《历史评论》2021年第4期，第60页。

反观侯外庐，他把历史上门阀士族的衰落仅仅看作是豪族地主阶级作为一个社会阶级在历史发展中的衰落而已，豪族地主阶级因为与物质生产活动联系日益疏远，逐渐让位于新兴的庶族地主阶级，这本身是历史运动的一个必然结果。在唯物史观的视野中，这种历史的阶级运动是十分正常的，例如封建地主阶级也是因为与现代工业生产的疏远而衰落，进而退出历史舞台的。对于这样一个十分正常的历史的阶级运动，陈寅恪则由于其家庭、阶级出身以及其文化史观的偏见，而对一个古老的地主阶级产生了所谓的"了解之同情"，把门阀士族地主阶级的文化看作是"优美"的抽象的标准模式，体现出其文化史观"天不变道亦不变"的形而上学风格，从而迥异于唯物史观所强调的历史的辩证法。从这里我们也不难看出，唯物史观所体现出来的科学性与非情绪性是文化史观所不能企及的。

第八章 侯外庐对顾颉刚史学的批评

顾颉刚（1893—1980）是中国近代史学史上影响极为深远的一位历史学家，他提出的疑古学说是"由中国史家基于本土学术资源构建的、极具原创性的史学理论学说"，[1] 他所倡导的"古史辨运动"在中国史学由传统转向现代的历程中可以说是一个"标识性事件"，[2] 顾颉刚本人丰硕的学术成就也是"20世纪中国史学史上绕不开的话题"，[3] 直到现在仍然是一笔值得我们认真学习和继承的宝贵遗产。

侯外庐十分重视顾颉刚的学术成果，他在谈到清代乾嘉到近代以来史料考证学的进步时说："自然科学方法的在中国史料方面之成功，从崔述到顾颉刚，从王国维到郭沫若，便

---

[1] 张越：《顾颉刚疑古学说百年流播的若干审思》，《史学月刊》，2023年第5期。

[2] 李长银：《中外交汇："古史辨运动"的学术因缘研究》，人民出版社，2023年，第1页。

[3] 李政君：《变与常：顾颉刚古史观念演进之研究（1923—1949）》，中国社会科学出版社，2020年，第1页。

是证明。"[1] 他在论述"封建"一词时也说："'封建'一词，首见于作为春秋颂宋襄公的《诗经·商颂》（据王国维顾颉刚诸家考证）。"[2] 在论述公刘之后太王继之的时候，侯外庐也说："顾颉刚考太王非古公。"[3] 他在论述周代已从殷代牧畜为主的社会发展至土地农业生产的社会时，引用了《周书》《诗经》中关于后稷禘祀的记载，认为这是追祀田功之氏族祖先的传说，并指出"参看顾颉刚《古史辨》"。[4] 由此可见，顾颉刚的学术成果及其主编的《古史辨》是侯外庐研究中国古代社会史时的重要参考文献。

不仅如此，侯外庐对顾颉刚的史学也提出了自己的批评意见，主要表现为接受了顾颉刚层累说的史学思想，但又对其无力解决古史问题的局限性提出了建设性的批评意见。可以说，侯外庐是顾颉刚倡导的"古史辨"运动当之无愧的继承者，更广义地说，中国马克思主义史学是中国近代一切优秀史学遗产和史学传统当之无愧的继承者。

---

[1] 侯外庐：《中国古典社会史论》，五十年代出版社，1943年，序言第3页。

[2] 侯外庐：《中国古典社会史论》，五十年代出版社，1943年，第1页。

[3] 侯外庐：《中国古典社会史论》，五十年代出版社，1943年，第11页。

[4] 侯外庐：《中国古典社会史论》，五十年代出版社，1943年，第84页。

第一节　鲍威尔与顾颉刚:"古史辨"在中西学术史上的普遍性

在谈到顾颉刚与"古史辨"运动的学术史意义时,我们有必要把眼光放远一些,看看"古史辨"运动是否在学术史上具有普遍性。

我们将引入一位在马克思主义创立史上无法越过的历史人物——布鲁诺·鲍威尔(Bruno Bauer,1809—1882),他是马克思早年的老师,是青年黑格尔派的代表人物。不过,鲍威尔在学术史上是以被马克思和恩格斯批判而留名的——马克思和恩格斯合作的第一部著作就是《神圣家族,或对批判的批判所做的批判。驳布鲁诺·鲍威尔及其伙伴》。这部著作在马克思主义的创立史上意义重大,恩格斯晚年说:"对抽象的人的崇拜,即费尔巴哈的新宗教的核心,必定会由关于现实的人及其历史发展的科学来代替。这个超出费尔巴哈而进一步发展费尔巴哈观点的工作,是由马克思于 1845 年在《神圣家族》中开始的。"[①]《神圣家族》这部著作标志着马克思和恩格斯与青年黑格尔派的唯心主义进行了决裂,同时,鲍威尔也作为一个被批判者的形象被定格在马克思主义创立史当中。

然而,鲍威尔的形象不止于此,他的另外一个身份是启蒙主义历史学家,正如恩格斯所评价的那样:"鲍威尔只是在

[①] 恩格斯:《路德维希·费尔巴哈和德国古典哲学的终结》,《马克思恩格斯文集》第 4 卷,人民出版社,2009 年,第 295 页。

基督教起源史方面做了一些事情，虽然他在这里所做的也是重要的。"① 鲍威尔的史学著作主要有《基督和君主们：基督教起源于罗马的希腊文化》《斐洛、施特劳斯、勒南和原始基督教》《福音书及其起源的史实考证》《使徒行传：保罗教义和犹太教在基督教会内部的调和》《保罗书信考证（分三个部分论述）》《约翰的福音故事考证》《符类福音作者的福音故事考证》等，② 这些著作在学术史上的意义是在一定程度上廓清了基督教历史叙事中的宗教因素，从而为马克思主义的诞生扫清了道路。也是从这个意义上讲，我们把鲍威尔和顾颉刚相提并论，把鲍威尔称作是"德国的顾颉刚"，或者说把顾颉刚称作是"中国的鲍威尔"。马克思和恩格斯可以说是在对以鲍威尔为代表的青年黑格尔派的批判中创立了马克思主义，而在中国，马克思主义史学也是对顾颉刚所领导的古史辨运动的一种批判的发展。③

鲍威尔去世后，恩格斯在《布鲁诺·鲍威尔和原始基督教》《路德维希·费尔巴哈和德国古典哲学的终结》《论原始基督教的历史》等文章中都谈到了鲍威尔，并对其学术贡献与不足进行了科学的批评，这些观点都有助于我们理解顾颉刚在中国史学史上的地位。

1882年，鲍威尔刚刚去世，恩格斯就写了《布鲁诺·鲍威尔和原始基督教》一文对其学术思想进行了总结。恩格斯

---

① 恩格斯：《路德维希·费尔巴哈和德国古典哲学的终结》，《马克思恩格斯文集》第4卷，人民出版社，2009年，第296页。

② 参见《马克思恩格斯文集》第3卷第595、704页，第4卷第652、653页。

③ 张越：《从对整理国故和"古史辨派"的评价看郭沫若的史学思想》，《郭沫若学刊》，2003年第1期。

指出，中世纪的自由思想者和18世纪的启蒙学者都把包括基督教在内的一切宗教说成是骗子的捏造，这些观点虽然蕴含了早期资产阶级思想家们对封建宗教意识形态的反抗，但这种观点在本质上来说是非科学的，因为它建立在一个唯心主义观念的基础上，即认为宗教是可以由一些人主观上去创造出来的。而在马克思主义看来，宗教作为一种意识形态，它一定有相对应的社会存在作为基础。① 因此，在原始基督教历史的研究当中，需要解决一个非常重要的问题，那就是罗马帝国为什么会选择基督教这样一种宗教形态而不是其他的宗教形态？恰恰在这一点的研究上，恩格斯明确指出："布鲁诺·鲍威尔的贡献比任何人都大得多。"② 鲍威尔通过对基督教历史文献的研究和考证，得出了一个非常重要的结论——基督教的历史叙事很多都是虚构的。③ 这就为上述难题的解答打开了思路，即基督教取得意识形态上统治地位的答案不

---

① 关于马克思主义是如何看待启蒙运动的问题，可参见程鹏宇、叶建：《马克思主义启蒙观的内涵及其当代启示》，《信阳师范学院学报（哲学社会科学版）》，2018年第6期。

② 恩格斯：《布鲁诺·鲍威尔和原始基督教》，《马克思恩格斯文集》第3卷，人民出版社，2009年，第592页。

③ 鲍威尔说："对于我们时代以很大精力研究的问题，即耶稣是否是历史记载的耶稣基督的问题，我们的回答是：我们已证明，历史记载的耶稣基督的一切，我们对它所问的一切以及我们知道的关于它的一切，通通属于表象（Vorstellung，或译想象）世界，而且是基督教表象的世界，于是也就同属于现实世界的人没有什么关系。因此对这个问题的回答是：永远把它勾销吧。"（[德]布鲁诺·鲍威尔：《复类福音及约翰福音作者的福音史批判》第3本，1842年德文版，第308页。转引自李毓章：《费尔巴哈与施特劳斯、鲍威尔和施蒂纳的论争》，《马克思主义来源研究论丛》第16辑，商务印书馆，1994年，第366页）

能从其荒诞无稽的历史叙事中去寻找，其真正秘密一定隐藏在其他地方。鲍威尔接下来的研究不在我们的讨论范围之内，我们所要说的是，鲍威尔在基督教史的研究上采取了一种与顾颉刚在中国古史研究上相类似的"疑古辨伪"的方法，从而得出了这样一个结论："福音书的全部内容中几乎绝对没有一件事情是可以证实的历史事实，以致连耶稣基督在历史上是否实有其人也可以认为是成问题的。"① 而这样一个推论就极大地冲击了基督教的权威性，这种思想史上的后果，与顾颉刚对中国古代历史文献尤其是儒家经典的怀疑与批判，从而导致传统儒家伦理教条的松动是可以相提并论的。②

1886年，恩格斯在名文《路德维希·费尔巴哈和德国古典哲学的终结》中谈到了施特劳斯（David Friedrich Strauss，1808—1874）和鲍威尔辨伪思想的不同，他说："政治在当时是一个荆棘丛生的领域，所以主要的斗争就转为反宗教的斗争，这一斗争，特别是从1840年起，间接地也是

---

① 恩格斯：《布鲁诺·鲍威尔和原始基督教》，《马克思恩格斯文集》第3卷，人民出版社，2009年，第592页。

② 蔡尚思对顾颉刚领导的古史辨运动的反封建意义有所阐释："'五四'时期，在北京大学里，有尊孔信古派如陈汉章、黄侃等教授，有反孔疑古派如钱玄同、胡适等教授，他们都是顾先生的老师，而顾先生却毫不犹豫地亲近新派而远离旧派，也能跳出经今古文两派的范围外。人们多只知道：在文学上以白话派而向文言派进行斗争，在哲学思想上以反旧道德派而向旧道德派进行斗争，是进步的一种表现；而还不知道在史学上以疑古派而向信古派进行斗争，以资产阶级的一些方法而向地主阶级的一些方法进行斗争，也同样是进步的一种表现。二者都是属于反孔反封建的思想体系的，都是这个阵线不可缺少的组成部分之一。"（蔡尚思：《顾颉刚创建的新疑古派——〈古史辨〉派作用的具体分析》，《社会科学战线》，1981年第4期）

政治斗争。1835年出版的施特劳斯的《耶稣传》成了第一个推动力。后来，布鲁诺·鲍威尔反对该书中所阐述的福音神话发生说，证明许多福音故事都是作者自己虚构的。两人之间的争论是在'自我意识'对'实体'的斗争这一哲学幌子下进行的。神奇的福音故事是在宗教团体内部通过不自觉的、传统的创作神话的途径形成的呢，还是福音书作者自己虚构的——这个问题竟扩展为这样一个问题：在世界历史中起决定作用的力量是'实体'呢，还是'自我意识'。"[1] 恩格斯在这里谈到了斯特劳斯和鲍威尔的争论，即基督教历史当中的作伪是无意的还是有意的。而我们把目光转回中国近代的"古史辨运动"的时候，就会发现这个问题在顾颉刚的辨伪思想中也是存在的，顾颉刚曾说："所谓伪，固有有意的作伪，但也有无意的成伪。我们知道作伪和成伪都有他们的环境的诱惑和压迫，所以只须认清他们的环境，辨伪的工作便已做了一半。"[2] 很显然，如此高度相似的思想，绝不能用巧合来形容。

恩格斯在1894年写的《论原始基督教的历史》中进一步指出："他（布鲁诺·鲍威尔——笔者注）的巨大功绩，不仅在于他对福音书和使徒书信作了无情的批判，而且还在于他第一个不但认真地研究了犹太的和希腊—亚历山大里亚的成分，并且还认真地研究了纯希腊的和希腊—罗马的成分，而正是后者才给基督教开辟了成为世界宗教的道路。说什么基

---

[1] 恩格斯：《路德维希·费尔巴哈和德国古典哲学的终结》，《马克思恩格斯文集》第4卷，人民出版社，2009年，第274页。

[2] 顾颉刚：《战国秦汉间人的造伪与辨伪》，王煦华编选：《古史辨伪与现代史学——顾颉刚集》，上海文艺出版社，1998年，第106页。

督教从犹太教产生时就已经定型，并凭大体上已经确定的教义和伦理从巴勒斯坦征服了世界，这种奇谈怪论从布鲁诺·鲍威尔时起再也站不住脚了；它只能在神学院里和那些要'为人民保存宗教'而不惜损害科学的人们中间苟延残喘。"[①]这说明鲍威尔的史学研究激烈地冲击了基督教神学的理论基础，同样的，顾颉刚的疑古辨伪也对儒家意识形态产生了强大的冲击，正如白寿彝先生所言："顾颉刚先生的基本观点对有关古史的荒谬传说起了廓清之功，而历代相传三皇五帝的神圣地位一下子也就失去了依据。"[②]

恩格斯进一步指出："在鲍威尔心目中，新约中耶稣及其门徒的故事的任何历史背景都消失了，这些故事就成了这样一种传说，其中把最初团体的内在发展阶段和内部精神斗争都归之于多少是虚构出来的人物。在鲍威尔看来，这一新宗教的诞生地不是加利利和耶路撒冷，而是亚历山大里亚和罗马。"[③] 也就是说，鲍威尔建立在疑古辨伪基础上的基督教史研究，最终把基督教的真正诞生地从传说中的加利利和耶路撒冷引向了现实的亚历山大里亚和罗马，这实际上就揭示了基督教产生的历史背景。顾颉刚的史学思想也是一样的，他在著名的《与钱玄同先生论古史书》中就指出："我们在这上，即不能知道某一件事的真确的状况，但可以知道某一件事在传说中的最早的状况。我们即不能知道东周时的东周史，

[①] 恩格斯：《论原始基督教的历史》，《马克思恩格斯文集》第4卷，人民出版社，2009年，第482—483页。

[②] 白寿彝：《谈谈近代中国的史学》，《白寿彝文集》第5卷，河南大学出版社，2008年，第527页。

[③] 恩格斯：《论原始基督教的历史》，《马克思恩格斯文集》第4卷，人民出版社，2009年，第483页。

也至少能知道战国时的东周史;我们即不能知道夏、商时的夏、商史,也至少能知道东周时的夏、商史。"① 这就和鲍威尔把基督教的历史从加利利和耶路撒冷拉回到亚历山大里亚和罗马一样,顾颉刚是把"东周史"拉回到了战国,把"夏、商史"拉回到了东周。顾颉刚在《古史辨》第三册《自序》中对这种史学方法做了进一步的总结,他说:"我们破坏它,并不是要把它销毁,只是把它的时代移后,使它脱离了所托的时代而与出现的时代相应而已。实在,这与其说是破坏,不如称为'移植'的适宜。"② 这种方法实际上就是强调思想的社会背景,顾颉刚此后的史学研究,也在个别文章中强调了这一点,如《致程憬:问孔子学说何以适应于秦汉以来的社会书》(1926),《致傅斯年:问孔子学说何以适应于秦汉以来的社会书》(1926),《禅让传说起于墨家考》(1936)等。尽管由于没有马克思主义的明确指导,顾颉刚在这方面所做的工作较少,但他所表现出来的倾向是进步的。③

更令人惊奇的是,恩格斯竟然几乎用"层累说"来描述鲍威尔的基督教史研究,他指出:"至于说福音书和使徒行传是对现已佚失的著作的后来的加工品,这些佚失著作的微弱的历史核心在传说的层层笼罩之下现在已经辨认不出;就连那几篇所谓'真正的'使徒书信,也如布鲁诺·鲍威尔所说,或者是更晚的作品,或者最多也只是无名作家的旧著经过增

---

① 顾颉刚:《与钱玄同先生论古史书》,王煦华编选:《古史辨伪与现代史学——顾颉刚集》,上海文艺出版社,1998年,第25页。

② 顾颉刚:《自序》,《古史辨》第三册,上海古籍出版社,1982年,第8页。

③ 关于顾颉刚与唯物史观的关系,可参见李政君:《民国时期顾颉刚对唯物史观的态度》,《人文杂志》,2016年第5期。

补以后的加工品——这在目前只有职业神学家或其他立场偏颇的历史编纂学家才加以否认。"① 恩格斯在这里用了"传说的层层笼罩"这个表述，相对应的德文是"sagenhaften Überwucherung"，"sagenhaften"意为"神话的、传说的"，"Überwucherung"意为"丛生、盖满、过度生长"，合起来的意思就是"传说的层层笼罩"。② 恩格斯所强调的是基督教的历史就是一个由"传说的层层笼罩"所造成的历史叙事，而真正的历史核心却在这个传说中失真，这个思想不正是顾颉刚所说的"层累的造成的古史"吗？③ 鲍威尔和顾颉刚之间似乎真的有些"东海西海，此心同也"！当然，笔者这种判断并没有神秘主义的意味在里面，而是要指出其根本性的原因，即鲍威尔和顾颉刚都处在同一历史阶段上——马克思主义的前夜。④

---

① 恩格斯：《论原始基督教的历史》，《马克思恩格斯文集》第4卷，人民出版社，2009年，第502—503页。

② 此处关于德文的翻译问题，请教了西南交通大学外国语学院何俊先生，特此致谢。

③ 麦克莱伦的表述也有助于我们理解鲍威尔的"层累说"："福音书是怎样产生的呢？鲍威尔认为，每一篇福音书的背后都存在着某个人物。但是福音书的作者并非仅仅把传给他的东西记载下来而已，他就是这些福音故事的创造者。"（[英]戴维·麦克莱伦（D. Mclellan）：《青年黑格尔派与马克思》，夏威仪译，商务印书馆，1982年，第57页）

④ 顾颉刚与马克思主义的关系主要是指与马克思主义史学的关系，因此是以20世纪20年代末30年代初为后者诞生的时间点，尤其是郭沫若的《中国古代社会研究》，是以批判整理国故运动为基础的，而古史辨运动是整理国故运动的一个方向。关于郭沫若与整理国故运动的关系，参见程鹏宇：《导师与论敌：论侯外庐眼中郭沫若的双重形象》，《历史教学问题》，2020年第3期。

恩格斯虽然对鲍威尔的学术成就给予了肯定，但也指出了其不足，他说："关于基督教取得胜利和世界统治地位的原因，鲍威尔也提供了非常珍贵的材料。但是在这里，这位德国哲学家的唯心主义妨碍了他，使他不能作明晰的观察和精确的说明。往往在紧要关头，不得不用空话来代替事实。"① 恩格斯在这里阐述了一个学术史规律：唯心主义史学有其历史的价值，但因其自身的局限性，往往会被其主观的偏见所限制，从而用空论和猜想来代替客观的事实。具体到"古史辨"来说，顾颉刚曾经在《禅让传说起于墨家考》一文中反对马克思主义史学家们把禅让传说与原始氏族民主制相联系起来的观点，认为"禅让制"只是战国时代墨家为了宣传他们的"主义"而伪造的古史："禅让说是直接从尚贤主义里产生出来的；倘没有墨家的尚贤思想，就决不会有禅让的传说！"② 顾颉刚的这个说法有一定的道理，但是，他并没有进一步说明战国时代的墨家为什么会造出这样一种"禅让制"的传说。显然，顾颉刚所秉承的实验主义的唯心主义史学方法论，不允许他进一步对战国的生产方式及社会性质作出科学的回答。因此，顾颉刚对禅让传说的起因也就只能说出表面上的前一半，而不能说出最根本的后一半。相反，恩格斯则指出宗教——这里也适用于其他形式的意识形态——的起源有其特定的社会条件和政治条件："古代一切宗教都是自发

---

① 恩格斯：《布鲁诺·鲍威尔和原始基督教》，《马克思恩格斯文集》第3卷，人民出版社，2009年，第595页。
② 顾颉刚：《禅让传说起于墨家考》，《古史辨》第七册下，上海古籍出版社，1982年，第31页。另参见程鹏宇：《顾颉刚与唯物史观派学者在古史观上的分歧》，《云梦学刊》，2017年第1期。

的部落宗教和后来的民族宗教，它们从各民族的社会条件和政治条件中产生，并和这些条件紧紧连在一起。宗教的这种基础一旦遭到破坏，沿袭的社会形式、传统的政治设施和民族独立一旦遭到毁灭，那么从属于此的宗教自然也就会崩溃。"① 这就是唯物史观的观点，显然比青年黑格尔派的鲍威尔和古史辨派的顾颉刚都要更加深入，而中国马克思主义史学家们也是在这个意义上超越顾颉刚与"古史辨"的。

事实上，关于鲍威尔宗教批判的思想史意义，马克思早年就曾予以论述过。马克思在《〈黑格尔法哲学批判〉导言》开头就说："就德国来说，对宗教的批判基本上已经结束，而对宗教的批判是其他一切批判的前提。"② 显然这是对鲍威尔宗教批判成就的一个肯定的评价。但是，正如马克思所说的那样，宗教的批判只是一个前提，真正的批判绝不能仅仅局限于宗教之内，这就是马克思在《论犹太人问题》当中所提出来的另外一个观点——一个基于鲍威尔而又批判和发展了鲍威尔的观点："在剥掉了犹太教的宗教外壳，使它只剩下经验的、世俗的、实际的内核之后，才能够指明那种可以消除这个内核的实际的、真正社会的方式。鲍威尔先生却心安理得地认为'宗教问题'就是'宗教问题'。"③ 也就是说，马克思反对鲍威尔把犹太人问题单纯地归结为宗教问题的思维方式，而主张将其还原为世俗的历史问题，这就突破了青年

---

① 恩格斯：《布鲁诺·鲍威尔和原始基督教》，《马克思恩格斯文集》第3卷，人民出版社，2009年，第597页。
② 马克思：《〈黑格尔法哲学批判〉导言》，《马克思恩格斯文集》第1卷，人民出版社，2009年，第3页。
③ 马克思：《论犹太人问题》，《马克思恩格斯文集》第1卷，人民出版社，2009年，第307页。

黑格尔派把意识形态问题锁定在意识形态本身内部去讨论的局限性。可以说，恩格斯晚年对鲍威尔的批评，实际上是对马克思早年观点的升华。

总之，从恩格斯对布鲁诺·鲍威尔的批评中我们不难推出这样一个结论："古史辨"运动具有学术史上的普遍性。顾颉刚所倡导的古史辨运动对中国传统儒家历史叙事的批判，在学术思想史上的意义相当于鲍威尔对基督教历史叙事的批判。顾颉刚也在中国学术思想史上获得了布鲁诺·鲍威尔在德国学术思想史上的地位：正如鲍威尔通过一系列的史学考证工作，证明许多福音故事都是作者自己虚构的一样，顾颉刚也是通过一系列的考证学上的工作，证明了中国古史中的许多自觉或不自觉的作伪之处。

鲍威尔的"德国版古史辨运动"深刻地揭露了基督教经典中的伪史，进而批判了基督教的神学理论，成为马克思主义创立的一个重要的学术前提，因为"谬误在天国为神祇所作的雄辩〔oratio pro aris et focis〕一经驳倒，它在人间的存在就声誉扫地了"。[①] 同样的，顾颉刚所领导的古史辨运动在启蒙了当时中国思想界的同时，也为中国马克思主义史学的发展扫清了障碍。顾颉刚和鲍威尔在特定的历史阶段中都作出了自己独特的贡献，尽管都有其历史的局限性，但均为马克思主义在各自时空的上演拉开了序幕。

---

① 马克思：《〈黑格尔法哲学批判〉导言》，《马克思恩格斯文集》第1卷，人民出版社，2009年，第3页。

第二节 "破旧"与"立新"：侯外庐对顾颉刚史学的继承与发展

然而顾颉刚的层累说只是提出了问题，但并没有从根本上解决"古史"问题，他甚至无意解决"古史"问题。顾颉刚虽然领导了"古史辨"运动，但他本人对"古史"实际上并没有太多的兴趣，他的"古史辨"本质上是"古史观辨"，这是因为顾颉刚认为古史传说是一种战国思想史的史料而非上古社会史的史料。当代学者王兴指出："由顾颉刚等人发起的'疑古'运动，对中国古史的怀疑，'所疑'内容甚多，包括对古书本身，对上古帝王，甚至对整个古史系统的怀疑。种种'所疑'，很快引起学术界的不同声音，但是'古史辨'运动的兴起，对知识界更直接、更具刺激性的影响在于，中国的'信史'由此缩短。"[①] 也就是说，古史辨运动所着意之处，实际上并非"古史"，"古史"是怎样的，甚至说有没有，其实都无所谓，因为他们把视野更多地放在未来的文化建设上。顾颉刚史学研究的目标，是要通过"缩短""古史"为历史负担过重的中国文化"减负"，以便"轻装上阵"，顺利地实现中国的现代化。顾颉刚重在以科学理性的精神创造未来的新文化，他的眼光主要放在未来。因此，顾颉刚不急于建设"古史"，因为即使没有"古史"，也不影响科学理性为核心的新文化的建设；如果因为急于建设古史而去"伪造古

---

① 王兴：《20 世纪中国历史撰述中的"古史"建构》，中国社会科学出版社，2024 年，第 60 页。

史",则是损害了科学理性的精神,反而会影响新文化的建设。①

列宁在论述马克思主义者应该怎样对待启蒙思想家的文化遗产时说:"学生们是比民粹派分子彻底得多、忠实得多的遗产保存者。他们不仅不拒绝遗产,相反,他们认为自己最主要的任务之一是驳斥那些浪漫主义的和小资产阶级的顾虑,这些顾虑使民粹派分子在很多十分重要的问题上拒绝接受启蒙者的欧洲理想。当然,'学生们'保存遗产,不同于档案保管员保存旧的文件。保存遗产,还决不等于局限于遗产,所以'学生们'除了捍卫欧洲主义的一般理想而外,还分析了我国资本主义发展所包含的各种矛盾,并从上述特有的观点出发评价了这个发展。"②列宁关于如何继承启蒙思想遗产论述也适用于侯外庐对近代史学遗产的继承。我们可以这样说,在批判封建旧史学、旧文化的时候,侯外庐是和顾颉刚倡导的"古史辨"运动相一致的,他完全继承了顾颉刚作为近代启蒙史学集大成者的优秀史学遗产。但是,在前进的时候,侯外庐就突破了"古史辨"的藩篱,对顾颉刚留下来的史学空白进行了填补。

侯外庐把顾颉刚看作是近代以来具有"忠实于研究态度"的古典学者之一,他说:"忠实于研究态度的人,他们对于周代社会的现象方面,无力透视,可能轻下规定结论,然而因了忠实于材料,则敢于接近真实的东西,亦就可能获得部分

---

① 程鹏宇:《顾颉刚与唯物史观派学者在古史观上的分歧》,《云梦学刊》,2017年第1期。

② 列宁:《我们拒绝什么遗产?》,《列宁选集》第1卷,人民出版社,2012年,第130页。

的真理。这是向上阶段的古典派学者所具有的通例，比之著于背诵教条而敢于否认材料的学人，特高一筹。我以为王国维是前项学者的代表，顾颉刚冯友兰（见其著《中国哲学史》言周代社会一节）以至张荫麟亦具雅度。"① 在论述清代以来史学的进步时，侯外庐又说："但王氏则以周代克殷践奄以后，天子诸侯之分始定，实只揭开了秘密的一半，而其他一半还因了'宗统'关系未能解拆，留给郭沫若去做。犹之乎，崔述的《考信录》，继自三代，而夏禹、后稷的秘密，却留给顾颉刚去拆穿。"② 这就是说，从崔述到顾颉刚是一个发展，而从顾颉刚、王国维再到郭沫若、侯外庐，则又是一个新的发展，这一点是符合中国近代史学史的辩证逻辑的，是中国史学史从传统史学到近代启蒙史学，再到马克思主义史学发展路径的一个缩影。由此可见，马克思主义史学成为中国现代史学的"主径"，不是偶然的。

侯外庐对顾颉刚创立的"层累说"十分赞赏，他说："崔述的各种《考信录》，断自三代，顾颉刚氏自云继崔氏之辨伪工作，得出'累层地造成的古史'，对于古史的辨伪意见可称创见。"③ 侯外庐的成名作《中国古典社会史论》第一章的第一节就是"封建外衣为后人制裁证"，从这个标题中就可以明显地看出顾颉刚"层累说"的学术风格。事实上，在本节里，侯外庐主要就是利用了顾颉刚的"层累说"来论证西周并非

---

① 侯外庐：《中国古典社会史论》，五十年代出版社，1943年，第21页。

② 侯外庐：《中国古典社会史论》，五十年代出版社，1943年，第7—8页。

③ 侯外庐：《中国古代思想学说史》，岳麓书社，2010年，第7页。

后人观念中的"封建制度"："三代'封建'这一'秘密的形态'，是从战国时代到秦汉学者所制作的一件神秘的外衣。在中国古代可信征的文献里，它是另外一种意义，并没有秦汉儒家所渲染的那样一套严密的等级制度。"① 侯外庐的这个观点完全继承自顾颉刚的"层累说"，但是侯外庐又进一步指出："研究历史的人，自然要把历史的生产条件和相应于此条件的文物思想，分析辨明。但，古代一切制度与思想是常在它的'秘密形态'外衣里，所以，发现这些秘密形态，更是历史家的重要任务。"② 这个任务，就不是顾颉刚与"古史辨派"学者所能完成的了，而是马克思主义史学的任务了，从这里我们就可以明显地看出马克思主义对近代启蒙史学的继承和发展之处。因为顾颉刚的"层累说"只是一种资产阶级的启蒙史学观点，它主要的目的是在于说明古史观念的变动性，用来反对封建主义古史观的形而上学性。因此，"层累说"对于西周社会本身的性质，并没有说明的能力，甚至没有说明的兴趣，这样，对西周社会性质的分析的学术任务，就历史性地交到马克思主义史学家手中了。我们可以说，顾颉刚及"古史辨"运动的主要着眼点在于"破旧"，而侯外庐及马克思主义史学则更侧重于"立新"。

因此，侯外庐对顾颉刚史学的局限性也予以了明确的批评，他认为顾颉刚对西周历史的认识有矛盾之处。顾颉刚曾说："我很疑心夏、商间所谓'王'，实即春秋时所谓'霸'。

---

① 侯外庐：《中国古典社会史论》，五十年代出版社，1943年，第1页。

② 侯外庐：《中国古典社会史论》，五十年代出版社，1943年，第1页。

春秋时,一个霸主出来,便有许多服属的小国。如郑、卫、陈、蔡、许、曹诸国,永远依违于几个大国之间。说它服属,确是服属;说服属的是臣,所服属的是君,那就大误。所以齐桓、晋文假使生于夏、商,未必不为王者;只因齐、晋为周王所封建,不便取而代之,所以不做到'王'的地步罢了。更想周之与商,正似楚之与周:周强则'蛮荆来威',周衰则'观兵问鼎'。这完全势力的关系,有什么名分在内!春秋时,东周尚是诸夏的共主,但楚也称王,尽力拓地,自定制度。试问王朝有什么力量可以裁制它?所以看了周代时的楚国,举一反三,周本是商代时的强国,它对于商的关系也可知了。"①侯外庐对此批评道:"为什么在西周的这一时期独立开辟了一个封建君臣关系呢?问题太奇特了。顾颉刚先生似亦遵王氏之说,并把王说发展为两面的理论。"②侯外庐进一步批评道:"顾氏认为周代一面有封建制,立起君臣名分的诸国,一面又有不具封建名分的非封建的诸国。这种两面的社会实际上是不存在的,问题的真实性只有一个。例如'周室微,唯齐楚秦晋为疆'(《齐世家》),按顾氏之说,那么齐晋为一面,秦楚又为一面,显然是两种社会。"③但侯外庐认为只有一种社会,即西周的古代城市国家,其中的区别只是形式上的,即周氏族本身的建国和殖民形式的建国:"作邦作邑……与营国封国亦有区别,其区别在殖民一点,因为武王

---

① 顾颉刚:《讨论古史答刘胡二先生》,顾颉刚编:《古史辨》第一册,海南出版社,2005年,第133页。
② 侯外庐:《中国古典社会史论》,五十年代出版社,1943年,第19页。
③ 侯外庐:《中国古典社会史论》,五十年代出版社,1943年,第19—20页。

周公以后，不但获得大量的氏族奴隶劳动力，使用过剩，而且姬姓周族亦从此繁殖，人口增多，其势须殖民（如希腊罗马）以求向外发展。所以，西周时代南至江汉诸姬，东至齐鲁燕晋，产生了大规模的封国运动，从东营洛邑以至春秋初年所谓'诸侯、城楚丘而封卫'，可以说是城市国家筑城建国的一串历史。"① 总之，侯外庐把顾颉刚因西周建国形式不同而得出的两面的矛盾的结论用马克思主义的观点解释清楚了，这就是侯外庐基于顾颉刚而又超越顾颉刚的具体表现。

第三节　侯外庐批评顾颉刚体现的中国近代史学史辩证法

笔者要开宗明义地指出：顾颉刚与"古史辨"有必要放在中国马克思主义史学的发展历程中去加以评价，因为只有这样才能够更加清晰地明了其学术意义。

正如马克思所说："真理的彼岸世界消逝以后，历史的任务就是确立此岸世界的真理。"② 同样的，古史辨运动对封建旧史学观念的批判，使得封建史学的"真理的彼岸世界消逝"，而马克思主义史学对中国历史叙事话语体系的重新建构，正是用科学的理论在史学上"确立此岸世界的真理"。从这个视角来看，古史辨运动的历史意义恰恰在于为中国马克

---

① 侯外庐：《中国古典社会史论》，五十年代出版社，1943年，第24页。

② 马克思：《〈黑格尔法哲学批判〉导言》，《马克思恩格斯文集》第1卷，人民出版社，2009年，第4页。

思主义史学的蓬勃发展扫清了道路。因此，中国马克思主义史学对于古史辨运动来说是一种批判的发展，这里的"批判"就有包含的意思在里面，也就是说，古史辨运动的学术精神已经融入了中国马克思主义史学当中，而不是成为其对立物。就好比布鲁诺·鲍威尔对基督教的批判精神，其科学内涵已经融入了马克思主义当中了。

从近代史学批评史上看，中国马克思主义史学家们对顾颉刚和古史辨运动做出过广泛的批评，对其贡献与不足都有明确的认识。郭沫若在《中国古代社会研究》中谈到夏禹的问题时曾说："顾颉刚的'层累地造成的古史'，的确是个卓识。从前因为嗜好的不同，并多少夹有感情作用，凡在《努力报》上所发表的文章，差不多都不曾读过。他所提出的夏禹问题，在前曾哄传一时，我当时耳食之余，还曾加以讥笑。到现在自己研究了一番过来，觉得他的识见是有先见之明。在现在新的史料尚未充足之前，他的论辨自然并未能成为定论，不过在旧史料中作伪之点大体是被他道破了。"[①] 而翦伯赞则比较全面地批评顾颉刚史学道："顾颉刚与其说他是一个历史家，不如说他是一个考据家。他搜集了不少的古代资料并批判了这些资料，但他始终没有力量写成一部中国的古史，而结果只是编辑了一部断烂朝报的《古史辨》。他不但对中国历史发展的一贯行程和乃师胡适一样，没有明确的认识。就是对于他自认为精通的中国古代史的认识也非常模糊。不过，他在中国古史这一笼统的题目之下，作了一些旧神话的新解

---

① 郭沫若：《中国古代社会研究》，《郭沫若全集·历史编》第1卷，人民出版社，1982年，第304—305页。

释，这对于中国古史的研究，也不是完全没有帮助的。"① 侯外庐则在顾颉刚"层累说"的基础上进一步用马克思主义的观点完成了顾颉刚所没有完成的许多工作。上文中我们已经提到，侯外庐指出了顾颉刚在中国史学史中的地位："崔述的《考信录》，继自三代，而夏禹、后稷的秘密，却留给顾颉刚去拆穿。"② 这显然是对顾颉刚发展崔述史学的肯定，但同时侯外庐又进一步指出了顾颉刚史学思想的局限性，他说："顾颉刚的'累层地所造成的古史'的说法也合于事实，可是为什么有这种情况，还需要学人来研究。"③ 侯外庐这里所说的"学人"主要指的就是以他为代表的马克思主义史学家群体。顾颉刚的"层累说"目的是在于反对传统儒家古史叙事的形而上学性，它对西周社会本身的性质不但没有说明的能力，甚至没有说明的兴趣。因此，进一步分析中国古代社会性质的学术任务就历史地交到中国马克思主义史学家们手中了。事实也正如此，侯外庐在顾颉刚"层累说"的基础上，进一步指出了儒家描绘的自上而下的西周"封建制度"是不存在的，西周的封国只是古代社会的城市国家（城邦），其历史内涵是城市与农村的分裂、阶级的分化、文明的起源，从而破

---

① 翦伯赞：《历史哲学教程》，河北教育出版社，2000年，第213页。
② 侯外庐：《中国古典社会史论》，五十年代出版社，1943年，第8页。
③ 侯外庐：《中国古代社会史论》，河北教育出版社，2000年，第309页。

除了传统的封建史学的历史观。[1] 侯外庐不但在顾颉刚史学研究的基础上破除了传统封建史学的历史叙事话语体系,而且进一步构建了中国马克思主义史学的历史理论和叙事话语体系——这是中国近代史学史上合乎辩证法的运动。

事实上,中国近代史学中有一条启蒙史学的线索,从以晚清康有为为代表的维新派启蒙史学,到梁启超、章太炎为代表的标榜"新史学"的革命派启蒙史学,再到胡适、钱玄同和顾颉刚为代表的五四启蒙史学(这也是本书重要的书写内容)。启蒙史学在中国近代启蒙思想史中扮演了重要的角色,尤其是到了五四时期,"中国的新知识分子们几乎像笛卡尔一样怀疑一切,像伏尔泰一样蔑视偶像",[2] "他们的口号是对一切旧的事物重新估价"。[3] 这时兴起的主要由顾颉刚所倡导的古史辨运动,将启蒙史学推向了高潮。正如恩格斯评价启蒙思想家时说的那样,"他们不承认任何外界的权威,不

---

[1] 马克思和恩格斯对从施特劳斯到施蒂纳的整个德国哲学的批判也有助于我们理解顾颉刚在中国思想史和史学史上的地位:"从施特劳斯到施蒂纳的整个德国哲学批判都局限于对宗教观念的批判。他们的出发点是现实的宗教和真正的神学。至于什么是宗教意识,什么是宗教观念,他们后来下的定义各有不同。其进步在于:所谓占统治地位的形而上学观念、政治观念、法律观念、道德观念以及其他观念也被归入宗教观念或神学观念的领域;还在于:政治意识、法律意识、道德意识被宣布为宗教意识或神学意识,而政治的、法律的、道德的人,总而言之'人'则被宣布为宗教的人。宗教的统治被当成了前提。一切占统治地位的关系逐渐地都被宣布为宗教的关系,继而被转化为迷信——对法的迷信,对国家的迷信等等。"(《德意志意识形态》,《马克思恩格斯文集》第 1 卷,人民出版社,2009 年,第 514—515 页)

[2] [美]周策纵:《五四运动——现代中国的思想革命》,江苏古籍出版社,1996 年,第 471 页。

[3] 华岗:《五四运动史》,海燕书店,1951 年,第 196 页。

管这种权威是什么样的",① "思维着的知性成了衡量一切的唯一尺度"。② 顾颉刚也有很多类似这样的启蒙言论,他说:"到了现在,理性不受宗教的约束,批评之风大盛,昔时信守的藩篱都很不费力地撤除了,许多学问思想上的偶像都不攻而自倒了。"③ 又说:"我的心目中没有一个偶像,由得我用了活泼的理性作公平的裁断,这是使我极高兴的。我固然有许多佩服的人,但我所以佩服他们,原为他们有许多长处,我的理性指导我去效法,并不是愿把我的灵魂送给他们,随他们去摆布。对今人如此,对古人亦然。惟其没有偶像,所以也不会用了势利的眼光去看不占势力的人物。我在学问上不肯加入任何一家派,不肯用了习惯上的毁誉去压抑许多说良心话的分子,就是为此。"④ 顾颉刚这种"反偶像"的思想是正宗的资产阶级启蒙思想,也是其史学的底色。

古史辨运动在启蒙了当时中国思想界的同时,也就为中国马克思主义史学的发展扫清了思想障碍。但是,古史辨运动"因为没有正确的理论指导",⑤ 在不久后就遭到"只有破

---

① 恩格斯:《反杜林论》,《马克思恩格斯文集》第9卷,人民出版社,2009年,第19页。

② 恩格斯:《反杜林论》,《马克思恩格斯文集》第9卷,人民出版社,2009年,第20页。

③ 顾颉刚:《自序》,《古史辨》第一册,上海古籍出版社,1982年,第78页。

④ 顾颉刚:《自序》,《古史辨》第一册,上海古籍出版社,1982年,第81页。

⑤ 白寿彝主编:《中国史学史》,北京师范大学出版社,2004年,第354页。

坏，没有建设"的质疑，[1] 古史以至于整个中国史的建设在古史辨运动后进入了一个危机期，然而，"新的革命，只有在新的危机之后才可能发生"，[2] 古史辨所遭遇到的历史重建危机，正是马克思主义史学革命到来的先兆。顾颉刚也曾说道："我们的'下学'适以利唯物史观者的'上达'。"[3] 他自己也曾试图运用唯物史观来透视历史，[4] 可以说，运用马克思主义的理论武器重建中国古史体系的任务，就在历史的推动下被提到日程上来了。

从古史辨运动到马克思主义史学运动的史学史变革，可以说是"中国近代史学发展大趋势"，[5]"是历史的选择，是历史学发展的结果，必然有其合理性和科学性"。[6] 侯外庐继承了顾颉刚"层累说"的基本理念，同时又发展了顾颉刚的史学，在其基础上构建了马克思主义史学的历史理论体系——这一中国近代史学史上的学术运动，不是偶然的，是符合辩证法规律的。

---

[1] 顾颉刚：《自序》，《古史辨》第二册，上海古籍出版社，1982年，第4页。

[2] 马克思：《1848年至1850年的法兰西阶级斗争》，《马克思恩格斯文集》第2卷，人民出版社，2009年，第176页。

[3] 顾颉刚：《顾序》，《古史辨》第四册，上海古籍出版社，1982年，第22—23页。

[4] 李政君：《变与常：顾颉刚古史观念演进之研究（1923—1949）》，中国社会科学出版社，2020年，第106—120页。

[5] 白寿彝主编：《中国史学史》，北京师范大学出版社，2004年，第354页。

[6] 张越：《20世纪中国史学中的唯物史观史学》，《史学理论研究》，2015年第1期，第20页。

第九章　侯外庐近代史学批评拾遗

第一节　侯外庐对张荫麟史学的批评

张荫麟（1905—1942）是中国近代史学史上一位才华横溢又英年早逝的历史学家，他的代表作《中国史纲》也是一部断臂维纳斯式的名著，他虽然不是马克思主义史学家，但其学术思想也深受唯物史观的影响。[1]

张荫麟也是侯外庐比较认可的古典史学家之一，侯外庐说："忠实于研究态度的人，他们对于周代社会的现象方面，无力透视，可能轻下规定结论，然而因了忠实于材料，则敢于接近真实的东西，亦就可能获得部分的真理。这是向上阶段的古典派学者所具有的通例，比之著于背诵教条而敢于否认材料的学人，特高一筹。我以为王国维是前项学者的代表，

---

[1] 李政君：《张荫麟对唯物史观的认知及其演变》，《齐鲁学刊》，2020年第6期。

顾颉刚冯友兰（见其著《中国哲学史》言周代社会一节）以至张荫麟亦具雅度。"① 但是，相对来说，侯外庐对张荫麟的评价没有对顾颉刚的评价高。侯外庐在批评顾颉刚对周代社会的两面认识时，也对张荫麟的观点作了批判，侯外庐指出："最近出版的张荫麟教授所著《中国史纲》，是一部趣味滋多而自由其说的教本。他和顾颉刚先生的两面分析相似，而没有顾氏的忠实程度。一方面强调奴隶的来源，他方面硬把封建的外观现象作为规定社会的指导律。"② 其下，侯外庐引述了张荫麟的观点："封建一词，常被滥用，严格地（?）说，封建社会的要素（?）是这样：在一个王室的属下，有宝塔式的几级封君，每一级虽然对于上级称臣，事实上是一个小区域的世袭政长而兼地主。照这界说，周代的社会无疑地（?）是封建社会。"③ 引文中的问号均为侯外庐所加，这是侯外庐的一个行文习惯，表示对引文观点的异议。可见，侯外庐对张荫麟"严格地说""封建社会的要素""周代的社会无疑地

---

① 侯外庐：《中国古典社会史论》，五十年代出版社，1943年，第21页。

② 侯外庐：《中国古典社会史论》，五十年代出版社，1943年，第20页。

③ 侯外庐：《中国古典社会史论》，五十年代出版社，1943年，第20—21页。按：侯外庐的引文是节引，这段话在张荫麟《中国史纲》中的原文是："'封建'一词常被滥用。严格地说封建的社会的要素是这样：在一个王室的属下，有宝塔式的几级封君，每一个封君，虽然对于上级称臣，事实上是一个区域的世袭的统治者而兼地主；在这社会里，凡统治者皆是地主，凡地主皆是统治者，同时各级统治者属下的一切农民非农奴即佃客，他们不能私有或转卖所耕的土地。照这界说，周代的社会无疑地是封建社会。"（张荫麟：《中国史纲》，崇文书局，2015年，第19页）

是封建社会"这几个论断都是质疑的。对此,侯外庐进一步批评道:"这种所谓界说是随意信手拈到的。罗马帝国王政时代是奴隶社会,印迦国是氏族社会,不是都可以纳入这界说里么?"① 而在侯外庐看来,张荫麟是一位古典史学家,他的错误是历史的局限性。

侯外庐在他的著作中还有两处引用了张荫麟的观点作为佐证:一处是在《中国古典社会史论》中论述周代奴隶的特殊性时,侯外庐指出:"以上言新劳动力之混合单位,如井人、夷人等,但事情并不是如此简单,混合单位自然要分散的,所以族员单位就变为家数单位了。张荫麟教授亦说,周代'奴隶是以家为单位的,一个奴隶家里不论男女老幼都(是)奴隶,他们的地位是世袭罔替的,除了遇着例外的解放'。(《中国史纲》四五页)这亦不是天命地以家数论,或是认'家'为农奴,或'家'内奴而不生产者,家族单位乃由氏族混合俘奴而分散转变的。"② 另一处是在《中国古代思想学说史》中论述孔子对于西周制度的正义心时,侯外庐引用了张荫麟的观点:"张荫麟亦说:'孔子对于西周盛时文物典章,全盘接受,并且以它们的守护者自任,他盼望整个中国恢复武王周公时代的旧观。'(《中国史纲》一二八页)"③ 这说明张荫麟的《中国史纲》在侯外庐看来也是一部需要重视的、有学术价值的著作,是其研究中国古代社会史和思想史

---

① 侯外庐:《中国古典社会史论》,五十年代出版社,1943年,第21页。
② 侯外庐:《中国古典社会史论》,五十年代出版社,1943年,第71页。
③ 侯外庐:《中国古代思想学说史》,岳麓书社,2010年,第106页。

时的案头参考书。

第二节　侯外庐对宗白华史学的批评

宗白华（1897—1986）是现代著名的美学家、哲学家，但他同时也是一位美学史家。宗白华曾在1941年发表过一篇著名的文章《论〈世说新语〉和晋人的美》，[1] 在这篇文章中，宗白华表达了他对魏晋时期的历史、哲学、艺术的一些看法。

宗白华认为魏晋南北朝是"精神上的大解放，人格上思想上的大自由"，他说："这时代以前——汉代——在艺术上过于质朴，在思想上定于一尊，统治于儒教；这时代以后——唐代——在艺术上过于成熟，在思想上又入于儒、佛、道三教的支配。只有这几百年间是精神上的大解放，人格上思想上的大自由。"[2] 又说："魏晋的玄学使晋人得到空前绝后的精神解放，晋人的书法是这自由的精神人格的最具体最适当的艺术表现。"[3] 在此基础上，宗白华认为魏晋南北朝可以与欧洲的"文艺复兴"相比，他说："这是中国人生活史里点缀着最多的悲剧，富于命运的罗曼司的一个时期，八王之乱、五胡乱华、南北朝分裂，酿成社会秩序的大解体，旧礼

---

[1] 原载《星期评论（重庆）》，1941年第10期。
[2] 宗白华：《论〈世说新语〉和晋人的美》，王岳川编：《宗白华学术文化随笔》，中国青年出版社，1996年，第130页。
[3] 宗白华：《论〈世说新语〉和晋人的美》，王岳川编：《宗白华学术文化随笔》，中国青年出版社，1996年，第135页。

教的总崩溃、思想和信仰的自由、艺术创造精神的勃发，使我们联想到西欧十六世纪的'文艺复兴'。这是强烈、矛盾、热情、浓于生命彩色的一个时代。"①

但是，这些观点在侯外庐看来却是值得质疑的。侯外庐批评道："近人……颇有为玄学说教者，有的说它是'几百年间精神上的大解放，人格上思想上的大自由'，比美于西洋史的文艺复兴思想；有的说晋人人格之美，使他'得到空前绝后的精神解放'。"② 对比上文中的引文，我们知道这就是宗白华的观点。侯外庐认为，宗白华的这些观点都是无法立足的，其根源在于脱离历史去抽象地附会历史。而侯外庐则主张从具体的历史条件即魏晋南北朝的封建社会的特殊性中去研究玄学的特点，而不是跨越历史地将不同历史阶段的思想拉在一起作抽象的比较和附会。

在侯外庐看来，汉代到魏晋南北朝，封建的生产方式最大的形式上的变化就是安固的农村自治体的破坏，生产的游离，由此产生了精神上的游离，他说："'浮华不务本'之本，即汉代'强本'之本，这个'本'，本于县乡亭制之安固农村自治体，由这一本源处选拔的士大夫贤良方正，在思想传统上有一套'师法''家法'的基尔特规矩，不能逾越。到汉末以至魏晋，这个'本'被农民内乱所打破了，农村自治体的组织离开了安固的一定土壤，游离于大江南北，尤其所谓'衣冠南渡'，侨寓江左，完全依于血统宗族纽带之相接，来

---

① 宗白华：《论〈世说新语〉和晋人的美》，王岳川编：《宗白华学术文化随笔》，中国青年出版社，1996年，第131页。
② 侯外庐、杜守素、纪玄冰、邱汉生：《中国思想通史》第二卷下册，三联书店，1950年，第507页。

维持门第士族，在意识上就不能不'末求浮华'，此所谓'末'，乃相对于'理平者先仁义'，而'理乱者先权谋'（蒯越对刘表语）之谓。凡一'权'即百权，当是今人所谓魏晋的'自由自然主义'。然而，要知道，魏晋之对汉师法而权变，是特定的一种思想方便，而不是本格意义的思想自由，今人不识此义，以致附会什么文艺复兴，判案不实，应加纠正的。"[①] 这里说的"本格意义的思想自由"即是"资本主义的思想自由"，"本格"一词本为日语，意为"正宗、正统、古典、传统"等，只有资本主义的自由才是正宗的、严格意义上的自由，正如只有资本主义的私有权才是真正意义上的私有权一样。魏晋南北朝封建社会的"自由"与资本主义的"文艺复兴"的自由显然是在两个不同的历史阶段上的，不能将其混淆。

第三节　侯外庐对周谷城史学的批评

在古史分期问题上，侯外庐主要批评的对象是马克思主义史学阵营中的"西周封建论"，而这一派的代表人物有翦伯赞、吕振羽、范文澜、周谷城等。侯外庐在阐述王国维的"封邦一字说"时，就笔锋一转说："有很多的人把《说文》封字'爵诸侯之土地'的解释，引申为封建的证据（周谷城

[①] 侯外庐、杜守素、纪玄冰、邱汉生：《中国思想通史》第二卷下册，三联书店，1950年，第511—512页。按：原引文中"蒯越"误为"蒯通"，"理乱者先权谋"误为"理乱者以权谋"，笔者参考《后汉书·刘表传》予以订正。

君便说：'一点也不错。'），在信史上反是没有根据的。"①侯外庐与周谷城是相交多年的好友，抗战期间同为重庆马克思主义史学家群体中的重要学者，侯外庐回忆重庆进步学者群体时说："周恩来同志亲自组织、领导了一支实力坚强的学术队伍，这支队伍也是一个团结的、生动活泼的集体。我个人从这个集体中获得过温暖，获得过力量。我和学术界许多同志（郭沫若、杜国庠、翦伯赞、张志让、周谷城……）的结识，都是重庆这个舞台提供的机会。八年如火如荼的岁月，大家真正是同命运的。不仅抗战时同命运，解放后，虽说处境不一，但遭遇到一场史无前例的浩劫以后，依然是同命运。所以，我们这一代人的往事，很值得回顾。"② 1942 年，杜国庠和侯外庐等人一起发起成立了"新史学会"，周谷城也在其中。③ 1947 年春，侯外庐和杜国庠在上海主编《文汇报》的"新思潮"版块，周谷城也是撰稿人之一。④ 对于周谷城个人，侯外庐晚年也特别回忆道："在重庆的时代，朋友们相处，感情较单纯，彼此都不屑于矫饰自己的观点。所以，相互容易了解，也容易亲近。复旦大学在北碚，张志让是复旦文学院院长，周谷城是复旦名教授。邓初民是朝阳学院名教授，抗战中期开始，基本住在重庆。他们都与我有很多的，

---

① 侯外庐：《中国古典社会史论》，五十年代出版社，1943 年，第 4—5 页。
② 侯外庐：《韧的追求》，张岂之主编：《侯外庐著作与思想研究》第 1 卷，长春出版社，2016 年，第 101—102 页。
③ 侯外庐：《韧的追求》，张岂之主编：《侯外庐著作与思想研究》第 1 卷，长春出版社，2016 年，第 98 页。
④ 侯外庐：《韧的追求》，张岂之主编：《侯外庐著作与思想研究》第 1 卷，长春出版社，2016 年，第 154 页。

甚至很深的交往。从艰难环境中一同奋斗过来的朋友,感情不同一般的朋友。……周谷城学问广博,性格豪爽。每次到我家来,他总是声先于人,一路笑声进门,全没有大学者的骄矜气息。我和他在史学上,分歧点不少,但是,我们既不用避讳分歧,也不会因为分歧影响做朋友。我很佩服他中国史、世界史样样都能写通史,哲学、美学拿起来就能立论。这是很少有人能做得到的,若没有一定的功力,这是不可能做到的。在重庆时,周谷城告诉我,他早年和毛泽东同志同过学。抗战时,他很钦佩毛泽东同志和周恩来同志的远见卓识。周谷城在我心目中的形象始终是明朗的,他一直保持不隐讳观点的风格,这是很难能可贵的。解放后,他多次挨棍子。我在历史研究所也曾奉命组织过对他的批判,但内心一直同情他、惦记他。有一次,他在受批判的同时参加人代会,我在休息厅找到他,悄悄对他说:'不要紧张,情况可能会变化的……'才说了这两句,豁达人世的硬汉子周谷城就流泪了。后来,我在会上遇见翦伯赞,翦伯赞也明显流露出他对周谷城的同情,他说,他也要找周谷城谈谈。"[1] 侯外庐去世后,中国社会科学院历史研究所中国思想史研究室和西北大学中国思想文化研究所共同编辑了《纪念侯外庐文集》,[2] 封面便是由时任全国人大常委会副委员长的周谷城题写,可见二人感情之深厚。但是,侯外庐与周谷城的个人感情并不影响他们在学术观点方面的争鸣。

---

[1] 侯外庐:《韧的追求》,张岂之主编:《侯外庐著作与思想研究》第1卷,长春出版社,2016年,第111—112页。
[2] 中国社会科学院历史研究所中国思想史研究室,西北大学中国思想文化研究所编:《纪念侯外庐文集》,陕西人民教育出版社,1991年。

侯外庐批评的周谷城的观点，见于其名著《中国通史》第四章"社会次序怎样对立"的第一节"封国之出现"。在这一节中的第一个问题就是"封之意义与必然性"，周谷城说："《说文》解'封'字谓'爵诸侯之土地也，从之从土从寸'，于'封'字之含义可以说一点也不错。……正是我们所要检讨的封国及封建制的'封'字之意义。"[①] 这里所说的"于'封'字之含义可以说一点也不错"正与上文侯外庐所引内容相合，周谷城在后文中又说："所谓封建，自有部族战争以来，便已有了雏形。但亦只有雏形而已，真正支配一个时代的封建，却在西周。西周以前的封建，到底只在酝酿之中。……近来用新方法治史的人，也有完全承认西周为封建时代的。"[②] 可见，周谷城是典型的西周封建论者，而且他所说的"近来用新方法治史的人"指的就是马克思主义史学家，而且在他看来，"西周封建论"在马克思主义史学中的影响也是比较大的。不过，作为"秦汉封建论"者的侯外庐，对这一观点是有异议的。

第四节　侯外庐对中国马克思主义史学中个别错误倾向的批评

侯外庐一向反对马克思主义史学中的教条主义，他说："忠实于研究态度的人，他们对于周代社会的现象方面，无力透视，可能轻下规定结论，然而因了忠实于材料，则敢于接

---

① 周谷城：《中国通史》上册，开明书店，1948年，第89页。
② 周谷城：《中国通史》上册，开明书店，1948年，第90页。

近真实的东西,亦就可能获得部分的真理。这是向上阶段的古典派学者所具有的通例,比之著于背诵教条而敢于否认材料的学人,特高一筹。"① 又说:"胡适、梁任公、冯友兰辨论中国古代社会及其思想的相应关系,颇具真理追求的热心,已经划出神话和理性的研究鸿沟,然而关于这一问题则他们有局限,答案是错误了的。反之,我们也反对给诸子划脸谱的唯物论研究者,因为思维过程史有它的具体复杂的关系,仅仅以代表地主或代表工农的一般断语为自明律,是极其有害的轻率研究。"② 在新中国成立后,侯外庐一如既往地反对盲目的教条主义,他说:"五十年代中期,学术界自由讨论的风气是好的。但确有一种倾向,凡是苏联专家和苏联教科书上说的,就具有当然的权威性质,即使是中国哲学史,中国人也要照抄照搬外国人的观点,……使人觉得有些气闷。"③可以说,侯外庐对马克思主义阵营中以教条主义的面目出现的唯心主义史学倾向是非常深恶痛绝的,一贯保持着批判的态度。这是因为马克思主义史学秉承的是唯物史观,对于本质上是唯心史观的教条主义是具有天然的排斥性的,马克思主义史学的发展过程中出现的教条主义只是偶然的、个别的、可以克服的。因此,某些学者试图混淆马克思主义史学与教条主义之间关系的做法,可以休矣。

侯外庐还指出了一些马克思主义史学家的具体问题,例

---

① 侯外庐:《中国古典社会史论》,五十年代出版社,1943年,第21页。
② 侯外庐:《中国古代思想学说史》,岳麓书社,2010年,第17页。
③ 侯外庐:《侯外庐论学书札(附孙长江给本刊的信)》,《中国哲学》第八辑,三联书店,1982年,第267页。

如，他曾批评了范文澜和郭沫若对墨子的研究，他指出："著者对于孔墨无好恶左右袒，唯欲以古人之真知还诸古史之实际而已。……最近几年来学者对于墨子或偏爱为革命者，或偏恶为反革命者，著者认为此皆应行改正之研究态度。"① 又说："墨学的衰微原因，就在他的学派性本身与中古封建之不相容，所谓革命论与反革命论乃极端的机械论断，历史上革命学说与反革命学说正因革命与反革命兴盛者同皆有之，亦正因革命与反革命同皆衰微者又有之，具体历史的说明与此相反。"② 所谓"或偏爱为革命者"指的是范文澜，其在《中国通史简编》中说："墨家……始终是为庶民利益着想的，因此遭受统治阶级的弃绝。……统治阶级能扑灭墨家，但是农民工人依时代发展的革命力量，却永远不能扑灭。"③ 显然，范文澜把墨子当成革命家，而且在这里，甚至把墨家和中国共产党领导的工农革命联系起来，显然犯了非历史主义的错误。而"或偏恶为反革命者"指的是郭沫若，其在1943年撰写的《墨子的思想》（收入《青铜时代》）一文中，大骂墨子，并对范文澜上述的观点予以了尖刻的讽刺，他说："墨子始终是一位宗教家。他的思想充分地带有反动性——不科学，不民主，反进化，反人性，名虽兼爱而实偏爱，名虽非攻而实美攻，名虽非命而实皈命。象他那样满嘴的王公大人，一脑袋的鬼神上帝，极端专制，极端保守的宗教思想家，我真

---

① 侯外庐、杜守素、纪玄冰：《中国思想通史》卷一，新知书店，1947年，第198页。
② 侯外庐、杜守素、纪玄冰：《中国思想通史》卷一，新知书店，1947年，第436页。
③ 范文澜：《中国通史简编》（上），华北新华书店，1948年，第161页。

不知道何以竟能成为了'工农革命的代表'!"① 郭沫若对墨子的批判,显然也是非历史的,而带有五四时代启蒙主义的浪漫色彩,很难说是科学的研究态度。因此,侯外庐还在另一处揶揄了郭沫若的墨子研究,他在论述汪中的墨学研究时说:"这样的议论在乾嘉时代是不容许的,所以,做过宰相的一位翁方纲便代表了当时的传统思想,对于容甫妄加低毁,甚至拿一个'墨者'的头衔加诸汪中头上,主张褫革容甫'生员'衣顶,宣布为名教罪人,好像现在开除学籍的处分。如果以反革命墨子的'笑柄'来讲,不知道余友郭沫若先生是否同意翁氏的荒唐。"②

此外,侯外庐在修订旧作时,也改正了一些自己和团队所犯的错误,详见笔者所著《侯外庐与中国马克思主义史学》一书的第七章,③ 本书不再赘述。事实上,关于马克思主义史学要"执行自我批判,聆听学术批评"这一点,侯外庐是明确指出的,他说:"我认为,学贵自得,亦贵自省,二者相因,不可或缺。前者表现科学探索精神,后者表现自我批判勇气。历史科学如同其他科学一样,总是在探索中前进的,难免走弯路,有反复,因而不断执行自我批判,检点得失,总结经验教训,是十分必要的,否则就会故步自封。"④ 联系

---

① 郭沫若:《青铜时代》,《郭沫若全集·历史编》第1卷,人民出版社,1982年,第463页。

② 侯外庐:《近代中国思想学说史》上册,生活书店,1947年,第485页。

③ 程鹏宇:《侯外庐与中国马克思主义史学》,福建教育出版社,2022年,第102—116页。

④ 侯外庐:《史学述林》,张岂之主编:《侯外庐著作与思想研究》第28卷,长春出版社,2016年,第98页。

到新中国成立后范文澜、翦伯赞等马克思主义史学家对自己以往学术的自我批评,① 我们可以得出这样一个结论:中国马克思主义史学的成长过程,不仅仅是一个批评唯心主义史学的过程,同时也是一个批评自身所犯错误的过程,中国马克思主义史学的发展,离不开这两个批评过程,中国马克思主义史学的科学性,就是在这两个批评过程中建立起来的。

---

① 瞿林东:《论中国马克思主义史学的史学观》,《上海大学学报》(社会科学版),2006年第3期。

附录一：侯外庐先生年谱简编

1903 年

2 月 6 日，出生于山西省平遥县西王智村。

1908 年

跟随郝永宽先生接受传统教育。

1912 年

辛亥革命后，随被任命为永济县知事的父亲进永济城，接受新式学堂教育。

1917 年

进入平遥县立高小读书。

1919 年

考进汾阳县河汾中学。

1923 年

前往北京求学，同时进入法政大学法律系和师范大学历史系。

1924 年

结识李大钊。

1925 年

年底，参加"孙文主义学会"。

1926 年

3月，退出"孙文主义学会"。

本年，主编《下层》，不久被北洋政府查封，其后萌生翻译马克思主义原著的想法。

冬，受北洋军阀政府迫害，离开北京到哈尔滨，寻求赴法勤工俭学的机会，并获得《资本论》等经典著作的英译本和日译本。

1927 年

夏，赴法国勤工俭学，在巴黎大学文学院听布格莱讲授唯物史观课程。

1928 年

春，经成仿吾、章伯韬介绍，加入中国共产党。

本年，开始翻译《资本论》。

1929 年

担任附设于法国共产党的中国旅法党员支部"中国语言支部"的书记，并主编《赤光报》。

1930 年

春，回国，任哈尔滨法政大学经济系教授。

1931 年

在哈尔滨法政大学讲授"中国经济思想史"，其中有"中国古代社会与老子"一章。

9月18日，日军侵略东北，开始辗转逃难。

1932 年

春，辗转至北京，任教于国立北平大学法学院，又在北平师范大学和中国大学兼经济学课程,并结识中法大学教授王思华,共同翻译《资本论》。

9月,所译《资本论》第一分册(第一至七章)出版。

12月11日,与许德珩、马哲民一起被捕,史称"许侯马事件"。

本年,读到郭沫若《中国古代社会研究》,引发对古史的兴趣。

1933年

3月左右,被判入狱两年半。

9月,以"因病假释"的名义出狱。

1934年

春,回到太原,此后近四年时间在山西进行学术研究。

冬,组织"中外语文协会",出版《中外论坛》,译载共产国际文章,宣传马克思主义,宣传国际反法西斯主义斗争,推动国内抗日斗争。

本年,独自翻译《资本论》第二、三卷。

写作《社会史论导言》(即《社会史导论》)、《中国古代社会与老子》。

出版《中国古代社会与老子》《经济学之成立及其发展》。

做二十万字古史笔记。

1935年

夏,一面继续《资本论》第二、三卷的翻译,一面开始研究中国社会史和思想史。

1936年

发表《近代中国社会结构与山西票号——山西票号的历史的正确认识》(《中山文化教育馆季刊》,1936年第3卷第4

期)。

《资本论》第一卷全译本出版,署名"右铭、玉枢","右铭"即王思华,"玉枢"即侯外庐。

因拒绝鼓吹阎锡山的《物产证券和按劳分配》,一度出走北平。

1937 年

7月7日,卢沟桥事变爆发,中止对《资本论》的翻译,辗转逃难。

10月,《资本论》第二、三卷已完成的大部分译稿交由续范亭带往延安,后毁于战火,只有未运往延安的第二卷前十五章存,五十年代交北京图书馆保存。

11月,太原沦陷后,辗转至西安,后又返回临汾,任教于民族革命大学,讲授"民族革命统一战线"课程。

1938 年

春,临汾失守后,又回到西安。

7月1日,在西安参加建党十七周年纪念活动。

7月左右,由西安至汉口。

9月,由汉口至重庆,与生活书店签订《资本论》的出版合同,但不久听说郭大力和王亚南翻译的《资本论》已经出版,旋即与生活书店解除出版合同。至此,正式结束整整十年的翻译《资本论》的工作。

本年,在重庆找到《社会史论导言》原稿。

1939 年

上半年,《中苏文化》杂志完成了全面改组。

《社会史论导言》发表在《中苏文化》四卷二期。

主编《中苏文化》。

1940 年

年初，中苏文化协会完成了全面改组。

10月19日，皖南事变爆发，其后形势紧张，遂推掉《中苏文化》日常事务，在重庆歇马场乡间从事《中国古典社会史论》的写作。

1941 年

约4月，写成《中国古典社会史论》，并开始《中国古代思想学说史》的写作。

从苏联汉学家费德林处得知，马克思的遗稿《政治经济学批判大纲（草稿）》（即《1857—1858年经济学手稿》）中的《资本主义生产以前的各种形式》可佐证其观点。

1942 年

春，与郭沫若讨论屈原思想。

年底，写成《中国古代思想学说史》，并开始写作《中国近世思想学说史》。

本年，与杜国庠等发起"新史学会"，顾颉刚、张志让、周谷城等参加。

1943 年

1月，《中国古典社会史论》由重庆五十年代出版社出版。

3月，与李约瑟论老子。

本年，因生产方式理论与斯大林主张不同，受到公开质疑。

1944 年

秋，《中国古代思想学说史》在重庆文风书店出版。

本年，完成《中国近世思想学说史》。

1945 年

6 月,《中国近世思想学说史》在重庆三友书店出版,版权页标注为 1944 年 11 月。

1946 年

春,拟定《中国思想通史》写作计划。

与罗克汀合作《新哲学教程》。

生活书店向其约稿,准备将《中国思想通史》第一卷列入其"新中国大学丛书"之中。

4 月,《苏联历史学界诸论争解答》由建国书店出版。

夏末,写《中国近世思想学说史》再版序言,制定《中国思想通史》详细计划。

本年,出版《中国古代社会史》,新中国成立后经过修订,改为《中国古代社会史论》。

1947 年

春,《中国近世思想学说史》列入生活书店"新中国大学丛书"再版,更名为《近代中国思想学说史》;与杜国庠主编《文汇报》星期六副刊《新思潮》。

春夏之交,与杜国庠、赵纪彬、邱汉生讨论《中国思想通史》第二卷的写作计划。

6 月,《中国思想通史》(初版)第一卷由新知书店出版。

7—10 月,写完《中国思想通史》(初版)第二卷的前言《汉代社会与汉代思想》一章。

11 月初,由上海转至香港。

年底,应聘香港达德学院,教授"新民主主义论"课程,教材为毛泽东《新民主主义论》。

本年,发表《汉代社会新论》(《大学》月刊),标志着其秦汉史研究的开始。

1948 年

4月,《中国思想通史》(初版)第二卷完稿。

11月23日,接到中共南方局通知后,离开香港,前往东北解放区去参加新政协筹备。

本年,作《自由与自由主义》一文,批判当时的自由主义思潮。

1949 年

4月,任北京师范大学历史系主任。

《中国思想通史》(初版)第一、二卷由三联书店出版。

1950 年

3月,任西北大学校长。

《汉代社会史绪论》由北京师范大学历史系印刷。

1953 年

任中国科学院历史所二所副所长。

1954 年

《中国封建社会土地所有制形式的问题》在《历史研究》创刊号上发表。

1955 年

6月,《中国古代社会史论》(修订本)由人民出版社出版。

修订《近代中国思想学说史》的第一、二编,即十七世纪至十九世纪中叶部分,定名为《中国早期启蒙思想史》。

1956 年

8月,《中国早期启蒙思想史》由人民出版社出版,后收入《中国思想通史》,成为其第五卷。

1957 年

春,写作《方以智——中国的百科全书派哲学家》,后发表在当年的《历史研究》第6、7期上。

夏,在北京小雅宝胡同召开《中国思想通史》第四卷工作会议。

本年,《中国思想通史》(修订版)第一、二、三卷由人民出版社出版。

1958 年

7月,卸任西北大学校长之职。

主编《中国历代大同理想》,次年由科学出版社出版。

本年,公开中国共产党党员身份。

1959 年

夏,《中国思想通史》第四卷完成,上册由人民出版社出版。

发表《关于封建主义生产关系的一些普遍原理》(《新建设》,1959年第4期)。这篇文章后来经过修订,作为《中国思想通史》的《第二、三、四卷序论补》,载于《中国思想通史》第四卷之首。

发表《中国封建社会前后期的农民战争及其纲领口号的发展》(《历史研究》,1959年第4期)。

1960 年

《中国思想通史》第四卷下册由人民出版社出版,至此《中国思想通史》全部出齐。

1962 年

《论汤显祖剧作四种》由中国戏剧出版社出版。

1963 年

将其多年珍藏的文物无偿捐给故宫博物院,又将藏书中最珍贵的一部《清实录》捐给历史所图书室。

1964年

将自己的稿费两万余元缴了党费。

1966年

"文革"爆发,被污为"反党反社会主义的黑帮分子""三反分子""反共老手""蒋介石反动派的一个奴才"。

1968年

在一次批斗会后脑溢血,导致瘫痪。

1978年

立遗嘱,去世后将藏书献给国家,将存款缴党费。

1979年

《中国封建社会史论》由人民出版社出版。

1987年

9月14日,逝世,享年84岁。

9月25日,遗体告别。

附录二：我是怎样通读《资本论》的
——写在博士论文通过答辩三周年之际

2013年9月，我考入北京师范大学历史学院，跟随史学研究所张越先生学习史学理论与中国史学史。2014年下半年，也就是博士二年级的上学期，在张越先生的指导下，我选定了侯外庐史学作为博士论文的研究方向。

现在回想起来，我当时对这个研究课题是有些恐惧的，因为在中国马克思主义史学家群体中，侯外庐先生的著作历来被认为是最难懂的——这不单单指他的文字多少受到外文语法和词汇的影响，让人多有晦涩难懂之感，更主要的是，他对马克思主义的深刻理解与灵活运用，对不熟悉马克思主义的读者来说，大概有一种莫名其妙的感觉。一个明显的事实就是，侯外庐先生的著作几乎从来没有在任何通俗历史丛书类读物中出现过，事实上，专业的历史学工作者，也很少有人愿意去看他的书。

怎么办？这是我当时最大的困惑，如果仅仅是简单地介绍一下侯先生的著作和思想，那我这个博士读得还有什么意义？

因此，我做了一个决定——现在看起来也是一个非常大胆的决定，那就是我要花一年多的时间去系统地阅读马克思主义原著。其中，我把《资本论》作为我的攻坚重点——我要通读《资本论》。我之所以做这样一个看起来匪夷所思的决定，是因为侯外庐先生是中国历史上第一部《资本论》第一卷全译本的译者，他研究和翻译《资本论》的时间长达十年，他后来从事的历史研究，也是遵从着《资本论》的方法论。因此，只有先理解《资本论》，才能理解侯外庐。

从 2015 年初开始，我就启动了阅读马克思主义原著的工作。一开始的阅读是比较盲目的，我从马克思恩格斯的部分文章和《神圣家族》《德意志意识形态》《共产党宣言》等早期著作开始。但是，经过三个多月的阅读，我感觉没有太大的进展，这是因为马克思恩格斯的学术背景是黑格尔——就像侯外庐的学术背景是马克思一样，因此，要想理解马克思恩格斯的思想，就必须先对黑格尔哲学有一定的了解。

因此，在 2015 年 4 月份，我又做了一个大胆的决定，开始阅读黑格尔的哲学著作。我选定的著作是被马克思称为"黑格尔哲学的真正诞生地和秘密"的《精神现象学》。这部著作在哲学史上历来被称为"天书"，是一部极难理解的著作。我在初读这本书的时候，只读了半页就读不下去了。因为你认识每一个字，但当它们连起来的时候，你却感觉它们完全是一团乱麻，这种把中文读成外文的感觉对没有读过《精神现象学》的人来说是很难感受到的。

但是，我要感谢当初那个自己。我竟然把《精神现象学》读完了，而且是通读完了，这让我在黑格尔哲学方面打下了一定的基础，为后来通读《资本论》提供了必要条件。

当然，这个阶段中，我也穿插着对马克思、恩格斯著作的零散阅读，如《1844年经济学哲学手稿》《德意志意识形态》《1857—1858年经济学手稿》《政治经济学批判》《自然辩证法》《反杜林论》等，以及黑格尔的《法哲学原理》《小逻辑》《哲学史讲演录》等哲学著作。这个阶段一直持续到2015年7月底，这时我完成了对《精神现象学》为期三个月的阅读。同时，我开始了我的主要工作——通读《资本论》。

换句话说，我为了研究侯外庐而决定通读《资本论》，而为了通读《资本论》，我又通读了黑格尔的《精神现象学》。总之，我为通读《资本论》所做的准备工作，就花了半年多的时间。

庆幸的是，我的方法是对的，在学习马克思主义的时候，一定要有黑格尔哲学的基础，否则不可能真正读懂《资本论》；而有了黑格尔哲学作为基础，在阅读《资本论》的时候，速度就会非常快，因为你不是在读马克思的文字，而是在与马克思一起思考问题，甚至有一种跟马克思一起写《资本论》的感觉。我清晰地记得，有很多次，我准确地预测到了马克思在下一页即将要讲的内容，这并不是我有什么特异功能，而是我掌握了马克思的方法论——黑格尔的辩证法。所以，同一个问题，马克思这样理解，我也这样理解，马克思想说的话，也就是我想说的话。

到了2015年11月23日，我终于通读完了整部《资本论》全三册，花了整整四个月的时间。其后，我又回过头来通读了《德意志意识形态·费尔巴哈章》《反杜林论》《马克思恩格斯书信集》，黑格尔的《法哲学原理》等著作，选读了《资本论》第四卷也就是《剩余价值理论》的不少内容。这一阶段的阅读主要是为了巩固和加深对《资本论》的理解。

当我把这一系列的阅读工作完成后，时间已经到了2016年6月份，换句话说，我的《资本论》阅读的收尾工作，又花了半年。这时，按照北京师范大学的学制，我应该要毕业了，而我的博士论文，还没有写一个字。

后来，我延期了两次，第一次是一年，也就是2016年7月至2017年7月，这一年的时间，我完成了博士论文的初稿。第二次延期是半年，也就是2017年7月至2018年1月，这半年的时间里我的主要工作是修改博士论文和完成论文答辩，以及处理毕业和求职的一些事务。

行文至此，我还是难掩自己心中澎湃的感情，如果真的能够穿越回六年前，也就是2014年底，我会对那个精神小伙说一句："相信自己，你是对的。"

通读《资本论》，对我个人来说有着重要的意义。

从学术上看，《资本论》的通读工作使我更深入、更准确地理解了侯外庐先生的史学思想：往小了说帮助我写完了博士论文，拿到了学位证，顺利地找到了工作；往大了说奠定了我以后治学的理论基础，从此以后，我在史学研究中更加自觉地运用马克思主义的基本原理，也享受到了侯外庐先生当年把《资本论》的理论运用到史学研究中的快感。

侯外庐先生当年以"外庐"为号，实际上是以"外庐"为诫，时时刻刻警告自己在学术上还是门外汉，要深入马克思主义的内部去学习。经过这一年半的阅读《资本论》等马克思主义原著的工作之后，我也深深地感到，研究中国马克思主义史学也应该以"外庐"为戒，也就是说要深入到这个史学流派的内部中去考察——只有学会马克思主义史学家们的理论武器，才能真正理解其学术价值。

　　此外，通过通读《资本论》，我还加深了对侯外庐先生的敬佩之情。我只是花了一年半的时间去通读《资本论》，而他却是花了整整十年的时间去研究和翻译《资本论》，侯外庐先生为中国学术界做出的贡献是历史性的。

　　最后，我想说的是，中国马克思主义史学是一座像月球一样亟待开发的学术矿山，其意义不仅仅在学术本身，还在于其蕴含了中华民族伟大复兴的秘密，精微之处，不可不察也，其中必有美者焉。

2020 年 12 月 21 日

参考文献

一、马克思主义文献

1. 马克思、恩格斯：《马克思恩格斯全集》，人民出版社，中文第一版、第二版。

2. 马克思、恩格斯：《马克思恩格斯文集》，人民出版社，2009年。

3. 恩格斯著，吴理屏译：《反杜林论》，生活书店，1939年。

4. 恩格斯著，张仲实译：《家庭、私有制和国家的起源》，人民出版社，1956年。

5. 列宁：《列宁全集》，人民出版社，中文第二版。

6. 列宁：《列宁专题文集》，人民出版社，2009年。

7. 列宁：《列宁选集》，人民出版社，2012年。

8. 毛泽东：《毛泽东选集》，人民出版社，1991年。

9. 毛泽东：《毛泽东文集》，人民出版社，1996年。

10. 中共中央党史和文献研究室编，逄先知、冯蕙主编，陈晋、李捷、熊华源、吴正裕、张素华副主编：《毛泽东年谱》，中央文献出版社，2023年。

11. 毛泽东著，中共中央党史和文献研究院编：《建国以来毛泽东文稿》，中央文献出版社，2023年。

二、侯外庐论著

1. 侯外庐：《中国古代社会与老子》，国际学社，1934年。

2. 侯外庐：《抗战建国论》，生活书店，1938年。

3. 侯外庐：《屈原思想的秘密》，《中苏文化》，1942年第11卷第1、2期合刊。

4. 侯外庐：《中国古典社会史论》，五十年代出版社，1943年。

5. 侯外庐：《中国古代思想学说史》，文风书局，1946年。

6. 侯外庐：《苏联历史学界诸论争解答》，建国书店，1946年。

7. 侯外庐、罗克汀：《新哲学教程》，新知书店，1946年。

8. 侯外庐：《近代中国思想学说史》，生活书店，1947年。

9. 侯外庐、杜守素、纪玄冰：《中国思想通史》卷一（古代思想编），新知书店，1947年。

10. 侯外庐：《中国古代社会史》，新知书店，1948年。

11. 侯外庐：《自由与自由主义》，《华商报》，1948年2月15日。

12. 侯外庐：《胡适、胡其所适》，《野草文丛》，1948年第9期。

13. 侯外庐：《中国古代思想学说史》，国际文化服务社，1950年。

14. 侯外庐：《社会发展史的一些问题》，展望出版社，1950年。

15. 侯外庐：《中国古代社会史论》，人民出版社，1955年。

16. 侯外庐：《揭露美帝国主义奴才胡适的反动面貌》，《新建设》，1955年第2期。

17. 侯外庐：《从对待哲学遗产的观点方法和立场批判胡适怎样涂抹和诬蔑中国哲学史》，《哲学研究》，1955年第2期。

18. 侯外庐：《揭露美帝国主义奴才胡适的反动政治面貌》，湖北人民出版社，1956年。

19. 侯外庐主编：《中国思想通史》全五卷，人民出版社，1957年（第一、二、三卷）、1959年（第四卷）、1956年（第五卷）。

20. 侯外庐编：《中国历代大同理想》，科学出版社，1959年。

21. 侯外庐：《论汤显祖剧作四种》，中国戏剧出版社，1962年。

22. 侯外庐主编：《中国哲学简史》，中国青年出版社，1963年。

23. 侯外庐主编：《中国近代哲学史》，人民出版社，1978年。

24. 侯外庐：《中国封建社会史论》，人民出版社，1979年。

25. 侯外庐:《船山学案》,岳麓书社,1982年。

26. 侯外庐:《侯外庐论学书札》(1955年4月10日),《中国哲学》第八辑,生活·读书·新知三联书店,1982年。

27. 侯外庐:《韧的追求》,生活·读书·新知三联书店,1985年。

28. 侯外庐:《侯外庐史学论文选集》,人民出版社,1987年。

29. 侯外庐:《中国近代启蒙思想史》,人民出版社,1993年。

30. 侯外庐主编:《宋明理学史》,人民出版社,1997年。

31. 侯外庐:《中国古代社会史论》,河北教育出版社,2000年。

32. 侯外庐主编:《中国思想史纲》,上海书店出版社,2004年。

33. 侯外庐:《侯外庐集》,中国社会科学出版社,2007年。

34. 侯外庐:《中国古代思想学说史》,岳麓书社,2010年。

35. 侯外庐:《近代中国思想学说史》,生活·读书·新知三联书店,2014年。

36. 张岂之主编:《侯外庐著作与思想研究》,长春出版社,2016年。

三、侯外庐学术思想研究著作

1. 中国社会科学院,西北大学编:《纪念侯外庐文集》,陕西人民出版社,1991年。

2. 张岂之主编：《中国思想史论集第 2 辑·纪念侯外庐先生百年诞辰专集》，广西师范大学出版社，2003 年。

3. 杜运辉：《侯外庐先生学谱》，中国社会科学出版社，2013 年。

4. 方光华主编：《侯外庐学术思想研究》，生活·读书·新知三联书店，2015 年。

5. 谢阳举、郑熊主编：《中国思想史研究·侯外庐研究专辑》，西北大学出版社，2017 年。

6. 周鑫：《20 世纪三四十年代的侯外庐中国思想史研究》，华中科技大学出版社，2017 年。

四、相关史料

1. 胡适：《新思潮的意义》，《新青年》，1919 年第 7 卷第 1 期。

2. 郭沫若：《整理国故的评价》，《创造周报》，1924 年第 36 期。

3. 梁启超：《王静安先生墓前悼辞》，《国学月刊》，1927 年第 8—10 期。

4. 钱穆：《国学概论》，商务印书馆，1931 年。

5. 北京大学哲学系编：《哲学论丛》，北平著者书店，1933 年。

6. 周谷城：《买办学者胡适博士》，《正理报》，1933 年第 2 期。

7. 伍启元：《中国新文化运动概观》，现代书局，1934 年。

8. 钱穆：《先秦诸子系年考辨》，商务印书馆，1935 年。

9. 钱穆：《老子辨》，大华书局，1935 年。

10. 钱穆：《中国近三百年学术史》，商务印书馆，

1937年。

11. 郭沫若：《蒲剑集》，文学书店，1942年。

12. 郭沫若：《历史人物》，新文艺出版社，1947年。

13. 范文澜：《中国通史简编》，华北新华书店，1948年。

14. 周谷城：《中国通史》，开明书店，1948年。

15. 郭沫若：《金文丛考》，人民出版社，1954年。

16. 三联书店编辑：《胡适思想批判》，生活·读书·新知三联书店，1955年。

17. 钱穆：《庄老通辨》，香港新亚书院研究所，1957年。

18. 《哲学研究》编辑部编：《中国哲学史问题讨论专辑》，科学出版社，1957年。

19. 杜国庠：《杜国庠文集》，人民出版社，1962年。

20. 钱穆：《中国史学名著》，星星出版社，1972年。

21. 顾颉刚主编：《古史辨》第一册，上海古籍出版社，1982年。

22. 罗根泽主编：《古史辨》第六册，上海古籍出版社，1982年。

23. 瞿秋白：《海上述林》，四川人民出版社，1983年。

24. 张稼夫：《庚申忆逝》，山西人民出版社，1984年。

25. 赵纪彬：《赵纪彬文集》第一、二册，河南人民出版社，1985年。

26. 陈梦家：《殷虚卜辞综述》，中华书局，1988年。

27. 梁启超：《饮冰室合集》，中华书局，1989年。

28. 赵纪彬：《赵纪彬文集》第三册，河南人民出版社，

1991年。

29. 郭沫若：《创造十年》，《郭沫若全集·文学编》第12卷，人民文学出版社，1992年。

30. 何兆武：《历史理性批判散论》，湖南教育出版社，1994年。

31. 胡绳：《先贤和故友》，中国社会科学出版社，1994年。

32. 宗白华：《宗白华学术文化随笔》，中国青年出版社，1996年。

33. 郭沫若：《十批判书》，东方出版社，1996年。

34. 王国维：《静庵文集》，辽宁教育出版社，1997年。

35. 胡适：《中国哲学史大纲》，上海古籍出版社，1997年。

36. 郭湛波：《近五十年来中国思想史》，山东人民出版社，1997年。

37. 梁启超：《清代学术概论》，上海古籍出版社，1998年。

38. 胡适：《胡适文集》，北京大学出版社，1998年。

39. 钱穆：《钱宾四先生全集》，台北联经出版事业公司，1998年。

40. 吴宓：《吴宓日记》，生活·读书·新知三联书店，1998年。

41. 郭沫若：《中国古代社会研究》，河北教育出版社，2000年。

42. 翦伯赞：《历史哲学教程》，河北教育出版社，2000年。

43. 章士钊著，章含之、白吉庵主编：《章士钊全集》，文汇出版社，2000年。

44. 冯友兰：《三松堂全集》，河南人民出版社，2001年。

45. 陈寅恪：《陈寅恪文集》，生活·读书·新知三联书店，2001年。

46. 王国维：《观堂集林（外二种）》，河北教育出版社，2003年。

47. 胡适：《胡适全集》，安徽教育出版社，2003年。

48. 梁启超：《中国近三百年学术史》，东方出版社，2004年。

49. 中国社会科学院历史研究所编：《求真务实五十载历史研究所同仁述往1954—2004》，中国社会科学出版社，2004年。

50. 顾颉刚等编：《古史辨》，海南出版社，2005年。

51. 蔡尚思：《蔡尚思全集》，上海古籍出版社，2005年。

52. 吴宓：《吴宓日记续编》，生活·读书·新知三联书店，2006年。

53. 康有为撰，姜义华、张荣华编：《康有为全集》，中国人民大学出版社，2007年。

54. 李方桂：《李方桂先生口述史》，《李方桂全集》第13卷，清华大学出版社，2008年。

55. 王国维：《王国维全集》，浙江教育出版社，2009年。

56. 顾颉刚：《顾颉刚全集》，中华书局，2010年。

57. 钱基博：《现代中国文学史》，商务印书馆，2011年。

58. 梁启超：《先秦政治思想史》，上海古籍出版社，2014年。

59. 闻一多：《闻一多文集：散文·杂文卷》，群言出版社，2014年。

60. 张荫麟：《中国史纲》，崇文书局，2015年。

61. 汪子嵩口述，张建安采写：《往事旧友，欲说还休》，生活书店出版，2015年。

62. 陈谷嘉：《岁月留痕：一个知识分子的一生》，中国文史出版社，2016年。

63. 何兆武口述，文靖执笔：《上学记（增订版）》，人民文学出版社，2016年。

64. 梁启超：《梁启超全集》，人民大学出版社，2018年。

65. 溥仪：《我的前半生》，中国言实出版社，2019年。

66. 王仁宇编：《民国学者论冯友兰》，人民出版社，2019年。

67. 马一浮：《马一浮先生语录类编》，四川文艺出版社，2020年。

68. 陈望道著，焦扬主编：《陈望道文存全编》，复旦大学出版社，2021年。

69. 劳榦：《劳榦先生著作集》，福建教育出版社，2022年。

70. 章太炎：《章太炎全集》，上海人民出版社，2022年。

71. 贾鸿昇编：《追忆章太炎》，泰山出版社，2022年。

72. 宗璞：《宗璞散文》，人民文学出版社，2022年。

五、相关研究著作

1. 华岗：《五四运动史》，海燕书店，1951年。

2. 任继愈：《汉唐中国佛教思想论集》，生活·读书·新知三联书店，1963年。

3. 白寿彝主编：《史学概论》，宁夏人民出版社，1983年。

4. 白寿彝主编：《中国通史》导论卷，上海人民出版社，1989年。

5. 胡逢祥：《中国近代史学思潮与流派》，华东师范大学出版社，1991年。

6. 温儒敏：《中国现代文学批评史》，北京大学出版社，1993年。

7. 白寿彝：《白寿彝史学论集》，北京师范大学出版社，1994年。

8. 陈其泰：《中国近代史学的历程》，河南人民出版社，1994年。

9. 马金科，洪京陵编：《中国近代史学发展叙论（1840—1949）》，中国人民大学出版社，1994年。

10. 张岂之主编：《中国近代史学学术史》，中国社会科学出版社，1996年。

11. ［美］周策纵：《五四运动——现代中国的思想革命》，江苏古籍出版社，1996年。

12. 张书学：《中国现代史学思潮研究》，湖南教育出版社，1998年。

13. 陈其泰：《史学与中国文化传统》，学苑出版社，1999年。

14. 陈其泰：《史学与民族精神》，学苑出版社，1999年。

15. 吴泽：《吴泽文集》，华东师范大学出版社，2002年。

16. 杨翼骧：《学忍堂文集》，中华书局，2002年。

17. 周质平：《胡适与中国现代思潮》，南京大学出版社，2002年。

18. 吕希晨、何敬文主编：《中国现代唯物史观史》，天津人民出版社，2003年。

19. 余英时：《中国思想传统的现代诠释》，江苏人民出版社，2003年。

20. 张越：《五四时期中国史坛的学术论辩》，百花洲文艺出版社，2004年。

21. 白寿彝主编：《中国史学史》，北京师范大学出版社，2004年。

22. 白寿彝主编：《中国史学史》六卷本，上海人民出版社，2006年。

23. 路新生：《经学的蜕变与史学的"转轨"》，上海古籍出版社，2006年。

24. 张越：《新旧中西之间：五四时期的中国史学》，北京图书馆出版社，2007年。

25. 白寿彝：《白寿彝文集》，河南大学出版社，2008年。

26. 卢毅：《"整理国故"运动与中国现代学术转型》，中共中央党校出版社，2008年。

27. 瞿林东：《20世纪中国史学发展分析》，北京师范大学出版社，2009年。

28. 瞿林东：《20世纪中国史学散论》，安徽人民出版社，2009年。

29. 王学典、陈峰：《二十世纪中国历史学》，北京大学出版社，2009年。

30. 瞿林东：《中国史学史纲》，北京师范大学出版社，2010年。

31. 王存奎：《再造与复古的辩难：二十世纪二十年代"整理国故"论争的历史考察》，黄山书社，2010年。

32. 张越：《史学史通论与近现代中国史学研究》，北京师范大学出版社，2011年。

33. 李红岩：《中国近代史学史论》，中国社会科学出版社，2011年。

34. 蔡尚思：《中国古代学术思想史论》，上海古籍出版社，2013年。

35. 吕厚轩：《接续"道统"：国民党实权派对儒家思想的改造与利用（1927—1949）》，山东人民出版社，2013年。

36. 冯契：《中国哲学通史简编（修订版）》，生活·读书·新知三联书店，2013年。

37. 许苏民：《中西哲学比较研究史》，南京大学出版社，2014年。

38. 乔清举：《当代中国哲学史学史》，上海古籍出版社，2014年。

39. 冯契主编：《中国近代哲学史》，生活·读书·新知三联书店，2014年。

40. 于沛主编：《马克思主义史学思想史》，中国社会科学出版社，2015年。

41. 谢泳：《当代学人精品：谢泳卷》，广东人民出版社，2017年。

42. 吴怀祺主编：《中国史学思想会通》，福建人民出版社，2018年。

43. 储著武：《当代中国文化建设史论（1949—1956）》，中国社会科学出版社，2018年。

44. 李政君：《变与常：顾颉刚古史观念演进之研究（1923—1949）》，中国社会科学出版社，2020年。

45. 本书编写组：《中国共产党简史》，人民出版社，2021年。

46. 朱慈恩：《接受视域下的马克思主义史学研究》，光明日报出版社，2021年。

47. 谢辉元：《唯物史观与中国马克思主义史学（1919—1949）》，福建教育出版社，2021年。

48. 王锐：《革命儒生：章太炎传》，广西师范大学出版社，2022年。

49. 叶建：《近代中国唯物史观史学话语建构研究》，人民出版社，2022年。

50. 李长银：《中外交汇："古史辨运动"的学术因缘研究》，人民出版社，2023年。

51. 王兴：《20世纪中国历史撰述中的"古史"建构》，中国社会科学出版社，2024年。

六、学术论文

1. 吴泽：《王国维史学思想批判述要》，《华东师大学报（人文科学）》，1958年第4期。

2. 王永江、陈启伟：《评梁效某顾问》，《历史研究》，1977年第4期。

3. 张岂之：《远见卓识的引路者——略论侯外庐先生对中国思想史、哲学史研究的卓越贡献》，《哲学研究》，1987年第11期。

4. 任嘉禾：《浅析王国维与陈寅恪的"民族文化史观"》，《内蒙古社会科学（文史哲版）》，1988年第1期。

5. 姜义华：《章太炎与近代中国新史学的开拓》，《三馆论坛》，1993年第1期。

6. 张岂之：《王国维、陈寅恪的学术研究与马克思主义史学》，《清华大学学报（哲学社会科学版）》，1995年第1期。

7. 黄宣民：《侯外庐对中国历史的探索》，《历史教学》，1999年第2期。

8. 彭华：《陈寅恪的文化史观》，《史学理论研究》，1999年第4期。

9. 苏志宏：《论王国维、陈寅恪的文化史观》，《中州学刊》，1999年第2期。

10. 王记录：《一般的历史与特殊的历史——论侯外庐〈中国古代社会史论〉的历史地位》，《山西师大学报（社会科学版）》，2000年第3期。

11. 胡戟：《陈寅恪与中国中古史研究》，《历史研究》，2001年第4期。

12. 龚书铎：《唯物史观、文化史观随想》，《光明日报》，2002年1月29日第B03版。

13. 瞿林东：《继承侯外庐先生的学术遗产，推进有中国特点的马克思主义史学建设》，《中国史研究》，2003年第2期。

14. 卢钟锋：《论侯外庐的学术道路》，《中国史研究》，2003年第2期。

15. 卢钟锋：《侯外庐与马克思主义历史科学的中国化》，

《中国社会科学院院报》，2003年10月30日第004版。

16. 侯且岸：《侯外庐为什么具有非同一般的学术个性》，《北京日报》，2003年11月17日。

17. 刘宝才：《亚细亚生产方式理论的中国化》，《中国史研究》，2003年第2期。

18. 张越：《试析20世纪40年代中国马克思主义史学家对史料和历史考证方法的重视》，《史学集刊》，2006年第2期。

19. 陆信礼：《试论侯外庐"学术中国化"的卓越成就》，《东方论坛》，2006年第1期。

20. 方光华，兰梁斌：《侯外庐与中国古代文明起源之研究》，《湖南大学学报（社会科学版）》，2008年第6期。

21. 兰梁斌：《侯外庐与汉代思想史研究》，《河北经贸大学学报（综合版）》，2008年第2期。

22. 王学典：《六十年来中国史学之变迁》，《文史知识》，2009年第8期。

23. 卢钟锋：《侯外庐与中国马克思主义历史学》（上），《中国社会科学报》，2009年9月17日第009版。

24. 卢钟锋：《侯外庐与中国马克思主义历史学》（下），《中国社会科学报》，2009年9月24日第009版。

25. 戴旭旺：《陈寅恪的"文化阶级"简析》，《安顺学院学报》，2009年第2期。

26. 张越：《摆脱单一学科史局限——中国史学史趋向》，《社会科学报》，2010年8月26日第005版。

27. 孙明君：《陈寅恪"士族阶级"说述评》，《清华大学学报（哲学社会科学版）》，2010年第5期。

28. 方光华、袁志伟:《侯外庐的中国哲学史研究》,《中国哲学史》,2010年第1期。

29. 彭国翔:《典范与方法:侯外庐与作为现代学科的"中国哲学史"研究》,《河北学刊》,2010年第5期。

30. 侯且岸:《韧的追求·艰的探索——对侯外庐翻译〈资本论〉的若干思考》,《马克思主义与现实》,2011年第4期。

31. 陈战峰:《侯外庐先生经学研究的特色及意义》,《西北大学学报》(哲学社会科学版),2011年第2期。

32. 邹兆辰:《马克思主义史学对传统史学方法的继承与创新》,《河北学刊》,2011年第5期。

33. 方光华、兰梁斌:《侯外庐中国思想史研究的民族性与时代性》,马明达主编:《暨南史学》第七辑,广西师范大学出版社,2012年。

34. 方光华、袁志伟:《侯外庐的中国宗教思想史研究》,《世界宗教研究》,2012年第1期。

35. 方光华、兰梁斌:《侯外庐的中国封建社会史研究》,《长安大学学报》(社会科学版),2012年第2期。

36. 邹兆辰:《论马克思主义史学家的学术个性——以侯外庐为例》,《廊坊师范学院学报》(社会科学版),2012年第3期。

37. 刘仓:《一场必要的思想交锋——正确认识对胡适思想的批判运动》,《党史文汇》,2012年第8期。

38. 朱学文口述,牟坚整理:《侯外庐先生的晚年思绪》,《中华读书报》,2013年12月11日第007版。

39. 方光华:《侯外庐先生论中国历史的特殊道路》,《西部学刊》，2013年第1期。

40. 张海晏：《冯友兰的"变"与侯外庐的"不变"》，《中华读书报》第7版"人物"，2013年8月21日。

41. 谢保成：《王国维对侯外庐的影响》，《光明日报》，2013年1月21日第15版。

42. 张越、耿雪：《宏大叙事之于历史研究不可或缺——访北京师范大学历史学院教授张越》，《中国社会科学报》，2014年9月3日第A04版。

43. 兰梁斌：《论侯外庐的"早期启蒙说"——兼论早期启蒙思潮中的自由思想因素》，《西北大学学报（哲学社会科学版）》，2014年第5期。

44. 江湄：《另一种整理国故：论"五四"后梁启超对儒学与儒学史的重构》，《天津社会科学》，2014年第1期。

45. 张岂之：《侯外庐先生"韧"的治学精神》，《西北大学学报（哲学社会科学版）》，2015年第1期。

46. 王学典：《从反思文革史学走向反思改革史学——对若干史学关系再平衡的思考》，《中华读书报》，2015年03月18日05版。

47. 张越：《20世纪中国史学中的唯物史观史学》，《史学理论研究》，2015年第1期。

48. 瞿林东：《怎样看待历史研究的主体——侯外庐谈史学工作者的自我修养》，《中国史研究动态》，2016年第6期。

49. 瞿林东：《侯外庐在史学理论与学科建设上的贡献》，《北京师范大学学报（社会科学版）》，2016年第5期。

50. 于佳彬：《普遍与特殊之间——侯外庐运用马克思主义理论的治史路径》，《人文杂志》，2016年第4期。

51. 王启发：《侯外庐早期思想史研究的特色及学术史意义》，《晋阳学刊》，2016年第5期。

52. 张岂之：《侯外庐先生中国思想史研究的特色与贡献》，《光明日报》，2016年1月6日。

53. 张海晏：《社会与观念之间——重读侯外庐等著〈中国思想通史〉》，《中华读书报》，2016年3月23日。

54. 李政君：《民国时期顾颉刚对唯物史观的态度》，《人文杂志》，2016年第5期。

55. 杜运辉：《融会中西马：侯外庐的治学特色》，《中国社会科学报》，2017年2月6日。

56. 袁志伟、刘怡：《侯外庐的中国资本主义萌芽研究》，《人文杂志》，2017年第5期。

57. 徐国利：《中国学术文化精神的现代诠释与陈寅恪的文化保守主义史观及史学》，《江淮论坛》，2019年第1期。

58. 陈勇：《学者与领袖的互动：抗战时期的钱穆与蒋介石》，《湖南科技学院学报》，2019年第4期。

59. 李政君：《张荫麟对唯物史观的认知及其演变》，《齐鲁学刊》，2020年第6期。

60. 乔治忠：《陈寅恪治史，有成就也有局限》，《历史评论》，2021年第4期。

61. 兰梁斌：《侯外庐的治史路径》，《史学理论研究》，2021年第5期。

62. 程志华：《中国文化的特质、基础及可有贡献——德克·卜德关于汉学的基本认识》，《河北大学学报（哲学社会科学版）》，2021年第5期。

63. 张越：《顾颉刚疑古学说百年流播的若干审思》，《史学月刊》,2023年第5期。

64．张越:《侯外庐马克思主义史学研究论析》,《历史研究》,2023年第6期。

65．李勇:《直面批评而矢志坚守:侯外庐史学的朴学传统》,《历史教学问题》,2023年第5期。

66．谢辉元:《论民国时期中国思想史研究中"两军对垒"撰述模式的产生》,《史学理论与史学史学刊》,2023年第2期。

67．傅正:《康有为早年经学思想演变》,《历史研究》,2023年第3期。

68．姜广辉:《如何看待侯外庐主编的〈中国思想通史〉》,《湖南大学学报(社会科学版)》,2024年第3期。

后记

2017年12月14日，我的博士论文《追求与创新：侯外庐史学的历程及其特色》在导师张越先生的主持下顺利通过答辩，答辩委员会主席为陈其泰先生，答辩委员为瞿林东先生、吴英老师、刘兰肖老师和宋学勤老师，答辩秘书为张泓林师妹，旁听答辩的有室友谢辉元，师弟王兴、张杰、刘培宁，师妹郭露凝和于澄瑶等。当时由于种种原因，论文之后并没有按照惯例撰写一篇《后记》。三年后，也就是2020年12月21日，当我回忆博士论文的撰写经历时，尤其对当初通读《资本论》的过程感慨万分，于是写下了一篇题为《我是怎样通读〈资本论〉的》回忆文章，发表在我的个人公众号"云中论史"上。可以说，这篇文章是我的博士论文迟到的《后记》，如今，又过了四年有余，不知不觉间，我的博士论文通过答辩已经七年了——据说七年间，人体所有的细胞都会更新一遍，所以现在的"我"已经不是当年答辩时候的"我"了，正如忒修斯之船，完成了一次彻底的蜕变。从辩证法的角度来说，这是否定之否定的运动，今日之我包含且超越昨日之我，生生不息，运动不止——我的一篇博士论文，如今也蜕变为两部学术著作了：一部是 2022 年出版的《侯外庐与中国马克思主义史学》，另外一部就是这本《侯外庐近代史学批评研究》。

《侯外庐与中国马克思主义史学》一书可以说囊括了我的博士论文的大部分内容，但是，其中还有一部分很重要的内容没有包含在内，即第五章的第二节"侯外庐对中国近代史学家的评价"。我一直认为这部分内容是比较重要的，但是，当年写作博士论文和后来出版《侯外庐与中国马克思主义史学》的时候，因为各种原因都进行得比较仓促，既没有对这部分内容进行详细的阐述，也没有将其纳入出版计划，可以说这部分内容在我心中成了一块陈年"心病"。于是，在 2024 年上半年，我又重新拾起这个课题，对其进行了较为深入的研究。七年前博士论文中的一小节内容，最终扩展为一部二十多万字的专题著作，学术研究的魅力也正在于此，你永远不知道今天种下的哪棵小树苗日后会成长为一棵参天大树。

我的导师张越先生于 2017 年 4 月 21 日在华东师范大学历史系做过一个讲座，题为"中国现代史学的主径——从唯物史观史学到中国马克思主义史学"，这个标题对我启发很大，尤其是题目中的"主径"二字，可以说是对马克思主义史学在整个中国现代史学中独特地位的最准确描述。同时，我也在思考中国马克思主义史学为何能够在诸多史学流派中脱颖而出成为"主径"的原因，这除了马克思主义本身具有的科学性之外，还应该有史学遗产方面的原因。我经过长期的思考后认为：马克思主义史学之所以能够成为中国现代史学的"主径",很大程度上得益于其海纳百川、去粗取精的学术气魄,而侯外庐对中国近代史学的批评与继承,正是这种学术气魄的具体表现。

侯外庐先生曾说:"我做学问重在独立自得。"我在西北大学中国思想文化研究所攻读硕士学位时,常听张岂之先生谈到这一点。不过,那时年少的我,还处在学术入门阶段,根本不能理解何为学术上的"独立自得"。经过十余年的打磨,我虽然没有太多的学术成就,但在中国马克思主义史学尤其是侯外庐史学研究方面,自问还是有一点积累的,因此也逐渐领会到了侯外庐先生所秉承的"独立自得"学术精神的含义。本书所述,多不苟于流俗之见,甚至不少内容,直可谓"石破天惊"之论,故而自认为无愧于侯外庐先生"独立自得"的遗教。孔子曰:"知我者,其惟《春秋》乎!罪我者,其惟《春秋》乎!"如是而已。

2022年4月,我向室友谢辉元先生咨询著作出版事宜,因其大著《唯物史观与中国马克思主义史学(1919—1949)》前此一年由福建教育出版社出版,他便向我推荐了这个出版社。于是,同年9月,我的第一部著作《侯外庐与中国马克思主义史学》便由福建教育出版社顺利出版。福建教育出版社团队尤其是编辑郭佳老师的敬业精神给我留下了深刻的印象,因此在本书要出版前,我再次联系了郭佳老师,感谢其又一次辛勤的付出。

我希望本书能够在中国马克思主义史学史研究领域中发挥一丝作用,期待它能够引发更多的学术讨论与思考,让更多的学者关注到这一重要的学术领域,共同推动新时代中国史学的进步与繁荣。当然,我绝对不认为本书所述没有任何错误，学术是在不断地犯错与修正的过程中进步的，我衷心地期待学界师友和广大读者对本书提出各种批评，因为这也正好响应了本书的书名。

最后，我要真诚地感谢我的导师张越先生，正是因为老师当初给我选定了难度相当之大的侯外庐史学作为研究题目，我才能"被迫"去研读以《资本论》为代表的马克思主义原著，从而为之后的学术研究奠定了较为扎实的理论基础。老师曾多次在公开场合表扬我阅读马克思主义原著的长处，让我十分感动，同时也让我意识到自己的学识还是非常浅薄，惭愧之余只能鞭策自己更加努力地从事学术研究，以回报老师的培育之恩。在未来的学术道路上，我将牢记老师的教诲，继续秉持对中国马克思主义史学的热爱与执着，以更加严谨的态度、更加创新的思维，不断探索未知的学术领域，为中国马克思主义史学的研究贡献自己更多的力量。

2025 年 2 月 10 日于云中河畔